普惠金融论纲

邢乐成　著

中国财经出版传媒集团
经济科学出版社
Economic Science Press

图书在版编目（CIP）数据

普惠金融论纲/邢乐成著．—北京：经济科学出版社，2021.11

ISBN 978－7－5218－3204－4

Ⅰ．①普…　Ⅱ．①邢…　Ⅲ．①金融业－商业服务－研究－中国　Ⅳ．①F832

中国版本图书馆 CIP 数据核字（2021）第 248413 号

责任编辑：刘　莎
责任校对：李　建
责任印制：王世伟

普惠金融论纲
邢乐成　著
经济科学出版社出版、发行　新华书店经销
社址：北京市海淀区阜成路甲 28 号　邮编：100142
总编部电话：010－88191217　发行部电话：010－88191522
网址：www.esp.com.cn
电子邮箱：esp@esp.com.cn
天猫网店：经济科学出版社旗舰店
网址：http://jjkxcbs.tmall.com
北京季蜂印刷有限公司印装
787×1092　16 开　18.5 印张　360000 字
2021 年 11 月第 1 版　2021 年 11 月第 1 次印刷
ISBN 978－7－5218－3204－4　定价：88.00 元
（图书出现印装问题，本社负责调换。电话：010－88191510）

序

我对普惠金融的研究，开始于2006年成立齐鲁中小企业投融资公司的讨论与调研；延续于2008年在上市公司的运作与检验；成形于2013年承担国家社科基金项目《基于金融错配分析框架的中小企业融资难问题研究》的思考与研究；深化于2017年以来与建设银行、青岛银行等金融机构的合作与实践。

在来高校工作以前，我有十几年国有商业银行的工作经验，对商业银行的本质有着切身的体会。传统商业金融的价值取向是高端客户和富人，先天含有阶层差异和身份歧视，认为金融是大企业和富人的游戏，或者至少要具有一定的财富门槛和身份认定，低收入阶层和弱势群体被排斥在金融服务的边界之外，甚至出现了穷人储蓄借给富人使用，农村储蓄给城市使用的错配现象。最为典型的就是商业银行，它本质上就是“嫌贫爱富、傍大款”，只能“锦上添花”不能“雪中送炭”，最形象的比喻就是“晴天打伞、雨中收伞”，这是商业金融的本质。这种本质，不取决于商业银行本身，而是体制、机制的不健全甚至是法律规范决定的。

而普惠金融的理念是包容，价值取向是追求金融服务的均等化，它强调金融伦理和社会道义，事关弱势群体的生存与发展。所以，普惠金融概念的提出，在很大程度上颠覆了金融只为富人服务的理念，是对传统商业金融的反思和扬弃。普惠金融虽然基于传统的商业金融范式，但是又是对传统金融范式的深化和超越。为此，笔者在书中提出了普惠金融“范式革命”的命题，并运用科学哲学家托马斯·库恩对“范式”一词的综合用法来进行分析研究，“一种范式至少要具备共同的信念、理论、技术、价值等基本要素”。这可以引申到所有的科学研究中，不管是自然科学还是社会科学。金融学作为经济学的一个分支，在“范式”研究上当然也适用托马斯·库恩的综合用法。因此，一个完整的金融分析范式至少包含以下要素：信念要素、价值要素和技术要素。我们之所以说普惠金融是一次全新的“范式革命”，就在于普惠金融范式具有完全不同于传统商业金融范式的要素内容。普惠金融的出现是金融深化的重大事件，它超越、改变了传统商业金融原有的信念、价值取向和技术标准。

从信念要素看：普惠金融体系中所有参与者共享的信念是大同、和谐与包容，它强调公平与正义，体现了“共享性”，超越了传统商业金融信仰单一商业化的诉求。从价值要素看：普惠金融的价值取向是金融服务的均等化，它强调金融伦理和社会道义，体现了“普惠性”，超越了传统商业金融只为高端客户和富人服务的价值取向。从技术要素看，普惠金融的技术范式，是基于“大数据、金融科技和赋能平台”的微贷技术生态，体现了“科技性”，改变了传统商业金融以资本资产定价模型为核心的技术范式。

当然，一个新范式的出现并不是件容易的事情，它需要得到大多数科学家和同一类研究者的“认可”。有时候新范式的出现还会带来很多的非议，因为这极有可能损害那些长期依赖于既有范式“讨生活”的学术利益集团的“既得利益”。本书提出了普惠金融“范式革命”分析框架，以期引起读者诸君的关注和讨论。

近年来，党中央国务院高度重视普惠金融与供应链金融的融合发展。中华人民共和国国民经济和社会发展第十四个五年规划和2035年远景目标纲要（以下简称十四五规划纲要）提出，优化金融体系结构，深化国有商业银行改革，加快完善中小银行和农村信用社会治理结构，规范发展非银行金融机构，增强金融普惠性；提升产业链、供应链现代化水平。如何增强金融普惠性、加大对中小微企业的金融支持？打造和完善金融生态圈是重要路径。笔者在既有研究的基础上，提出了“金融生态圈”理论模式。其理论解释是：从梳理产业链入手，以区块链、云计算、人工智能、大数据为技术支撑，通过赋能平台、金融机构、政府部门和核心企业的互联互通，建立一个完整的产业生态圈，针对生态圈所有共同特质的企业去做金融解决方案。金融生态圈理论模式的提出，虽然只基于描述性层面，但它基本上给出了一个可复制性产生小微金融解决方案的理论解释，不仅丰富了制度金融理论，更为解决中小微企业融资约束找到了理论渊源。在此理论模式的基础上，笔者在书中以“融金贷”“普惠贷”等专属金融产品为分析案例，详细解构了几种专属金融产品全流程操作过程和应用场景，得到了小微客户、核心企业、合作银行、赋能平台和地方政府的多方认可，有效地解决了普惠金融落地的“最后一公里”。该模式是基于生态系统理论和基础功能主义原则设计的，以期作为普惠金融的实践指引。

序

金融制度边界的决定是普惠金融理论的重大问题。本书在已有研究的基础上，基于集合的分析框架，提出了金融制度边界决定的理论解释。基本观点是：把全体融资需求人看作一个集合 X，金融制度供给只能覆盖一部分称为集合 A，它为集合 X 的一个子集。集合 A 称为制度集，其边界称为金融制度边界，集合 A 外边的融资需求人，即集合 $X-A$ 为制度无法提供资金的融资需求人。用映射来表示，点集 X 可以视为定义域，存在一个映射 f: $X\to\{0, 1\}$，其中 $f_A(A)=1$ 表示融资需求人得到资金；$f_A(X-A)=0$ 表示融资需求人得不到资金。中小企业融资难指的就是中小企业作为融资需求人被排斥在集合 A 之外。解决中小企业融资难就是要缩小集合 $X-A$，其路径包括两个层面：一是改革和完善现有的金融体系以扩大金融制度的边界，提高商业金融的包容性，下沉和延伸对中小企业的金融服务；二是进行金融制度创新，在集合 A 之外构建新的中小企业融资体系，方向就是发展普惠金融，用普惠金融理念构建中小企业融资的直接和间接体系，从根本上解决中小企业的融资约束。第一个层面是治标措施，第二个层面才是解决中小企业融资难的治本之策。金融制度边界理论的提出，虽然也只是基于描述性层面，但它给出了一个决定金融制度边界扩大或缩小的理论解释，丰富了普惠金融理论和中小企业融资理论，也为普惠金融的发展找到了逻辑起点。

普惠金融是全新的金融理念，对它的研究需要不断深化。笔者在本书中还就普惠金融的理论内涵和外延、普惠金融体系的构建、普惠金融的实现路径、普惠金融生态圈解决方案、普惠金融与金融制度边界、普惠金融立法与监管等重大问题进行了探讨和思考。对这些问题的研究，从侧面反映了我对普惠金融问题的系统思考与认识。尽管这方面的研究还不够成熟，甚至有些观点是错误的，但它毕竟是我长期学习并艰苦思索的结晶，这里面凝结着我辛勤的汗水和炽烈的激情。我始终认为，不管是普惠金融的理论研究还是实践的探索，都需要勇气、需要激情，也更需要责任和担当。

2016 年 9 月，经山东省人民政府批准，山东省普惠金融研究院正式成立。我作为研究院院长，每年都要策划、举办“中国普惠金融发展论坛”，至 2021 年已是第六届论坛。在过往的论坛上，金融界的一些名家大家莅临论坛并作主题演讲，比如中国社科院学部委员、副院长、国家金融与发展实验室理事长李扬教授，北京大学巴曙松教授、国务院发展研究中心张承慧教授、中国社科院学部委员王国刚教授、青岛大学胡金焱教授、中国人民大学杨东教授、中央财经大学黄震教授、青岛大学孙国茂教授、济南大学赵建教授、齐鲁工业大学徐如志教授等。他们的精彩演讲，给本书的写作带来了思想启迪和理性认知。至此本书出版之际，向他们表示衷心感谢。

普惠金融作为实践性很强的学问，对它的研究和探索，离不开实际工作者的支持和帮助。在本书的写作过程中，也得到了金融部门有识之士的协同支持，他们是青岛银行郭少泉董事长、建设银行山东分行朱治昌行长、建设银行青岛分行郝子健行长等。他们对普惠金融有着共同的认知，这就是普惠金融工作既是坚守初心、坚持主业、回归金融本源的体现，更是义不容辞的社会责任和历史担当。从他们身上，我看到了金融人的责任和担当，获取了科研的勇气和力量，更收获了满满的情谊和第一手资料。至此本书出版之际，向他们表示衷心感谢。

感谢我的妻子刘洋。她和我一样都是大学老师，她也有自己的事业和追求，但在工作之余，她承担了几乎全部的家务，还要时常包容我个性中的缺点，这对我来说是最大的幸运，谨以此书作为送给她的一份特殊纪念。

感谢出版社的编辑，在百忙之中审阅书稿并提出专业性意见。至此《普惠金融论纲》出版之际，谨向所有关心我、帮助我的人们致以衷心的感谢！对书中的不当之处，恳请读者诸君见谅。

是为序！

作　者

2021 年 4 月于舜耕校园

目　　录

第一章　导　　论

第一节　普惠金融的基本概念

普惠金融（inclusive financial）是联合国2005年提出的一个新概念，它的基本含义是让社会上所有的群体和阶层，特别是贫困和低收入者，在成本合适的情况下都能享受到金融服务。本质上是通过金融技术和营销手段的创新，降低享受金融服务的门槛。

对普惠金融的概念界定有两个层面：一是基本概念，是从实践层面上以金融服务或金融模式等为视角进行的技术性、业务性的描述；二是理论概念，是以金融发展和金融福祉分配为视角的理论界定。本节的表述主要聚焦于基本概念。

一、普惠金融基本概念的提出

普惠金融基本概念的提出，来自小额信贷的实践。20世纪90年代以来，小额信贷风靡全球，为促进小额信贷和微型金融（micro finance）发展，2005年被联合国命名为"国际小额信贷年"。为了宣传国际小额信贷年活动，联合国率先使用了"普惠金融体系"（Inclusive Financial System）这一概念，其基本含义是：能有效、全方位地为社会所有阶层和群体提供服务的金融体系。于是，一个与金融排斥相对的概念油然而生：普惠金融（Financial Inclusion），并成为全球期望实现的目标。而能实现这个目标的金融体系也就顺理成章地被命名为普惠金融体系（Inclusive Financial System）。普惠金融概念从此诞生。

普惠金融概念的提出虽然只有短短的十几年时间，但它的理念和探索已有相当长的历史。18 世纪 20 年代，爱尔兰产生了“贷款基金”，向穷人发放小额贷款；19 世纪开始，世界上很多国家如日本、德国等都开展了小额信贷业务；进入 20 世纪，小额信贷在发展中国家普遍出现，尤其是孟加拉国的穆罕默德·尤努斯（Muhammad Yunus）教授创办的乡村银行最为著名，把小额信贷业务推向了微型金融服务的新阶段。进入 21 世纪以来，微型金融的概念逐渐被“普惠金融”概念所取代，这就意味着普惠金融不再被边缘化，它已成为一个国家金融体系的重要组成部分，普惠金融从此进入了创新性发展时期。

二、普惠金融基本概念在中国的沿革

国内最早引进和使用普惠金融这个概念的是中国小额信贷联盟（原名中国小额信贷发展促进网络）。为了开展 2005 年国际小额信贷年的推广活动，他们决定利用这个概念进行宣传。时任联盟秘书长白澄宇提出用“普惠金融体系”作为 Inclusive Financial System 的中文翻译。

2006 年 3 月在北京召开的亚洲小额信贷论坛上，人民银行研究局焦瑾璞副局长正式使用了“普惠金融”这个概念。从 2005 年开始，联合国开发计划署与商务部国际经济技术交流中心和人民银行、国家开发行、哈尔滨银行等合作，开展了“建设中国普惠金融体系”项目。人民银行负责的项目内容为普惠金融政策研究，焦瑾璞先生为项目主任。

2012 年 6 月 19 日，时任国家主席的胡锦涛在墨西哥举办的二十国集团（以下简称 G20）峰会上指出：“普惠金融问题本质上是发展问题，希望各国加强沟通和合作，提高各国消费者保护水平，共同建立一个惠及所有国家和民众的金融体系，确保各国特别是发展中国家民众享有现代、安全、便捷的金融服务。”这是中国国家领导人第一次在公开场合正式使用普惠金融概念。

2013 年 11 月 12 日，中国共产党第十八届中央委员会第三次全体会议（以下简称中共十八届三中全会）通过了《中共中央关于全面深化改革若干重大问题的决定》，正式提出“发展普惠金融。鼓励金融创新，丰富金融市场层次和产品”。首次在国家层面提出发展普惠金融，推动金融服务的均等化。

2015 年 3 月 5 日，李克强总理在 2015 年政府工作报告中提出“大力发展普惠金融，让所有市场主体都能分享金融服务的雨露甘霖”，这是普惠金融第一次写入政府工作报告。作为一项金融战略，构建普惠金融体系，让金融改革和社会发展的成果惠及更多的人群、地区和客户，对于促进国民经济可持续发展、维护社会公平正义具有十分重大的现实意义。

2016 年是中国普惠金融发展的关键之年。从 2016 年开始，普惠金融的发展进入了理论自觉阶段。这一阶段在中国有三大突出标志：一是 2016 年 1 月，中共中央、国务院印发《推进普惠金融发展规划（2016 ~ 2020 年）》，明确将普惠金融发展上升为国家战略，并将普惠金融定义为“立足机会平等要求和商业可持续原则，以可负担的成本，为有金融服务需求的社会各阶层和群体提供适当有效的金融服务”；二是 2016 年 9 月召开的 G20 杭州峰会上，正式通过了《G20 数字普惠金融高级原则》，提出了 8 项原则和 66 条行动建议，成为数字普惠金融领域首个国际纲领，国家主席习近平在峰会上发表重要讲话，向全世界表明了中国发展普惠金融的决心和信心；三是 2017 年 7 月召开的全国金融工作会议上，习近平总书记发表了重要讲话，提出“要建设普惠金融体系，加强对小微企业、‘三农’和偏远地区的金融服务”，为中国深化金融改革、发展普惠金融指明了方向。

与此同时，国有大型商业银行相继成立了专门的普惠金融事业部，第三方机构也纷纷为普惠金融提供大数据、远程作业、物联网、区块链等金融科技服务，个人消费贷、小微贷等产品快速发展，这些都为普惠金融研究提供了充实的实践素材。理论工作者和实际工作者开始自觉的、体系化的进行专项研究，并将研究成果付诸实践。近两年，党中央、国务院更加重视普惠金融发展，为统筹推进新冠疫情防控和经济社会发展，2020 年以来国家先后出台了若干政策，支持普惠金融加快发展，助推复工复产。中国共产党第十九届中央委员会第五次全体会议（以下简称中共十九届五中全会）明确提出，增强金融普惠性，提升产业链供应链现代化水平。目前，普惠金融概念已深入人心，普惠金融发展进入了快车道。

第二节　普惠金融的理论概念

国内外有关文献对普惠金融概念的界定，大多属于业务性、政策性的描述，还缺少一种理论概念的界定。仅靠上述基本概念的描述，我们难以准确界定实践中的某一经济行为是否属于普惠金融。以至于现实生活中普惠金融成了一个

“筐”，一些所谓的金融创新和产品都成了“普惠金融”。因此，全面把握普惠金融理论概念的内涵非常必要。

一、普惠金融理论概念的界定

目前已有研究文献中，针对普惠金融理论概念进行研究的文献很少，相较而言，星焱（2016）[①] 的研究较为系统。在理论概念界定上，星焱认为，普惠金融理论概念是一个研究金融发展与金融福祉的经济理论范畴。具体而言，它是以金融福祉分配的公平合理为原则，对金融发展的演化路径及其“优劣”予以分析和评价的经济理论。

经济学研究范式划分为实证分析和规范分析，普惠金融理论概念的研究需要将二者结合，以金融产品和金融福祉公平分配为视角，揭示金融发展的实质，解读金融发展与经济增长之间的逻辑关系。在这个层面上，普惠金融理论概念的功能类似于福利经济学，后者侧重于从经济福利分配的视角，来解读和评判经济发展。

普惠金融的理论概念是对基本概念的延伸和深化。基本概念局限于普惠金融服务本身的特征，并且受限于发展中国家较为明显的金融排斥，因此可得性成为基本概念考察的核心指标。理论概念则跳出了仅仅分析金融服务的局限，金融福祉分配的合理性成为理论概念考察的核心指标。如 A 与 B 共享 100 个单位的金融服务，基本概念侧重于：A 与 B 是否都获得了服务，怎样获得的服务；理论概念则侧重于：如果 A 获得 n 个（$0 \leqslant n \leqslant 100$），$B$ 获得 $100 - n$ 个金融服务。这种分配方式或者结果是否合理？事实上，中共中央、国务院印发的《推进普惠金融发展规划（2016～2020 年）》中指出“立足于机会平等的要求”，已经影射了普惠金融发展中公平问题的重要性。[②]

二、普惠金融理论概念的内涵与外延

普惠金融理论概念具有十分丰富的内涵和外延。邢乐成、赵建（2019）[③] 基

---

①② 星焱．普惠金融：一个基本理论框架［J］．国际金融研究，2016（9）．

③ 邢乐成，赵建．多维视角下的中国普惠金融：概念梳理与理论框架［J］．清华大学学报（哲学社会科学版），2019（1）．

于中国普惠金融的实践，对普惠金融理论概念的内涵与外延进行了研究和归纳，提出如下观点：第一，普惠金融的文化底蕴是大同与和谐理念；第二，普惠金融的根本目的是社会发展和包容性增长；第三，普惠金融的技术基础是信息经济学与机制设计理论；第四，普惠金融的实践指引应遵从“三、三原则”，即“三可”“三服务”原则（详细内容见第三章）。

第三节　普惠金融的相关概念

普惠金融的概念是由小额信贷和微型金融发展而来的，小额信贷和微型金融是普惠金融的最初形态。

一、小额信贷

国际上对小额信贷的概念，目前还没有明确、统一的定义。世界银行（2004）[①]在《小额金融信贷手册》中对小额信贷的定义为：为满足低收入者生产、经营、消费方面的需求，从而向他们提供类似贷款、储蓄等的金融服务。国际上的一些主流观点认为，小额信贷是专门向低收入阶层和小微企业提供持续的、较小额度信贷服务的金融活动。我国对小额信贷的解释，也认为是向小微企业和低收入者提供存贷款服务的金融活动。虽然国内外对小额信贷的认识有所不同，但从总体上还是达成了共识，概括而言，小额信贷是指为满足低收入者、小微企业及其他弱势群体的生存与发展需求，专门提供的额度较小并且可持续的金融服务。

焦瑾璞（2019）[②]认为，小额信贷具有五个特征：一是贷款对象主要为生活和生产经营中存在困难，且无法通过传统商业贷款满足需求的低收入阶层及小微企业；二是贷款主要是为债务人的生产活动所用；三是担保替代方式灵活；四是贷款、还贷方式灵活；五是申请借贷的程序简单。

国际上最著名的小额信贷模式，是穆罕默德·尤努斯教授创立的乡村银行小额信贷模式。自孟加拉国乡村银行创立以来，小额信贷受到了当地穷人的热烈欢

① 焦瑾璞．普惠金融导论［M］．北京：中国金融出版社，2019：6.
② 焦瑾璞．普惠金融导论［M］．北京：中国金融出版社，2019：7.

迎，近六成的借款人和他们的家庭已经脱离了贫穷线。这个模式被迅速推广到亚洲、非洲、拉丁美洲的许多发展中国家，成为一种非常有效的扶贫方法。该模式的创立者穆罕默德·尤努斯教授，为此获得了2006年诺贝尔和平奖。

二、微型金融

随着小额信贷20世纪90年代在全球的大规模发展，小额信贷机构也将服务从单一的信贷业务向其他金融服务延伸，微型金融概念被接受和使用，并逐渐替代小额信贷成为全球主流词语。微型金融是指为小额信贷客户群体提供的包括信贷、储蓄、保险、支付等等的金融服务。普遍认为，微型金融比小额信贷更有发展前景，不但为客户提供了更多所需的服务，还增强了机构的可持续发展能力。根据运营目标的差别，微型金融的制度模式主要有制度主义、福利主义和混合主义三种模式。

制度主义：制度主义模式以印度尼西亚人民银行乡村信贷部（BRI－UD）为主要代表。其理论基础是基于制度分析的规则公平的价值观，其最重要的原则是非歧视原则，即通过非歧视规则对个体行为加以约束，在保障个体自由的基础上实现过程公平。根据该理论，规则公平先于结果公平，对分配正义的追求并不在基本价值上优先于自由和平等，而是致力于缩小结果和起点不公平的责任主体应是政府而非民间机构。因此，以乡村信贷部为代表的制度主义微型金融机构，大多通过市场价格机制运作，通过加强自身管理来实现收支平衡进而获取利润。

福利主义：福利主义微型金融模式以孟加拉乡村银行（GB）为代表。其理论基础为平等的福利权益价值观，即每个公民不因其主体差异而享有差别性福利权益。福利主义追求的社会公正不仅是规则公平，更多的是通过为社会不同个体提供必要、及时的生活和发展支持来减少贫困、消除差距，充分体现了经济社会发展观和人本思想的内在统一。

混合主义：该模式可看成是制度主义模式和福利主义模式的有机结合，最终发展演变为普惠性金融的制度安排。它以福利主义为宗旨、以制度主义为手段，其价值观在于确立社会个体享受金融服务的基本平等权利，强调能有效、全方位地为社会所有阶层和群体提供服务，尤其要为金融体系还没有覆盖的社会人群提供服务。

三、信息不对称

信息不对称理论，是研究普惠金融和中小微企业融资的主流理论。信息不对称理论是指在市场经济活动中，各类人员对有关信息的了解是有差异的。掌握信息比较充分的人员，往往处于比较有利的地位，而信息贫乏的人员，则处于比较不利的地位。因此，研究普惠金融，信息不对称概念十分重要。

2001 年度诺贝尔经济学奖授予了三位美国经济学家：约瑟夫·斯蒂格利茨、乔治·阿克尔洛夫、迈克尔·斯彭斯，以表彰他们20 世纪70 年代在“使用不对称信息进行市场分析”领域所做出的重要贡献。

传统经济学基本假设前提中，最重要的一条就是“经济人”拥有完全信息。实际上人们早就知道，现实生活中市场主体不可能占有完全的市场信息。信息不对称必定导致信息拥有方为牟取自身更大的利益使另一方的利益受到损害，这种行为在理论上就称作道德风险和逆向选择。为减少或避免这类行为的发生或者降低信息搜寻的成本，提高社会资源配置效率，经济学家为此提出了许多理论和模型。前文所述三位 2001 年度诺贝尔经济学奖得主，正是在信息具有价值这一基础上，将信息不对称理论广泛应用于各个领域，并得到了实践的验证，从而揭示了当代信息经济的核心。普惠金融能否实现落地的“最后一公里”，关键取决于能否解决信息不对称问题。

第四节 普惠金融是全新的金融理念

普惠金融是全新的金融理念和金融生态，也是全新的金融范式，更是全新的金融实践。普惠金融概念的提出，是对传统商业金融的深化与反思。

一、普惠金融是全新的金融理念

传统金融理念的价值取向是高端客户和富人，先天含有阶层差异和身份歧视，认为金融是贵族和富人的游戏，或者至少要具有一定的财富门槛和身份认定，低收入阶层和弱势群体被排斥在金融服务的边界之外，甚至出现了穷人储蓄借给富人使用的错配现象。最为典型的就是商业银行，它本质上就是“嫌贫爱富、傍大款”，只能“锦上添花”不能“雪中送炭”，最形象的比喻就是“晴天打伞、雨中收伞”，这就是它的本质。传统的金融理念是为高端客户和富人服务的，金融制度的边界先天具有排斥性和歧视性，并固化为严格的法律和制度约束。

而普惠金融的理念是包容，价值取向是追求金融服务的均等化，它强调金融伦理和社会道义，事关弱势群体的生存与发展。所以，普惠金融概念的提出，在很大程度上颠覆了金融只为富人服务的理念，是对商业金融的反思和扬弃。

二、普惠金融是全新的金融范式

普惠金融虽然基于传统的商业金融范式，但是又是对传统金融范式的反思和扬弃。我们之所以说普惠金融是全新的金融范式，就在于普惠金融范式具有完全不同于传统金融范式的要素内容。普惠金融的出现是金融深化的重大事件，它超越、改变了传统商业金融原有的信念、价值取向和技术标准。

从信念要素看：普惠金融体系中所有参与者共享的信念是大同、和谐与包容，它强调公平与正义，体现了“共享性”，超越了传统商业金融信仰“赚钱”和单一商业化的诉求。

从价值要素看：普惠金融的价值取向是金融服务的均等化，它强调金融伦理和社会道义，体现了“普惠性”，超越了传统商业金融只为高端客户和富人服务的价值取向。

从技术要素看，普惠金融的技术范式，是基于“大数据、金融科技和赋能平台”的微贷技术生态，体现了“科技性”，改变了传统商业金融以资本资产定价模型为核心的技术范式。

三、普惠金融是全新的金融实践

普惠金融是实践性很强的学问，必须基于基础功能主义的原则，在实践中用“三可”“三服务”原则来界定它的行为范畴。当一种金融服务或金融产品完全符合“三可”原则，同时坚持了“三服务”原则的一类服务客体时，就可以将其界定为普惠金融的行为范畴。①

"三可"原则：可获得、可负担、可持续。

可获得：是普惠金融首要的题中之意，是基本概念考察的核心指标，它包含二层意思：一是指普惠金融的服务通道畅通且服务效率高，在客观上是指金融网点或金融产品在地域和空间上的覆盖密度；二是指这些服务产品或服务通道不得违法。

可负担：是指普惠金融产品和服务的定价合适，不存在价格排斥和歧视，即能够让有金融服务需求的消费者可以承担和接受。

可持续：是指金融服务机构或者第三方服务平台要有一定的消费者剩余，即让金融机构成本可负担、商业可持续；或让第三方服务机构有持续经营的能力。

"三服务"原则：服务小微企业、"三农"（农业、农村、农民）客户和其他弱势群体。

小微企业：小微企业的自身特点和融资特点，对普惠金融机构的创新能力、微贷技术、营销手段、信息处理和风控能力提出了更高的要求，这就需要普惠金融机构设计、开发出更多适合小微企业特点的信贷品种和服务手段。

"三农"客户："三农"客户是普惠金融服务的又一大客体。"三农"客户问题的核心是农民收入低、增收难，实质是农民权利得不到保障，特别是享受金融服务的权利严重缺失。目前，农村金融二元结构矛盾十分突出，一方面，"三农"客户金融服务弱化、满足率低，对金融资源的需求不断开扩大；另一方面，商业金融体系将农村地区的存款大量吸收到城市，使广大农民特别是贫困地区中低收入群体的金融需求无法得到满足，"三农"客户急需得到普惠金融的支持。因此，必须深化金融同业合作，履行金融道义和社会责任，着力构建一个功能互补、竞争有序、合作共赢、包容性强的普惠金融体系。

其他弱势群体：主要是指城镇低收入人群、贫困人群、残疾人、老年人等贫困人口、偏远地区居民等，这一群体的基本特征是"贫穷"，金融业如何支持这一群体是当前全社会关注的重要问题。

---

① 邢乐成，赵建．多维视角下的中国普惠金融：概念梳理与理论框架［J］．清华大学学报（哲学社会科学版），2019（1）．

第二章 普惠金融理论渊源：文献综述

本章将在学术界既有研究的基础上，全面梳理普惠金融的理论渊源和演进过程，并提出了普惠金融理论演化的“三阶段演进论”观点，即理论萌芽阶段、理论觉醒阶段和理论自觉阶段。以此为基础，探索其学术意义及理论内涵与外延。

第一节 普惠金融渊源：理论萌芽阶段

在漫长的金融发展史上，主流的金融理论一致认为，金融服务的价值取向是高端客户和富人，金融成了特定富有阶层和群体的“代名词”。缺乏财产和高收入来源的阶层和群体被剥夺了享受金融服务的权利，特别是中小微企业、农村和边远地区等弱势群体，更是被排斥在金融服务的边界之外，这实际上就是金融排斥的引申。而普惠金融的产生形成了反金融排斥理论的内涵和外延，可以说，普惠金融的理论萌芽，来自对主流金融学发展过程中存在问题的反思和扬弃，并且有着深刻的发展经济学、福利经济学和社会学内涵。20 世纪 70 年代到 2005 年前后，可以说是普惠金融的理论萌芽阶段。虽然这个阶段普惠金融并没有形成自己的概念，在理论界也没有独立的舞台，但普惠金融的理论已露端倪，理论萌芽开始出现。这个阶段的代表性理论主要有农村金融发展理论、中小企业融资理论和微型金融理论等。

一、农村金融发展理论

农村金融发展理论是普惠金融的理论渊源，主要有三大流派：农业信贷补贴理论、农村金融市场理论和不完全竞争市场理论。

（一）农业信贷补贴理论

农业信贷补贴理论是普惠金融理论研究的逻辑起点，在20世纪80年代以前是处于主导地位的农村金融理论。它的主要观点是，为了缓解农村的贫困和融资难问题，需要政府对农村金融市场进行干预，从外部注入低成本的政策性补贴资金，并为此建立专门的金融机构，来进行补贴资金的分配和管理。但这种扶贫式补贴贷款却没有收到预期效果。失败的主要原因是：由于存在补贴，使得贷款利率不能反映真实的利率水平，从而失去了利率的杠杆作用；同时，贷款人将这种补贴式贷款视为福利，从一开始就没有打算真正还款；此外，这种补贴式贷款软化了信贷约束，最终导致农业信贷补贴理论的失败。[①] 农业信贷补贴理论的缺陷，为后期的普惠金融实践和理论研究提供了感性认知。

（二）农村金融市场理论

正是由于农业信贷补贴理论存在以上弊端，进入20世纪80年代后出现的农村金融市场理论，是在批判农业信贷补贴理论，并接纳了肖和麦金农的金融深化与金融抑制论基础上产生的。肖和麦金农的理论基本逻辑是：金融制度的落后会阻碍经济的发展，经济的停滞反过来又将制约着金融制度的发展。为此，要解除“金融抑制”就必须进行“金融深化”，减少政府对金融的过多干预，利用市场调动人们储蓄与投资的积极性，促进金融和经济发展之间的良性循环。

农村金融市场理论认为：第一，农村居民及贫困阶层是有储蓄能力的。对许多发展中国家农村地区的研究表明，只要提供储蓄及激励的机会，即使贫困地区的小农户也有相当数量的存款，因此，没有必要从外部向农村注入资金；第二，政府提供的低息政策妨碍了人们向金融机构存款，抑制了金融发展；第三，运用资金的外部依存度高，是导致贷款回收率降低的重要因素；第四，由于农村资金拥有较多的机会成本，非正规金融的高利率是理所当然的。因此，农村金融市场理论认为农村金融资金的缺乏并不是由于农民没有能力，而是农村金融体系中不合理的金融安排所致，如政府管制、利率控制抑制了金融的发展。因此，要充分发挥金融市场的作用，减少政府的干预，实现利率市场化和农村资金供求的平

---

① 邢乐成，弈建华．中国普惠金融体系构建与运行要点［J］．东岳论丛，2015（8）．

衡，以及取消专项特定目标贷款制度，适当放开非正规金融市场等。[①]

（三）不完全竞争市场理论

20 世纪 80 年代开始，不完全竞争市场理论成为农村金融理论的主要观点，并对普惠金融理论的形成起到了理性支撑。斯蒂格利茨（Stiglitz，1981）[②] 等人对信息不对称问题的研究成果，形成了不完全竞争市场理论的基础。该理论强调，要通过金融制度改革及加强农村金融构建来提高农村金融市场有效运行，而不是发放财政补贴贷款；同时，强调通过借款人的组织化来降低信贷行为中的道德风险和交易成本，解决信息不对称问题，并适当介入非正规金融来提高农村金融市场的运行效率。[③] 不完全竞争市场理论比较符合中国等发展中国家的农村金融实际，对后期普惠金融理论的形成提供了理性支撑。

二、中小企业融资理论

对中小企业融资的理论研究，也构成了普惠金融研究的理论渊源。这方面的研究文献，对普惠金融理论的形成起到了重要作用。

（一）信息不对称理论

信息不对称理论是研究普惠金融及中小企业融资的主流理论。在中小企业融资研究领域很活跃的伯格和尤德尔（Berger & Udell，1998）[④] 认为，中小企业的信息不透明是造成中小企业融资难的主要原因。与大企业相比，中小企业与工人、供应商、客户等签订的合约多数是私人信息。它们不能发行可交易债券，其信息无法从证券登记机构查询，其债务也失去了在公开市场上连续定价的机会；中小企业没有经过审计的财务报表不能可信地向外界反映企业真实情况。李志赟（2002）[⑤] 从贷款人角度考察了为解决信息不透明导致的贷款难原因，如成本高、抵押难和风险大。成本高，指贷款的单位成本高，银行每笔贷款的交易成本实际

① 丁长发．农村金融三大流派理论述评［J］．时代金融，2010（3）：3.

② Stiglitz J. E. and A. Weiss. “Credit rationing in markets with imperfect information”, in the *American Economic Review*, 1981, 71（3）：393 – 410.

③ 邢乐成，弈建华．中国普惠金融体系构建与运行要点［J］．东岳论丛，2015（8）.

④ Berger A. N. and G. F. Udell. “The economics of small business finance：The roles of private equity and debt markets in the financial growth cycle”, in the *Journal of Banking & Finance*, 1998（22）：613 – 673.

⑤ 李志赟．银行结构与中小企业融资［J］．经济研究，2002（6）：38 – 45.

上差别并不大，而中小企业的贷款规模比大型企业要小得多，单位贷款的交易成本就显得非常高；抵押难，一方面是因为中小企业缺乏足够的固定资产，另一方面是抵押的程序烦琐、评估费用高，加大了企业的融资成本；风险大，主要体现在银行对中小企业实际的经营状况和将来的盈利前景难以做出准确的判断。

中小企业与银行之间的信息不对称会导致逆向选择和道德风险，损害银行利益。斯蒂格利茨和韦斯（Stigilitz & Weiss，1981）① 比较完整地论述了逆向选择问题。市场上借款人的项目是风险与收益的组合，低风险项目收益往往较低，高收益往往伴随着高风险，在信息不对称的情况下，银行无法获知企业的风险，此时如果用利率来实现信贷供求均衡，即利息支付高者获得贷款，就会发生两种情况：一是低风险低收益率的借款人因支付不起高利率而退出，高风险高收益的借款人将得到贷款；二是借款人行为的变化，他们会放弃低风险低收益项目而选择高风险高收益项目。这两种情况都会造成银行收益随着利率上升而下降，称为逆向选择。道德风险也分两种情形，杰菲和拉塞尔（Jaffee & Russell，1976）② 论述了道德风险中策略性违约情形，即在无法观察借款人偿还能力的情况下，借款人选择偿还、还是违约的条件，取决于偿还额、违约惩罚程度和借款人收入。贝斯特和赫尔维格（Bester & Hellwig，1987）③ 讨论了道德风险中借款人违反当初承诺，将贷款应用于高风险高收益项目情形的原因在于，项目失败成本由债权人承担，而成功的收益则主要由借款人获得。逆向选择和道德风险使利率无法作为筛选客户的工具，一些借款人即使愿意支付高利率也得不到贷款。

（二）关系贷款与群贷技术

用关系贷款技术来解决银行与企业之间的信息不对称，是从20世纪90年代开始的，其核心内容是银行通过与企业建立稳定长期的关系，可以获得第三方无法获得的企业信息，能够更准确地评估企业风险。早期的研究者发现银行与企业之间稳定的关系下存在着银行收取高利率的行为，他们将这种现象归因于企业的忠诚。法马（Fama，1985）④ 则将这种关系归因于借款人为获得声誉而采取的行

---

① Stiglitz J. E. and A. Weiss. "Credit rationing in markets with imperfect information", in the *American Economic Review*, 1981, 71 (3): 393-410.

② Jaffee D. and T. Russell. "Imperfect information, uncertainty, and credit rationing", in the *Quarterly Journal of Economics*, 1976, 90 (4): 651-666.

③ 弗雷克斯，罗歇，刘锡良译. 微观银行学［M］. 成都：西南财经大学出版社，2000：135-137.

④ Fama E. "What's different about the bank?", in the *Journal of Monetary Economics*, 1985 (15): 29-40.

为，即借款人从银行借款可以证明银行在不断监督他，通过不断的短期借贷向外界发出借款人信誉高的信号，借款人就可以从市场上以低成本借入款项，此时借款人会同时以低利率从市场借款和以高利率从银行借款。也有学者们把银行凭借信息优势收取高利率的行为称为信息租，20 世纪 90 年代初他们重新对这一问题进行了研究。夏普（Sharpe，1990）[①] 认为银行收取信息租的行为不可能持久，如果银行如此工作则在贷款市场上落下坏的名誉，后续的借款人就不会从他那里借款，为此银行需要向市场承诺自己会控制利用信息优势获取信息租的冲动，以便建立良好的信誉，这个承诺是可信的。戴蒙德（Diamond，1991）[②] 从银行监督与借款人声誉角度，认为银行向借款人收取较高利率是因为监督成本，借款人持续多期良好的借贷记录可以建立起好的声誉，从而可以从市场上低成本借入资金，低信誉借款人要想建立良好的声誉都要经过这个过程，而良好声誉带来的利益会促使借款人继续保持声誉。拉詹（Rajan，1992）[③] 认为关系贷款和与交易贷款间存在替代关系，关系贷款下银行获得了与企业分享剩余价值的权力，这会降低企业的收益从而让交易贷款有了存在的空间。关系贷款有助于银行提供持续融资，此时企业为了降低信息租可以通过公开自己信息以便从多个来源获得资金，这样做银行与企业之间就很难维持稳定的关系。

群贷技术（goup lending）同样致力于缓解借贷双方的信息不对称。该技术是由孟加拉国的穆罕默德·尤努斯教授率先创立的，典型的群贷运行模式如下：贷款机构把贷款申请人每五人组成一个小组，先由其中两人获得贷款，在这两人按期归还后，后两人才能得到贷款，一旦有人违约，则组内其他成员就得不到贷款，这就使群贷暗含了连带责任。群贷一定程度上解决了借贷中的信息不对称，防止出现逆向选择与道德风险。斯蒂格利茨（1990）[④] 从群体监督角度对这种贷款进行了理论解释，他用模型证明了这种贷款可以化解道德风险。小组的成员往往处于同一个区域都很熟悉，彼此之间的信息不对称很低；小组成员要想获得贷款就要求成员不能违约，因此群贷虽然没有明确表明成员相互担保，但是上述规

---

① Sharpe S. A. "Asymmetric information, bank lending, and implicit contracts: a stylized model of customer relationships", in the *Journal of Finance*, 1990 (45): 1069 – 1087.

② Diamond D. W. "Monitoring and reputation: the choice between bank loans and directly placed debt", in the *Journal of Political Economy*, 1991 (99): 689 – 721.

③ Rajan R. "Insiders and outsiders: the choice between relationship and arm's length debt", in the *Journal of Finance*, 1992 (47): 1367 – 1400.

④ Stiglitz J. "Peer monitoring and credit markets", in the *World Bank Economic Review*, 1990, 4 (3): 351 – 366.

定实际上执行着隐形担保功能，这种担保虽然增加了成员的负担，但是相互监督解决了信息不对称问题从而会降低利率成本，因此成员愿意承担起相互监督的责任，这就防止了贷款误用和违约情形。群贷的连带责任虽促进了成员相互监督解决了信息不对称问题，但是同样会面临着机会主义行为：既然连带责任下会有人替你还款，为什么自己还要还款呢？为此贝斯利和科特（Bersley & Coate，1995）[①] 在模型中引入了社会抵押（social collateral）来解释这一现象。他们认为小组成员来自同一个村庄或社区，彼此之间、与社区之间有着紧密的联系，社区人员相互帮助、共同拥有财产，以及其他社会福利，这就构成了社会抵押品。小组成员可以通过谴责让违约借款人不舒服或者财务损失；可以把其违约行为在社区内宣扬，使其在社区内声誉受损；也可以通过在未来不再与违约成员合作进行惩罚，特别是当成员彼此之间在生产上有联系时，这种惩罚会更严厉。

（三）机构匹配理论

机构匹配理论指的是大银行更愿意为大企业服务，而中小银行更愿意为中小企业服务，如果中小银行供给不足，就会造成中小企业贷款难问题。皮克和罗森格伦（Peek & Rosengren，1996）[②] 实证发现，随着银行规模的扩大对小企业贷款占总贷款比重不断降低，小银行被兼并后新银行会降低对小企业的贷款。伯格（1998）[③] 用大量的并购数据检验银行并购对小微企业贷款的影响，他们发现并购确实会降低对小微企业的贷款，原因在于大银行科层多更擅长于发放贷款给透明度高的客户，即交易性贷款，而小银行科层少更擅长于关系贷款，向那些透明度差的中小企业发放贷款。不过他们也发现，并购后空出来的市场会被当地的其他银行和新设银行补上。

机构匹配理论为金融体系的建设和普惠金融理论的发展提供了一条可供借鉴的思路。在中国的融资格局中，银行贷款在企业融资中占有绝对比重，四大国有商业银行无论在银行存款还是贷款市场上都处于主导地位，这种高度垄断格局减少了中小金融机构获得的金融资源，限制了它们为中小企业服务的能力。中小金

---

① Besley T. and S. Coate. "Group lending, repayment incentives, and social collateral", in the *Journal of Development Economics*, 1995, 46 (1): 1 - 18.

② Peek J. and E. S. Rosengren. "Small Business Credit Availability: How Important Is Size of Lender?", *in the Financial Design Reconsider*, 1996 (7): 47 - 55.

③ Berger A. N. , A. Saunders and J. M. Scalise. "Udell, G. F. The effects of bank mergers and acquisitions on small business lending", in the *Journal of Financial Economics*, 1998 (50): 187 - 229.

融机构短缺和金融资源错配是中国中小企业融资难的重要原因，这也是普惠金融研究的逻辑起点。

三、微型金融理论

对微型金融的研究始于20世纪下半叶在世界各地相继出现的小额信贷等金融实践。随着鼓舞人心的案例层出不穷地的出现，理论界开始关注微型金融发展和运行的各种原因、机制及影响，并逐渐统一到为穷人等弱势群体提供制度性金融服务这一具有社会理想的高度，这是普惠金融理念的萌芽和发端。

相对于传统商业银行，对市场定位、风险和盈利机会的理解及企业文化等方面的差异，形成了微型金融机构在业务运行、风险管控等方面的鲜明创新特质。关于这方面的研究主要集中于以下两个角度：

一是软信息的获取和关系型贷款的应用。伯格和尤德尔（2002）① 将银行贷款技术与其所对应的借款人信息的性质进行了如下概括：交易型贷款——使用财务报表或信用评分等硬信息，包括财务报表型贷款、资产保证型贷款和信用评分贷款技术；关系型贷款——使用双方密切交往而建立的软信息，关系是信贷决策的核心依据。夏普（1990）② 构造了两期借款模型，证明通过长期重复使用关系型贷款，金融机构从中获取了更多的企业私有信息，从而为后续的贷款提供了更加有效的决策参考。

二是用于补偿风险的非传统契约。对信息不对称研究的深入及对契约的不完全性质的关注，推动了人们试图通过机制设计来实现更有效率的金融交易的尝试。小额信贷的发展为解决农村地区信贷资金供给不足，以及金融排斥问题提供了新的思路——相对于传统银行的规模优势，小额信贷利用创新的契约来激励借款人努力还款，从新的思维角度寻求解决信息不对称问题的可能性。这使微型金融机构在无法获得更多关于借款人信息的情况下，相关问题仍然存在改善的可能。这些在金融契约方面的创新包括连带责任、次序融资、定期还款与小组基金等。

---

① Berger，A. N. “G. F. Udell. Small Business Credit Availability and Relationship Lending：The Importance of Bank Organizational Structure”. The *Economic Journal*，2002，112（447）：32 – 53.

② Steven A. Sharpe. Asymmetric，Information Bank Lending，and Implicit Contracts：A stylized Model of Customer Relationships. The *Journal of Finance*，1990（4）：1069 – 1087.

以上贷款技术及管理体制方面的创新，构成了微型金融机构在信贷偿还机制等方面的核心竞争力，在一定程度上缓解和降低了诸如审计成本、逆向选择及策略性违约等成本，并最终有效地提高了贷款的效率①。这方面的研究，为普惠金融“语境”下的微贷技术研究提供了技术支持。

第二节 普惠金融觉醒：理论觉醒阶段

反金融排斥理论所形成的内涵和外延，使普惠金融的理论萌芽开始出现。随着主流金融学对农村金融发展理论、中小企业融资理论和微型金融理论研究的深化，普惠金融研究进入了理论觉醒阶段。此阶段的明显标志是：普惠金融形成了独立的概念并逐步纳入了官方语境，国际学术界也开始将其纳入研究范畴。一大批理论工作者和实际工作者，开始就普惠金融基本概念、内涵及实现路径进行了广泛探讨。

一、“普惠金融”概念的提出

普惠金融的概念是由小额信贷和微型金融发展而来的。② 为了改善对穷人和弱势群体的金融服务，20 世纪 70 年代开始，一种正规化的小额信贷业务开始流行，主要有两大代表：一个是从消除贫困的社会目的出发，由社会发展机构创立和推动的“福利主义”小额信贷；另一个是从拓展金融市场的目的出发，由金融机构和投资机构推动的“制度主义”小额信贷。到 20 世纪 90 年代，这两种小额信贷都发展成熟，并形成了各自成功的商业模式。孟加拉国格莱珉（Grameen 孟加拉语意是“乡村”）银行是福利主义的典型代表，墨西哥 COMPARTAMOS（西班牙语意是“分享”）银行是制度主义的主要代表。

20 世纪 90 年代，因小额信贷在扶贫和商业领域的成功，联合国开发计划署（UNDP）和世界银行等国际组织，开始大力倡导和推广小额信贷，使小额信贷在全球得以迅速发展壮大。

---

① 邢乐成，弈建华．中国普惠金融体系构建与运行要点．东岳论丛，2015（8）．
② 参见 2016 年 9 月 30 日“白澄宇的博客”。

随着小额信贷在20世纪90年代在全球的大规模发展，小额信贷机构也将服务从信贷业务向其他金融服务延伸，微型金融概念被接受和使用，并逐渐替代小额信贷成为全球主流词语。微型金融是指为小额信贷客户群体提供的包括信贷、储蓄、保险、支付等的金融服务。普遍认为，微型金融比小额信贷更有发展前景，不但为客户提供了更多所需的服务，还增强了机构的可持续发展能力。随着微型金融在全球进入发展高潮，微型金融不再只是面临自身业务发展问题，同时也需要宏观的法律和监管，中观的基础设施和配套制度，以及微观的金融机构和金融产品的发展与完善，这些将构成一个完整的金融体系。

在这种情况下，小额信贷从业机构、研究机构、投资机构、政府机构、国际组织开始考虑要建立一个有利于促进小额信贷和微型金融的金融体系，而这个体系的宗旨或目标与小额信贷和微型金融一样，是消除金融排斥（financial exclusion），为社会底端群体提供有效的金融服务。

进入21世纪后，全球各国在联合国推动下达成了千年发展目标（MDG），其首要任务是消除贫困，而小额信贷和微型金融是消除贫困的有效方式之一。为促进小额信贷和微型金融发展，2005年被联合国命名为国际小额信贷年。为了宣传小额信贷年活动，联合国率先使用了“普惠金融体系”这一概念，其基本含义是：能有效、全方位地为社会所有阶层和群体提供服务的金融体系。于是，一个与金融排斥相对的概念油然而生：普惠金融，并成为全球期望实现的目标。

2005年国际小额信贷年前后，由国际组织牵头，召开了一系列有关普惠金融的研讨会议，发布了一系列报告，一个关于普惠金融体系的逻辑框架、行动纲领、指标体系逐渐清晰。2006年，联合国开发计划署在集体智慧的基础上正式发布了*Building Inclusive Financial Sectors for Development*报告（俗称蓝皮书）。至此，普惠金融的概念正式推出。

普惠金融概念的提出，是现代金融理论的一大突破，一定程度上颠覆了金融主要为富人服务的传统理念。那么，普惠金融的内涵又是什么？2006年诺贝尔和平奖得主、孟加拉乡村银行总裁尤努斯教授说：信贷权是人权。就是说，每个人都应该有获得金融服务机会的权利。只有每个人拥有金融服务的机会，才能让每个人有机会参与经济的发展，才能实现社会的共同富裕，建立和谐社会与和谐世界。按照国内最早翻译和引入“普惠金融”一词的白澄宇理解，普惠金融的内涵至少有四层含义[1]：

第一，普惠金融体系不是金融业务，不是金融机构，也不是金融产品，而是一个金融生态系统，包含宏观的法律、政策和监管制度，中观的金融基础设施和配套制度，以及微观的金融机构和金融产品。所以在国际上，只有普惠金融体系一词，和金融普惠化或普惠性一词，而没有普惠金融一词。

第二，普惠金融有明确而强烈的政策倾向：扶贫，其核心是消除社会最底端群体的金融排斥现象。普惠金融不是“全面金融”，不是锦上添花，而是雪中送炭。如果一个金融体系里还有最底端的群体被排斥在外，即便其他群体的金融服务得到改善，这个金融体系也不是普惠的。因此，国际上的普惠金融指标体系核心是金融服务覆盖率，强调的是公平，而不是效率。

第三，普惠金融既然是一个体系概念，就没必要纠结扶贫目标与机构商业可持续之间的矛盾，那是微观层面考虑的问题，是小额信贷和微型金融机构考虑的问题，而不是普惠金融体系考虑的问题。作为一个健康的、可持续的生态体系，自然会产生健康的、可持续的物种，且一定会形成一个万类霜天竞自由的平衡关系。普惠金融体系在实现公平目标的同时，必然会顾及效率和商业可持续性。

第四，普惠金融体系虽然带有浓厚的政治色彩，却应该通过完善的市场体系和市场机制来实现，而不是靠政府计划和行政措施来完成。政府的职能是提供一个公平的发展环境，必要时关照一下弱势群体的利益，最终通过公平的市场环境，让所有参与者都能找到自己的位置，并分享阳光雨露。

二、“普惠金融”在中国的演进

国内最早引进和使用普惠金融这个概念的是中国小额信贷联盟（原名中国小额信贷发展促进网络）。为了开展2005年国际小额信贷年的推广活动，他们决定利用这个概念进行宣传。时任联盟秘书长白澄宇提出用“普惠金融体系”作为Inclusive Financial System的中文翻译。

2006年3月在北京召开的亚洲小额信贷论坛上，人民银行研究局焦瑾璞副局长正式使用了“普惠金融”这个概念。从2005年开始，联合国开发计划署与商务部国际经济技术交流中心和人民银行、国家开发行、哈尔滨银行、包商银行

① 参见2016年9月30日“白澄宇的博客”。

合作，开展了“建设中国普惠金融体系”项目。人民银行负责的项目内容为普惠金融政策研究，焦瑾璞先生为项目主任。

2012 年 6 月 19 日，原国家主席胡锦涛在墨西哥举办的二十国集团峰会（G20 峰会）上指出：“普惠金融问题本质上是发展问题，希望各国加强沟通和合作，提高各国消费者保护水平，共同建立一个惠及所有国家和民众的金融体系，确保各国特别是发展中国家民众享有现代、安全、便捷的金融服务。”这是中国国家领导人第一次在公开场合正式使用普惠金融概念①。

2013 年 11 月 12 日，中共十八届三中全会通过了《中共中央关于全面深化改革若干重大问题的决定》，正式提出“发展普惠金融。鼓励金融创新，丰富金融市场层次和产品”②。首次在国家层面提出发展普惠金融，推动金融服务的均等化。

2015 年 3 月 5 日，李克强总理在 2015 年政府工作报告中又进一步提出“大力发展普惠金融，让所有市场主体都能分享金融服务的雨露甘霖”③，这是普惠金融第一次写入政府工作报告。作为一项金融战略，构建普惠金融体系，让金融改革和社会发展的成果惠及更多的人群、地区和客户，对于促进国民经济可持续发展、维护社会公平正义具有十分重大的现实意义。

随着普惠金融概念逐步纳入官方语境，中国的普惠金融研究开始进入了理论觉醒阶段。焦瑾璞 2008 年在五道口中国人民银行研究生院首开《普惠金融与发展》课程，深受同学们的喜爱。在他看来，中国普惠金融的发展历程，是一个社会认知水平不断提高、国家政策配套不断跟进的过程。2009 年他出版了《建设中国普惠金融体系——提供全民享受现代金融服务的机会和途径》一书④，这是国内第一部系统论述普惠金融的专著。该书首次从理论上对普惠金融体系的概念进行了系统阐述，介绍了从小额信贷到微型金融再到普惠金融的历史沿革和发展，分析了全球普惠金融概况和中国金融体系的结构缺陷、金融服务弱势群体的不足，提出了建设中国普惠金融体系的基本框架和思路。该书特别指出，让所有人都平等地享受金融服务，是建设普惠金融体系的基本出发点和最终检验标准。普惠金融体系主张让所有人都得到相应的金融服务，只有包括穷人、富人、一般

① 2016 年 1 月 15 日中华人民共和国中央人民政府网站.

② 中共中央关于全面深化改革若干重大问题的决定［N］. 人民日报，2013 - 11 - 16.

③ 李克强. 2015 年政府工作报告，人民网，2015 年 3 月 5 日.

④ 焦瑾璞. 建设中国普惠金融体系——提供全民享受现代金融服务的机会和途径. 北京：中国金融出版社，2009：50.

人和大中小企业在内的所有不同服务对象都得到金融服务，各类提供金融服务的金融机构和组织都有机地融入金融体系，才称得上是普惠金融体系。普惠金融体系强调包容性，惠及所有人，尤其是那些被传统金融所忽视的农村地区、城乡贫困群体、微小型企业。普惠金融的愿景是通过完善金融体系，运用金融手段，在金融服务领域寻求社会公正，将所有的人都纳入经济增长轨道，并使其公平地分享经济增长的成果，达到社会和谐发展和共同富裕的目标和理想。同时，焦瑾璞作为中国人民银行代表，自 2012 年下半年开始，参与 G20 框架下的“全球普惠金融合作伙伴组织（GPFI）”的领导工作，并于2014 年11 月起，开始担任 GPFI 共同主席直至他调任上海黄金交易所。在此期间，他致力于向全球介绍中国普惠金融的发展和经验，领衔数字普惠金融研究，提升普惠金融的指标体系，推广普惠金融的衡量标准。

在对中国普惠金融体系建设的研究上，戴宏伟、邢乐成等都做了系统性的研究。戴宏伟、随志宽（2014）认为①，全面建成小康社会迫切需要中国建立一个多层次、广覆盖、可持续的普惠金融体系。为此，要不断完善法律法规和监管体系；加强金融基础设施建设；坚持适度竞争；拓宽小额信贷资金来源，加快普惠金融体系建设。邢乐成、弈建华（2015）提出②，普惠金融体系的构建不仅是金融本身的问题，更是一个政治上的命题，它强调金融伦理和社会道义，关系到小微企业等弱势群体的生存和发展，关系到农民奔小康和粮食安全，更关系到新型城镇化、农业现代化和两个百年奋斗目标的实现。普惠金融体系的构建，应以体现公平价值和发展权为理念，以包容和广覆盖为核心，以可持续发展为基本原则，以审慎监管为出发点。为此，笔者提出了“五位一体”的构建设想，即构建普惠金融法律体系、普惠金融支撑体系、普惠金融机构体系、普惠金融客户体系和普惠金融监管体系。

除了对中国普惠金融体系建设的研究外，国内学者还从以下四个方面进行了探索：第一，中小微企业融资方面，这构成了理论觉醒阶段普惠金融研究的主要内容。邢乐成（2015）③ 系统性的研究了金融结构和中小微企业融资问题，深入剖析了其中的深层次原因，并提出了金融制度边界理论，认为一国的金融结构决定一国的金融覆盖范畴，中国长期以来存在的融资难、融资贵等问题，原因在于

---

① 戴宏伟，随志宽．中国普惠金融体系的构建与最新进展．理论学刊，2014（5）．

② 邢乐成，弈建华．中国普惠金融体系构建与运行要点．东岳论丛，2015（8）．

③ 邢乐成．金融结构与中小企业融资．济南：山东人民出版社，2015：66.

中国的金融结构形成的金融制度边界，使得中小微企业游离于这个边界之外。为此，需要进行金融制度的创新，而创新方向就是发展普惠金融。第二，中国普惠金融的伦理根源。王颖、曾康霖（2015）[①] 从中国的传统儒学文化和土地制度的演变中寻找到普惠金融的历史依据和伦理根源，提出了大同社会理念中内嵌的广义普惠思想，为探索具有中国文化自信的普惠金融道路提供了重要的启示。第三，从国际比较的视野，分析中国传统金融机构在发展普惠金融业务中存在的问题和短板，并借鉴普惠金融发展程度较高的国家和地区的经验，提出政策建议和解决方案。如郭田勇、丁潇（2015）[②] 对比了中国与国际上发展普惠金融的成果和做法，发现中国与国际平均水平存在较大的差距，尤其是在数字化技术的应用和风险管理模式的创新方面；而对于偏远农村的金融服务，与国际上的差距更大，这为我们推动金融服务层级下沉和渗透并支持精准扶贫提供了现实依据。第四，对普惠金融基本概念的归纳。吴晓灵（2010）[③] 对普惠金融的概念较早进行了阐述，她认为普惠金融要具有价格合理、服务多样、商业可持续等特征；在健全的政策、法律和监管框架支持下，每个发展中国家都应该有这样的金融体系。这为日后普惠金融概念的成熟提供了基础。周小川（2015）[④] 对普惠金融的概念定义是为每一个人在有需求时，都能以合适的价格享受到及时、有尊严、方便、高质量的各类型金融服务。郭田勇、丁潇（2015）认为[⑤]，普惠金融是指能有效、全方位地为社会所有阶层和群体提供服务的金融体系，实际上就是让老百姓享受更多的金融服务、更好地支持实体经济的发展。何德旭、苗龙文（2015）认为[⑥]，普惠金融旨在解决现实中“三农”客户、中小微企业等弱势群体的金融支持问题，并提供优质、高效的金融服务。丁杰（2015）认为[⑦]，互联网金融的特征与普惠金融具有内在的耦合性，尽管互联网金融及普惠金融在国内尚未有统一的理解，但现有研究普遍认为互联网金融的出现使金融服务的效率得到大幅度提升，为小微企业和个人提供了便利，有力推动了实体经济的模式创新与运行效率。此外，还有一些研究人员如马建霞（2012）、胡文涛（2015）[⑧] 等从法学角度对普惠金融基本概念也进行了解读。他们的共识是，认为弱势的企业和人群应

① 王颖，曾康霖．论普惠：普惠金融的经济伦理本质与史学简析．金融研究，2016（2）．
②⑤ 郭田勇，丁潇．普惠金融的国际比较研究——基于银行服务的视角．国际金融研究，2015（2）．
③ 吴晓灵．普惠金融是中国构建和谐社会的助推器．金融时报，2010－6－21．
④ 周小川．深化金融体制改革．人民日报，2015－11－25．
⑥ 何德旭，苗文龙．金融排斥、金融包容与中国普惠金融制度的构建．财贸经济，2015（2）．
⑦ 丁杰．互联网金融与普惠金融理论及现实悖论．财经科学，2015（6）．
⑧ 胡文涛．普惠金融发展研究：以金融消费者保护为视角．经济社会体制比较，2015（1）．

当享有平等的金融权利，让金融权利惠及所有的阶层。

综上所述，从2005年普惠金融概念在中国出现到2015年年底，是中国普惠金融的理论觉醒阶段。此间的理论研究形成了很多共识，为普惠金融在中国的实践提供了理性支撑。但在此期间，国内有关文献对普惠金融的研究和探索，大多属于业务性、技术性、政策性的探讨，还缺少理论的自觉和更高级的指导原则。仅靠上述业务性、技术性、政策性的探讨，我们自然难以准确界定实践中的某一经济行为是否属于普惠金融。因此，厘清普惠金融的理论框架，明确普惠金融体系建设指导原则和理论概念就显得非常必要。

第三节 普惠金融发展：理论自觉阶段

2016年是普惠金融发展的关键之年。从2016年开始，普惠金融研究进入了第三个阶段：理论自觉阶段。这一阶段在中国有三大突出标志：一是2016年1月，中共中央、国务院印发《推进普惠金融发展规划（2016～2020年）》，明确将普惠金融发展上升为国家战略，并将普惠金融定义为立足机会平等要求和商业可持续原则，以可负担的成本，为有金融服务需求的社会各阶层和群体提供适当有效的金融服务。二是2016年9月召开的G20杭州峰会上，正式通过了《G20数字普惠金融高级原则》，提出了8项原则和66条行动建议，成为数字普惠金融领域首个国际纲领。三是2017年7月召开的全国金融工作会议上，习近平总书记发表了重要讲话，提出“要建设普惠金融体系，加强对小微企业、‘三农’和偏远地区的金融服务”，[①] 为中国深化金融改革、发展普惠金融指明了方向。

与此同时，国有大型商业银行相继成立了专门的普惠金融事业部，第三方机构也纷纷为普惠金融提供大数据、远程作业、物联网等金融科技服务，个人消费贷、小微贷等快速发展，这些都为普惠金融理论研究提供了充实的实践素材。理论工作者和实际工作者开始自觉的、体系化的进行专项研究，研究者更多地关注了以下问题：

一、普惠金融的理论概念及本质特征

普惠金融的概念界定分为两个层面：一个是基本概念，主要是从实践层面，

① 新华网，2017年7月15日。

以金融服务的模式、产品和范围为视角的界定；另一个是理论概念，是以金融发展、金融资源分配和金融伦理为视角的界定。过去对普惠金融概念的表达主要聚焦在基本概念上，还缺少对理论概念的研究和界定。为了弥补研究的缺陷，星焱(2016)① 对普惠金融的理论概念进行了界定，他认为普惠金融的理论概念是对基本概念的延伸和深化。基本概念局限于普惠金融服务本身的特征，并且受限于发展中国家较为明显的金融排斥。因此，可得性成为基本概念考察的核心指标。理论概念是以金融福祉分配的公平合理为原则，对金融发展的演化路径及其“优劣”予以分析和评价。因此，它跳出了仅仅分析金融服务的局限，金融福祉分配的合理性成为理论概念考察的核心指标。

白钦先、张坤（2017）② 也对普惠金融概念的再界定提出了自己的观点。他们认为，普惠金融是引领、规范和实现金融发展的，突出强调秉持金融的哲学人文发展理念，突出强调彰显金融为促进人类经济与社会发展而生，突出强调坚持金融为最广泛社会大众竭诚服务的一种共享的金融发展方式。简而言之，普惠金融是引领、规范和实现金融发展的一种共享金融发展方式。这个定义中有两个定语，前一个定语是回答或限定普惠金融为什么，为高瞻远瞩地引领实现金融发展；后一个定语是回答或限定这种金融发展方式的最本质性核心特征——共享。介于这两个定语之间的三个“突出强调”实际上是实现这一共享金融发展方式的前提或先决条件。

理论界对普惠金融理论概念的研究，深化了对普惠金融本质特征的认识：普惠金融是一种全新的理念，是研究金融发展与金融福祉的经济理论，是对传统商业金融的反思和扬弃，本质是通过技术和营销手段的创新来降低享受金融服务的门槛。这一认识，为普惠金融的蓬勃发展提供了理性支持。

二、普惠金融的基本原则

发展普惠金融应坚持哪些基本原则，这是理论工作者和实际工作者都需要明确的，这也是理论自觉阶段研究的重点问题。《推进普惠金融发展规划（2016～2020 年）》提出了五项原则：健全机制、持续发展；机会平等、惠及民生；市场

① 星焱．普惠金融：一个基本理论框架．国际金融研究，2016（9）.
② 白钦先，张坤．再论普惠金融及其本质特征．广东财经大学学报，2017（3）.

主导、政府引导；防范风险、推进创新；统筹规划、因地制宜。其中，“市场主导、政府引导”的原则是最大的亮点。对此，贝多广、张锐（2017）[①] 做了理性阐述。他们认为，处理好政府和市场的关系是所有经济金融战略都要面临的问题，政府和市场能否各自发挥应有的作用，通常关系到经济金融战略的成败。

首先，普惠金融需要政府的引导。由于种种主客观原因，市场中的金融机构会出现覆盖不足甚至服务空白的状况，部分群体特别是贫困人群和中小微企业不能获得足够的、合适的金融服务。很显然，相比起其他经济领域，普惠金融的特点决定了市场机制在其发展过程中更有可能“失灵”。在这种背景下，政府应当发挥应有作用以改善市场失灵。在培育和引导普惠金融时，正确处置民间非正规金融、规范新型普惠金融业务、避免金融风险、防范“过度负债（over-indebtness）”现象等，都是推进普惠金融、促进包容性增长过程中政府的重要任务。

其次，在普惠金融领域，市场要发挥主导作用。普惠金融的发展历程就是市场化的过程：从早期由政府和慈善组织补助的“扶贫”性普惠金融实践的失败，到商业化、可持续的普惠金融模式取得一定成功，再到适应市场需求的、新型的普惠金融模式的快速兴起，这都说明了市场应当在普惠金融发展中起到主导作用。因此，坚持“政府引导、市场主导”的基本原则，就是要正确认识政府和市场的关系，把握好各自的“度”。虽然对于市场失灵的情况，政府要给予引导，但是政府一定不要因此越位——这对于中国当前大环境来说是一项挑战，是需要反复强调的逻辑。包容性增长就是要让各类经济主体都能够参与到经济活动中来，并享受经济增长带来的福利，从这个意义来说，在包容性增长背景下发展普惠金融，就是要“包容”市场，通过政府的引导，让市场成为发展普惠金融的源动力。因此，在制订和实施普惠金融发展战略时，不能把市场排斥在外。

三、普惠金融的发展路径

理论上，普惠金融的发展路径有内生和外生两种方式。但在现实中，二者往往相互交融，只是不同国家的侧重方式有所不同。星焱（2016）[②] 对此做了阐

① 贝多广，张锐．包容性增长背景下的普惠金融发展战略．经济理论与经济管理，2017（2）．
② 星焱．普惠金融：一个基本理论框架．国际金融研究，2016（9）．

述，他认为内生式普惠金融发展路径是指在市场经济背景下，提供普惠金融服务的机构和产品由市场自身决定的发展模式，基本前提与内生金融发展理论中的格林伍德和史密斯模型（Greenwood & Smith，1997）相近。简而言之，高利润引致更多的机构和产品；利润不大于0，则不存在机构和产品。外生式普惠金融发展路径是指由政府完全主导的普惠金融的发展模式。此时，政府是金融服务的唯一供给者，外生式路径面临单一的生产可能性边界曲线。金融产品抑或经济资源在不同企业之间的分配，由政府的目标函数所决定。鉴于政府目标函数的时变性，外生式路径演化轨迹具有诸多的不确定性。

在普惠金融发展路径的问题上，贝多广（2017）[①] 提出了“能力建设”的重要观点。他认为，普惠金融是以金融为载体进行赋能，进而激发出政府、企业或个人的潜在能量。普惠金融更是一种市场行为，不是单纯的补贴或慈善，需要各方提升能力才能推进普惠金融事业的发展。能力建设体现在方方面面，首先是需求方的中、小、微、弱群体。金融的能力问题主要是指弱势群体缺乏金融教育、知识和素养。因此，对弱势群体进行金融教育是进一步推动普惠金融的基础，这是针对金融服务弱势人群的能力建设问题。其次是中小微企业同样也存在能力问题。银行是否愿意为企业提供金融服务与企业本身的能力，包括产品、生命周期、管理模式、与社会的互动关系等息息相关。因此，中小微企业的能力也关乎普惠金融的推进。最后是金融机构作为金融服务供应方的能力也是关键因素。中小企业贷款的不良率很高，特别是在被纳入监管并规范化后，各项成本增加，竞争也更为激烈，实际风险也随之加大了。因此，金融机构需要更了解这部分企业，并提出针对中、小、微、弱群体的风险识别机制和商业模式。

四、数字普惠金融

随着2016年G20杭州峰会的召开，数字普惠金融成了热门话题之一。数字普惠金融，是通过互联网的技术，借助计算机的信息处理、数据通信、大数据分析、云计算等一系列相关技术在金融领域的应用，促进了信息的共享，有效降低了交易成本和金融服务门槛，扩大了金融服务的范围和覆盖面，通过数字金融共

① 贝多广．能力建设是推动普惠金融发展的重要路径．中国金融新闻网，2017年9月28日．

享、便捷、安全、低成本、低门槛的优势，构建起基于数据的风险控制体系，从而全面提升了金融的风险控制能力。数字普惠金融很好地诠释了金融科技的初衷和目标，是让长期被现代金融服务业排斥的人群享受到正规金融服务的一种数字化途径。

有一组数据对比，让人们对数字普惠金融的前景充满了期待：普惠金融的先驱者、诺贝尔和平奖获得者——孟加拉国的银行家穆罕默德·尤努斯教授，采用信贷员挨家挨户上门拜访的办法，在40年里培育了900万的客户；而现在的大金融科技公司（如腾讯金融等）通过数字化的手段，三年就能建立3 000万客户。因此，要解决普惠金融落地的“最后一公里”，数字普惠金融是一条重要路径。贝多广（2017）① 对此做了系统研究，他认为不同于微型金融的高接触、高成本和低覆盖，数字普惠金融展现出来的低接触、低成本和高覆盖使越来越多的人认识到，数字普惠金融可能是普惠金融事业最终到达理想彼岸的途径。目前，中国在微型金融领域的实践远远落后于其他发展中国家，但是在数字普惠金融领域却表现出弯道超车引领潮流的趋势，令世人瞩目。其原因主要有四点：第一，中国人口众多，市场广阔，加之传统金融结构严重失衡，大众市场缺乏金融服务，使任何新的金融创新都能有所作为；第二，中国的通信网络及手机的高普及率成为电子商务及数字金融大规模、高速度发展的重要基础，而这种设施在其他发展中国家相对是不完善的；第三，中国的监管环境相对宽松，互联网、电子商务及数字游戏等从一开始就是政府鼓励创新、支持创业的方向，当经济交易的场景催生出金融需求及金融服务时，比如网上支付、网络信贷等，政府多以呵护的态度提供相对友善的监管环境；第四，中国人的创新智慧和企业家精神，把从国外引进的商业模式与中国传统文化风俗进行了完美结合，创造出了出人意料的商业效果，这一点是最重要的原因。中国数字普惠金融的探索和实践足以证明，数字普惠金融是全球普惠金融事业的未来方向。

焦瑾璞（2017）认为②，数字技术助力普惠金融发展，就是助力解决传统金融成本高、效率低和“最后一公里”的问题。数字普惠金融一是提高了获取正规金融服务的可获得性；二是提高了金融服务的覆盖面；三是大大降低了普惠金融服务的成本。数字技术的应用极大地推动了普惠金融的发展，但是也带来了不

① 贝多广，李焰．数字普惠金融新时代．北京：中信出版社，2017年6月版．

② 焦瑾璞．数字普惠金融应有边界．中证网，2017年6月3日．

少的风险和挑战。市场上甚至出现了许多打着数字普惠金融的旗号，借助互联网从事非法集资等违法活动。因此，他强调数字普惠金融一定要回归金融的本质：第一，数字普惠金融有别于政府扶贫，它不是慈善金融，也不是扶贫金融，它是实实在在的商业金融，就必须履行金融的内涵；第二，它的经营必须要建立在商业可持续的基础上，而不是一锤子买卖，要从"加强金融基础设施建设""完善普惠金融组织体系""探索普惠金融的可持续发展模式""规范数字普惠金融发展，防范金融风险""加强消费者金融教育，保护金融消费者权益"五个方面，着力建立这种商业可持续的普惠金融体系。

第四节　普惠金融深化：研究评述与展望

本章对普惠金融的研究现状，从横向与纵向两个层面进行了梳理。

从横向层面来看，国外对普惠金融的研究，主要聚焦于用经典金融学理论研究小额信贷、微型金融的发展与监管；聚焦于发展中国家的金融排斥、金融深化与中小企业融资理论；聚焦于对半个多世纪普惠金融实践的经验总结。国内对普惠金融的研究，主要体现在对普惠金融基本概念的界定与发展路径的研究；体现在普惠金融体系建设与运行要点的探索；体现在对数字普惠金融理论与普惠金融的国际比较方法等研究上。与此同时，也有学者关注到普惠金融背后的文化伦理问题，从中国传统的历史文化资源中寻找普惠金融伦理所需要的大同、包容与和谐思想根源。

从纵向层面来看，提出了普惠金融理论演化的"三阶段演进论"观点，即理论萌芽阶段、理论觉醒阶段和理论自觉阶段：从20世纪70年代到21世纪初，是第一阶段普惠金融的理论萌芽阶段，在这一阶段，普惠金融还没有形成独立的概念和研究框架，也没有被纳入官方语境，只是作为金融排斥理论的一个镜像进行反思和分析，主要的代表性理论是农村金融发展理论、中小企业融资理论和微型金融理论，对这一阶段的研究，为普惠金融概念的提出和理念的形成提供了理性支撑；第二个阶段是普惠金融的理论觉醒阶段，标志是2005年联合国正式提出了普惠金融概念并被纳入官方语境，普惠金融开始受到理论界和实务工作的全方位重视。中国领导人开始在公开场合正式使用普惠金融概念，并在国家层面提出"发展普惠金融"，推动金融服务的均等化，这一阶段普惠金融基本概念正式形成并被纳入官方语境，普惠金融研究进入了业务性、技术性和政策性的描述与探求；从2016年开始，进入第三个阶段普惠金融的理论自觉阶段：在中国普惠金融上升为国家战略，国际上正式通过首个《G20数字普惠金融高级原则》国际纲领，理论界开始对普惠金融进行自觉的、体系化的专项研究，很多学者成立独立的普惠金融研究机构，加强对普惠金融的体系化研究，并将研究成果付诸实践进行实验。由此，普惠金融理论研究和实务工作进入了全面繁荣时期。普惠金融"三阶段演进论"观点，是我们从理论上首先进行的总结与梳理。

普惠金融研究虽然取得了丰硕成果，在许多方面也达成了共识，但是与丰富的普惠金融实践相比，理论研究明显滞后于实践。有许多重大理论和现实问题，还没有形成统一认识，或还没有进入研究范畴。展望后续的研究，有以下问题需要关注：

一是普惠金融理论概念的界定：现有概念的表达主要聚焦在普惠金融基本概念上，理论界还没有对普惠金融理论概念进行归纳、描述，尽管有学者对此进行了研究，但还没有给出一个有说服力的理论解释，这是造成实践中普惠金融概念泛化、业务异化和使命漂移的重要原因。因此，对普惠金融理论概念进行研究界定，就成为理论研究的当务之急。

二是普惠金融的实现路径：普惠金融的实现路径可分为两种：一是内生式普惠金融发展路径，是指在市场经济背景下，提供普惠金融服务的机构或产品由市场自身决定的发展模式；二是外生式普惠金融发展路径，是指由政府完全主导的普惠金融发展模式。还有学者从理论与实践的结合上，提出了"平台+产品"的实现模式。但这些研究都是基于国别差异化而进行的业务性、技术性和政策性的描述与探求，还缺乏一个实现路径的理论共鸣。因此，对普惠金融的形态演化和路径变迁，急需要进行整体性认识和前瞻性思考。

三是普惠金融的"微贷技术"研究：普惠金融是对传统商业金融的反思和扬弃。传统金融体系的构建，是以金融供给方（卖方）为基础，以"商业利润"为核心，以巴塞尔协议为原则，以控制风险为出发点而形成的金融体系；而普惠金融体系的构建，是以金融需求方（买方）为基础，以体现公平价值和发展权为理念，以包容和广覆盖为核心，以可持续发展为基本原则，以审慎监管为出发点而形成的一种全新的金融体系，本质上是通过技术和营销手段的创新，扩大金融制度边界，降低享受金融服务的门槛。因此，有别于传统经典金融学的研究框架，对普惠金融语境下的"微贷技术"研究，就成为普惠金融健康发展的根本所在。

四是金融救济与伦理道德：普惠金融概念的提出，是现代金融理论的一大突破，一定程度上颠覆了金融主要为富人服务的传统理念。对于金融这一主要以信息不对称下的信用为主要资源的行业，伦理道德的问题更加重要。从这个层面出发，普惠金融是对传统金融在道德伦理层面的扬弃，是金融家和银行家面对社会道德审判的一种自我救赎。因此，研究、探寻普惠金融的伦理基础就显得尤为重要。

以上问题，构成了普惠金融深化研究的主题和方向。

第三章　普惠金融理论框架：内涵与外延

第一节　普惠金融理论演进

从发展历程来看，普惠金融首先是一门实践的课题。从20世纪70年代美国的社区金融和穆罕默德·尤努斯教授的小额信贷实验算起，迄今在实务界已经走过半个世纪的历程。然而对于普惠金融的理论研究，尤其是概念的界定与理论框架的设计却相对滞后，甚至很多基础理论问题都没有厘清。中国最近几年加快了普惠金融的发展步伐，在借鉴已有经验的基础上也在逐步摸索适合自己的服务模式。但是由于概念界定不够明确清晰，理论框架不够完整严谨，导致出现了模式异化、使命漂移和资源错配等问题。中国要在普惠金融发展上形成后发优势，不仅要在实践层面探索出具有“道路自信”的中国模式，还需要在理论层面梳理出一套符合“理论自信”的中国普惠金融研究框架。

一、普惠金融理论的发展变迁

与热火朝天的普惠金融实践相比，对普惠金融的研究在数量上和质量上都不尽如人意。国内外的学者或者是将普惠金融当作小微企业融资置于经典金融学中进行分析研究，产生了信息不对称下的信贷配给和蓝柠檬市场理论等；或者总结普惠金融的实践经验进行案例分析；或者从宏观上将金融抑制和金融深化理论套用于发展中国家，对金融增长无法惠及小微企业、低收入人群等现象进行原因解析。从整体上看，普惠金融缺乏一个富有广度和深度的概念界定和理论框架。

从国外的研究来看，主要集中在三个方面：一是运用经典的信息不对称理论(Stiglitz & Weiss，1987)[①]，分析小微企业在融资过程中面临的融资缺口、风险溢价过高等信贷配给问题；二是基于金融抑制和金融深化理论（McKinnon，1973；Shaw，1973)[②]，将小微企业融资难融资贵的问题，归结于发展中国家的金融抑制，提出只有通过金融市场化、多元化进程，才能实现金融发展成果的普惠共享，让处于经济、社会底层的小微和低收入人群得到普惠化的金融服务；三是对过去半个世纪普惠金融的实践进行经验总结和案例分析，主要集中于孟加拉国穆罕默德·尤努斯教授的小额信贷、非洲等落后地区的金融服务推广、世界银行的全球性普及等项目经验研究（伊丽莎白·拉尼，2016)[③]。

从国内的研究来看，对普惠金融的研究最近几年呈现快速扩张的趋势。研究的内容主要集中在三个方面：第一，中小微企业的融资方面，这构成了普惠金融研究的主要内容。邢乐成（2015）系统性地研究了金融结构和中小微企业融资问题，深入剖析了其中的深层次原因，并提出了金融制度边界理论，认为一国的金融结构决定一国的金融覆盖范畴，中国长期以来存在的融资难、融资贵等问题，原因在于中国的金融结构形成的金融制度边界，使得中小微企业游离于这个边界之外；第二，数字化普惠金融方面，抓住信息科技在解决普惠金融“最后一公里”障碍上的作用，分析了中国发展普惠金融的后发优势。贝多广、李焰(2016)[④] 从数字化金融的角度提出，当前快速发展的信息化技术和日新月异的金融科技，为解决普惠金融过去不可逾越的障碍提供了解决方案，能够有效地解决小微企业和低收入群体的服务成本和风险管理等问题；第三，从国际比较的视野，分析中国传统金融机构在发展普惠金融业务中存在的问题和短板，并借鉴普惠金融发展程度较高的国家和地区的经验，提出政策建议和解决方案。如郭田勇、丁潇（2015)[⑤] 对比了中国与国际上发展普惠金融的成果和做法，发现中国与国际平均水平存在较大的差距，尤其是在数字化技术的应用和风险管理模式的

---

① Stiglitz, J. E. and Weiss, A. . “Credit Rationing with Many Borrowers”, *The American Economic Review*, 1987. Vol. 77, 228 - 231.

② McKinnon, Ronald. “Money and Capital in Economic Development”, *Washington, D. C.: Brookings Institution*, 1973.

③ 伊丽莎白·拉尼. 从小额信贷到普惠金融：基于银行家和投资者视角的分析. 北京：中国金融出版社，2016 年第 1 版.

④ 贝多广，李焰. 数字普惠金融新时代. 北京：中信出版社，2017 年 6 月版.

⑤ 郭田勇，丁潇. 普惠金融的国际比较研究——基于银行服务的视角. 国际金融研究，2015（2）.

创新方面，而对于偏远农村的金融服务，与国际上的差距更大，这为我们推动金融服务层级下沉和渗透并支持精准扶贫提供了现实依据。朱洋、刘阳（2018）[①]分层比较了普惠金融发展对不同收入阶层群体减贫增收作用的异质性及促进减贫增收的内在机制，研究表明：虽然普惠金融有利于农村居民增收，但是普惠金融的减贫增收效应对不同收入阶层的群体存在显著异质性，对贫困县农村居民的减贫增收作用要明显小于非贫困县。因此，贫困县和非贫困县在推进普惠金融发展时，应实施不同的瞄准机制，避免出现“瞄准性偏误”，以提高金融资源配置效率和扶贫的精准性。邢乐成和羿建华（2015）则从总体上概括了中国普惠金融的运行体系及构建要点。

然而遗憾的是，在学术界，普惠金融的概念界定和理论架构有深度和系统性的研究和梳理甚少。在概念界定方面，主流概念都采用了联合国和国家政府政策文件中的“官方定义”，前者将其定义为“以可负担的成本为有金融服务需求的社会各阶层和群体提供适当的、有效的金融服务”。后者体现在2016年国务院印发的《推进普惠金融发展规划（2016～2020年）》（以下简称《规划》）[②]，其中将普惠金融定义为“普惠金融是立足机会平等要求和商业可持续性原则，以可负担的成本为有金融服务需求的社会各阶层和群体提供适当的、有效的金融服务”。

如果考察普惠金融理论研究的演变过程，可以将普惠金融的理论演进分为三个阶段：

第一阶段，理论萌芽阶段，大约从20世纪90年代到21世纪初。在漫长的金融发展历史上，金融服务被赋予特定的富有阶层，缺乏财产和充足收入来源的群体往往被先验的认为没有信贷等金融服务权。这实际上就是金融排斥理论（Kempson & Whyley，1999）[③]的引申，而反金融排斥理论所形成的内涵和外延，则是普惠金融的产生。在发展中国家的金融市场化实践中，包容性发展的理念融合了反金融抑制理论，这实际上也是普惠金融的思想。可以说，普惠金融的理论萌芽，来自对主流金融学发展过程中存在的各种问题的反思和扬弃，并且有深刻的发展经济学、福利经济学和社会学内涵。虽然这个阶段普惠金融

---

① 朱洋，刘阳．普惠金融发展的贫困减缓效应研究——基于中国省级面板数据的实证．金融与经济，2018（5）．

② 2016年1月15日中华人民共和国中央人民政府网站。

③ Kempson，E. and C. Whyley. “Kept out or opted out? Understanding and combating financial exclusion”，*Bristol*：*Policy Press*，1999.

并没有形成自己的概念，在理论界也没有独立的舞台，但是普惠金融的理论萌芽已经出现。这个阶段的代表性理论主要有农业信贷补贴理论、金融发展理论和微型金融理论等。

第二阶段，理论觉醒阶段，普惠金融形成独立的概念并纳入官方语境。2005年联合国首次提出普惠金融的概念，并进行了正式定义，之后国际学术界也开始将其纳入研究范畴。2012 年 6 月，原国家主席胡锦涛在墨西哥举办的 G20 峰会上指出："普惠金融问题本质上是发展问题，希望各国加强沟通和合作，提高各国消费者保护水平，共同建立一个惠及所有国家和民众的金融体系，确保各国特别是发展中国家民众享有现代、安全、便捷的金融服务。"这是中国国家领导人第一次在公开场合正式使用普惠金融概念[①]。2013 年 11 月，中共十八届三中全会通过《中共中央关于全面深化改革若干重大问题的决定》，正式提出"发展普惠金融。鼓励金融创新，丰富金融市场层次和产品"。2016 年 1 月，国务院印发《规划》，为中国未来五年普惠金融事业的发展提供了明确的方向和指引。与此同时，国内学术界也开始加快普惠金融的理论研究，以逐步缓解普惠金融的理论滞后于实践的局面（星焱，2016）。

第三阶段，理论自觉阶段。当前，普惠金融理论研究处于第三阶段，众多专家开始自觉的、体系化的专项研究，该阶段以专家学者相继成立专门的普惠金融研究机构为标志。与此同时，大型商业银行也相继成立专门的普惠金融事业部，第三方机构纷纷为普惠金融提供大数据、远程作业、物联网等金融科技服务，个人消费贷、小微贷等快速发展，这些都为理论研究提供了充实的实践素材。星焱（2016）结合普惠金融在中国的实践，将其纳入发展经济学、包容性金融理论、金融发展理论等主流研究框架。王颖、曾康霖（2015）[②] 从中国的传统儒学文化和土地制度的演变中寻找普惠金融的历史依据和伦理根源，发现中国传统文化中内含的大同社会思想，实际上蕴含着金融普惠化的伦理根源，这为探索具有中国文化自信的普惠金融道路提供了重要的启示。蓝虹、穆争社（2017）[③] 通过回顾分析普惠金融的发展实践，认为发展普惠金融应坚持商业化可持续发展原则，激励金融机构创新发展符合弱势群体金融需求、成本适度的金融产品，以营造普惠金融发展的持续动力，实现互利共赢，才能推动普惠金融大发展。普惠金融不是

① 2012 年 6 月 20 日中国新闻网.

② 王颖，曾康霖. 论普惠：普惠金融的经济伦理本质与史学简析. 金融研究，2016（2）.

③ 蓝虹，穆争社. 普惠金融的发展实践及其启示. 金融与经济，2017（8）.

无条件地向所有弱势群体提供金融服务，而是有服务边界的。

第二节　多维视角下的概念梳理

普惠金融看上去似乎是一个非常简单的概念，但实际上具有丰富的超越金融概念本身的深刻含义。比如它不仅事关效率，还事关公平；不仅事关经济，还事关社会；不仅事关商业，还事关伦理；甚至还上升到了人权的高度。萨尔玛（Sarma，2012）① 认为普惠金融是一个多维概念。因此，基于中国模式谈普惠金融概念之前，我们有必要从多个维度对其进行深入解构。

一、语义学视角：普、惠、金融

维特根斯坦·路德维希（2013）② 说过，语言的结构往往映射事实的结构。我们可以首先从语言分布上拆解普惠金融的定义来理解其概念。

（1）普，是指覆盖范围要“普”。传统的金融理念认为，金融服务的价值取向是高端客户和富人，只能“锦上添花”，不能“雪中送炭”。体现在金融体系的构建上，则是以“商业金融”为核心，以巴尔赛协议为原则，以控制金融风险为出发点，逐步形成了强势的商业金融体系，并成为现代经济的核心。因此，金融发展史的大部分时间里，只有一定的阶层和人群才能享受到平等的金融服务，财产或收入没达到一定水平并不能享受到专业的金融服务，或者不能享受到公平的价格和数量。中国的官方定义对普惠金融的群体进行了相对明确的界定，包括小微企业、农民、低收入人群、残疾人士和老年人士等。普惠金融的“普”，首先展现了包容性和广泛性，也体现了金融服务的可得性，目的是让绝大多数的人群能享受到金融发展的成果。

（2）惠，是指金融服务的定价要在合理的区间，用官方的定义说就是“可负担”。虽然按照金融资产的定价原理，服务和资金的价格应该符合成本加成的概念，并符合市场供需平衡的基本规律，这样的价格才能保证普惠金融的供需双

---

① Sarma，M. “Index of Financial Inclusion：A measure of financial sector inclusiveness”，*working paper in Competence Centre on Money，Trade，Finance and Development*，Berlin，2012.

② 维特根斯坦·路德维希．逻辑哲学论．北京：商务印书馆，2013 年第 1 版．

方实现利益共赢，维持商业模式的可持续性。但是，因普惠金融具有特殊性，如果完全按照市场定价，金融机构往往会按照信用状况最差的普惠项目进行边际定价，以获得信息不对称下风险溢价对“蓝柠檬”的补偿。或者在信贷配给的约束下，利率价格直接失去了调节供需的功能，普惠群体的价格变得无限大，最终转变为信贷可得性问题。因此，普惠金融的定价究竟“惠”到什么程度，是一个复杂的技术性问题，更需要设计一套精致的定价机制。

（3）金融，普惠金融首先是金融，不是财政转移支付，也不是社会保障和社会救济。这就决定了普惠金融要遵从金融的基本运行规律，而商业化和市场化是其基本要求。金融服务的概念范畴：一是支付、结算、汇兑、收付款、电子银行、账户等基本金融服务；二是信贷服务，也就是融资服务，这是当前普惠金融的主要问题所在；三是资金或财富的保值增值。对于普惠群体来说，一般收入水平较低，资金的需求远远大于供给，因此金融服务主要针对的是第一类、第二类。本书主要讨论的是信贷和融资类服务。

二、金融学视角：信息不对称与金融发展理论

从经典金融学来看，普惠金融依然没有跳脱出经典的研究框架。我们可以从微观和宏观两个层面来进行分析，前者涉及信息不对称下的风险溢价、信用结构和信贷配给理论；后者则从发展中国家的金融抑制问题出发，涉及金融市场化过程中金融覆盖范畴的不断扩展和深化，这实际上是金融部门的供给侧能力提升问题。

从微观金融学的层面来看，信贷配给理论在一定程度上解释了对普惠群体供给出现缺口的原因。信贷配给理论指出，在信息不对称的假设条件下，当风险溢价攀升到一定程度，作为资金价格的利率已经无法成为调节信贷供需的有效手段，这时借款人尤其是缺乏信用传递信号能力（比如抵押资产）的借款人，即使愿意付出再高的价格，贷款人（主要是商业银行）也不愿意贷出资金（Modigliani，1969；Stiglitz & Weiss，1987；Sharpe，1991 et al.）①。此时，信贷市场已

① Modigliani，F.“A Theory and Test of Credit Rationing”，*The American Economic Review*，1969，Vol. 59，(5)：850 - 872.

Sharpe，S. A.“Credit Rationing，Concessionary Lending，and Debt Maturity”，*Journal of Banking and Finance*，1991，(15)：581 - 604.

经不是价格的问题，而是信贷可得性问题。在信贷配给普遍存在的情况下，小微企业和低收入人群逐渐被排除在正规的信贷市场之外，不得不借助非正规金融资源。信贷配给理论从传统金融学框架内，较好地解释了普惠群体在获取金融服务方面“备受歧视”的原因。

金融发展理论认识到，由于发展中国家普遍存在金融抑制现象，政府对金融机构和信贷市场的过度管制，加上不发达国家固有的以国有银行为主的单一金融结构，导致金融体系无法充分的服务于经济发展（Shaw，1973）[①]，尤其是代表新生力量的中小微企业及居民消费。因此，很多发展中国家的金融总量虽然可以增长较快，但是分享金融增长成果的群体分布结构存在巨大的扭曲。传统金融发展理论主要还是采用单位 GDP 占有的金融资源的指标来度量金融发展和深化程度，并不能较好地反映结构扭曲背后的深层次问题。邢乐成（2015）将麦金农和肖的金融发展理论与戈德・史密斯（1994）[②] 的金融结构理论融合在一起，并结合中国的实际情况构建了金融边界理论，指出中国现有的金融结构 + 金融抑制无法覆盖小微企业等普惠群体。该理论较好地解释了中国货币深化程度（M2/GDP）世界第一，但中小企业融资难、融资贵的问题依然非常严峻甚至长期没有缓解的悖论。

三、功能主义视角：面向普惠群体的金融功能设计

普惠金融首先是一门实践的课题，在理论分析过程中会自然而然形成以服务现实为主的金融功能观，即为哪部分人服务，解决了哪些问题。世界银行和中国政府等官方机构的定义，也是从功能学的角度定义普惠金融，分为两个层面：供给层面，基本都涵盖了可得性、可持续性和价格合理性等；需求层面，界定了普惠群体的覆盖范围，主要包括小微企业、农民、低收入人群、残障人士和老年人士等社会弱势群体。在学术界，焦瑾璞和王爱俭（2015）[③] 等学者也基本沿用了功能主义的界定方法。星焱（2016）归纳了普惠金融的“5 + 1”界定法，5 个核心功能：可持续性、价格合理性、便利性、安全性、全面性；1 面向特定的服务客体，即小微企业、低收入群体、社会弱势群体等。何德旭、苗龙文（2015）

---

① Shaw. “Financial deepening in economic development”, *Oxford*: *Oxford Univ. Press*, 1973.

② 戈德・史密斯. 金融结构与金融发展. 上海：上海人民出版社，1994 年第 1 版.

③ 焦瑾璞，王爱俭. 普惠金融：基本原理与中国实践. 北京：中国金融出版社，2015 年第 1 版.

认为，普惠金融旨在解决现实中“三农”客户、中小微企业等弱势群体的金融支持问题，提供优质、高效的金融服务。

四、社会学视角：外部性、公共产品与社会福利

必须认识到普惠金融的社会内涵，其社会学内核至少包括三个层面的合理性。第一，普惠金融服务所产生的正的外部性，实际上是一种社会福利溢出。戴维斯（Davis，2005）① 指出，社会创造了商业，而商业提供了有益于社会的商品、服务和就业。而普惠金融则更加超越了单纯的商业，本身就含有社会效应溢出的内在特质。第二，普惠金融服务不足所导致的分配结构扭曲，形成了社会福利漏损。即金融发展只能平滑纵向分配结构（时间层面），但无法改善横向个体间的收入差距导致贫富分化加剧，甚至形成金融越发展两极分化越严重的扭曲分配结构。这实际上已经不再是简单的经济学问题，而是社会学问题。第三，通过金融技术帮助弱势群体实现个体价值，是一个比单纯的社会救助更有意义的课题。必须深刻意识到，弱势群体并不是不创造价值，直接的社会救助往往暗含另一种“歧视”。而普惠金融通过商业化的方式提供了关于社会保障的另一种方式，那就是激发并实现弱势群体的内在价值，使该群体中的个体以更加有尊严的姿态面对社会。实际上，在普惠金融的圈子里，人们默认“双重底线”的规则，即金融回报和社会回报（伊丽莎白·拉尼，2016）。拥有更高的社会责任意识，是普惠金融这个行业固有的特质。在实践中，西麦斯（Cemex）公司和荷兰银行已经用事实证明了普惠金融将社会责任纳入商业可持续模式中的有机统一和可持续性（伊丽莎白·拉尼，2016）。

五、伦理学视角：金融救济与伦理道德

2006 年诺贝尔和平奖得主、孟加拉乡村银行总裁尤努斯教授曾经说：信贷权即是人权，每个人都应该有获得金融服务机会的权力②。这说明金融服务并不

---

① Davis，Ian.“The Biggest Contract”，*The Economist*，2005，May 26.

② 2017 年 2 月，在中国举办的“格莱珉模式驱动的中国普惠金融”论坛上，格莱珉模式创始人，孟加拉国经济学家穆罕默德尤努斯在演讲中指出：“如果我们把所有的人权按优先顺序排序，包括食品权、饮水权、信贷权等，信贷权是权利最高的地位……”。

应该先天含有阶层差异和身份歧视，这涉及了社会伦理和文化道德。在金融信贷历史的早期，由于金融市场的不完善，信贷市场主要服务于有抵押、现金流充沛、财富存量高的阶层，金融主要是贵族、富人的游戏，或者至少具有一定的财富门槛和身份认定，低收入阶层被排除在平等信贷权之外。甚至长期以来存在穷人储蓄借钱给富人的错配现象，这已经超越了经济范畴（某种程度上可以说是市场机制失灵），进入到社会伦理和道德的层面。萨尔玛（2012）归纳了金融排斥的五种形式：渠道排斥、条件排斥、价格排斥、营销排斥和自我排斥。其中自我排斥，实际上就已经上升到了社会心理和文化伦理的层面。

遵循包容性发展的理念，只有每个人拥有金融服务的机会，才能机会均等的享受到经济发展的成果，最终实现社会的共同富裕，建立和谐社会与和谐世界。王颖、曾康霖（2016）从中国传统的儒学文化和土地制度的演变中寻找普惠金融的历史依据和伦理根源，发现中国传统文化中内含的大同社会思想，实际上蕴含着金融普惠化的伦理根源。对于金融这一主要以信息不对称下的信用为主要资源的行业，伦理道德的问题更加重要。道德风险只是其中的一个反例，尤其是2008 年美国次贷危机以来，全世界对金融家和银行家的道德伦理进行质疑和排斥，更增加了重建和强化金融伦理学的必要性。从这个层面出发，普惠金融是对传统金融在道德伦理层面的扬弃（邢乐成和羿建华，2015），是金融家和银行家面对社会道德审判的一种自我救赎。

第三节　普惠金融理论内涵与外延

在多维视角下，普惠金融是一个具有深刻内涵和丰富外延的概念。作为一门实践导向的学科，不同国家和地区根据自身的社会经济文化特征，应该构建不同的理论框架和技术路线。中国的普惠金融是多元主体参与的领域，政府、金融机构、技术服务公司、非营利机构等都参与其中。在实践多年后，由于抓住了金融市场化和金融科技快速发展的机遇，已经形成了自己独有的模式，因此，需要从概念的内涵和外延上进行分析和归纳。

一、普惠金融的文化底蕴是大同与和谐理念

普惠金融虽然是基于传统的金融范式，但又是超越传统金融单一的商业化诉

求。萨尔玛（2012）早就敏锐地指出，普惠金融是一个多维概念。伊丽莎白·拉尼（2016）在其所研究的诸多案例中基本都指向同一个结论，即普惠金融不仅仅是一门生意，更是一套全新的价值体系。事实也证明，普惠金融机构必须建立一套与众不同的企业文化伦理体系，才能保证所从事的工作人员全身心参与其中。在实践中，即使获得的经济回报相同，如果没有正确的价值观体系，金融从业人员宁愿选择从事"高大上"的大客户业务，也不愿选择"走街串巷"去服务比较低端的普惠客户。因此，必须培育含有普惠文化的社会土壤，才能保证普惠金融生根发芽。单纯的商业文化土壤，很难绽放出服务社会弱势群体的普惠金融花朵。

中国具有发展普惠金融独有的、深厚的社会文化。《礼记·礼运》中写到："大道之行也，天下为公。选贤与能，讲信修睦。故人不独亲其亲，不独子其子，使老有所终，壮有所用，幼有所长，矜、寡、孤、独、废疾者皆有所养，男有分，女有归。货恶其弃于地也，不必藏于己；力恶其不出于身也，不必为己。是故谋闭而不兴，盗窃乱贼而不作，故外户而不闭。是谓大同。"这段文字实际上集中描述了中国传统文化蕴藏的大同思想与和谐理念。除此之外，儒家和道家等流派，长期以来各朝代传颂的价值观，也都蕴含着丰富的大同、和谐、普惠的思想文化资源。我们需要做的是，将这些传统的文化资源挖掘出来，与一般性的金融规律相结合，形成中国特有的普惠金融伦理，改变普惠金融行业单纯追求利润的商业风气，形成发展普惠金融适宜的制度文化环境。

二、普惠金融的根本目的是社会发展与包容性增长

从微观的角度来看，普惠金融不是慈善和救助，而是以金融规律为基本要求的一种可持续的商业模式。必须设计一套激励机制，保证商业盈利和社会发展的内在统一，实现普惠金融的本意。而从宏观的角度来看，整个经济系统普惠金融的发展，需要推进社会的健康发展和包容性增长。这对发展中国家来说，尤其是正在进行金融深化和市场化进程中的国家来说，是解决金融排斥、减少贫困、促进经济增长、实现包容性社会的一项重要机制（Easterly，2006）[①]。金融发展推

① Easterly，William. "The White Man's Burden：Why the West's Efforts to Aid the Rest Have Done So Much and So Little Good"，*New York*，*Penguin Press*，2006.

进了经济增长得到了大多数研究者的认可，但是在经济增长过程中，金融结构如果存在扭曲或者缺陷，将存在严重的金融排斥或者金融边界狭窄，那么经济增长的成果就不能惠及所有的人，也就无法实现所谓的包容性增长（宋羽，2016）。甚至会因为金融边界过于狭窄，金融的扩张和深化反而会加重收入和贫富的两极分化。从这个意义上来说，如果金融边界无法覆盖所有的成员，经济增长带来的社会福利虽然从总量上看可能在不断改进，但是金融结构却在不断地扭曲，社会风险可能会不断积聚。亨廷顿（Huntington，2008）指出，社会的不稳定不是因为经济的绝对贫困，往往是因为经济快速增长过程中的不平等①。

无论是微观上的商业金融机构，还是宏观上的顶层设计者，都应该充分认识到普惠金融所实现的社会健康发展和包容性增长，从长期来看与商业价值的实现是有机统一的。尤其是商业金融机构的股东和管理者，在从自身的利润最大化目标进行考虑时，还需要对社会价值带来的潜在利润进行评估。特别是当前的金融监管环境，从事非普惠金融所获得的风险调整后的利润，并不一定比从事普惠金融要高。例如，过去几年在同业金融业务当期利润极其巨大的诱惑下大肆发展同业业务的金融机构，在新的监管政策面前②损失了过去几年依靠规模扩张赚取的收益，因而若重新对该业务进行评估，不如将信贷资源投放到普惠金融领域更有价值。事实上，自政策层推动金融服务实体经济以来，一些保持战略定力、坚持做好小微金融的金融机构，由于受监管政策冲击较小，因此保持了稳定的经营效益，这是商业效益和社会效益有机统一的很好例证。

三、普惠金融的技术基础是信息经济学与机制设计理论

培育普惠金融的文化土壤和包容性价值体系，是金融机构和顶层设计者长期应该投入的事项，而且是至关重要的事项。而且从技术模型和业务操作层面，还需要遵从经济和金融的内在规律和客观技术路线。我们认为中国普惠金融的技术基础是信息经济学 + 机制设计理论。

普惠金融供给不足，或者金融产出无法抵达金融部门技术曲线前沿的内生原

① 亨廷顿在《变化社会中的政治秩序》一书中说道：如果发展过程中经济地位差距、贫富分化和投资与消费的分配冲突等的加大，那么“经济增长以某种速度促进物质福利提高，但却以另一种更快的速度造成社会的怨愤”。

② 典型的监管新规则是国家对资产管理行业的最新规定，即《关于规范金融机构资产管理业务的指导意见》。该新规于 2020 年年底全面实施，对同业金融占比较高的金融机构带来致命性的影响。

因是信息不对称问题产生的。由于发展中国家信用基础设施相对落后（主要是制度层面），信息不对称更加严重。因而在资产组合前沿上，普惠金融或者因为风险较高，或者因为收益较低（扣除较高的单位运营成本），无法落在社会风险偏好曲线（代表着金融结构）与资产组合前沿曲线相切处。导致的后果就是，即使金融资产总量突飞猛进，整个金融部门产能大幅扩张，相应配置到普惠领域的信贷和服务资源却依然相对不足，这从一定程度上代表着社会福利的大幅漏损。因此，中国普惠金融的根本问题是在供给层面，要解决基本问题，技术上需要从两个方面入手：一是基于信息经济学解决普惠群体的信息和信用问题，从而缓释普惠群体广泛存在的信贷配给问题，实现普惠金融资产的有效定价，合适的风险溢价，能使弱势群体能够以平等的机会参与到金融市场中来。金融科技和字化浪潮为普惠金融提供了前所未有的技术红利（贝多广、李焰，2017）。二是基于机制设计理论，构建一个多方参与的激励相容机制。在普惠金融发展初期，政府的参与至关重要，但提高了治理主体和结构的复杂程度，很容易导致产业政策的异化和资源配置的漂移问题。要解决这一问题，机制设计理论是较好的借鉴。机制设计理论由赫维奇（Hurwicz，1994）①等创立和发展，最近几年机制设计理论在国内学术界和政策层广为流传，从一定程度上标志着中国的改革进入了一个新的阶段，代表着制度理性文明的进步。田国强（2003）②将机制设计解析为四个基本要素：自愿交易、自由决策、信息传递、激励相容。机制设计的进步之处是充分尊重了市场的自由、分散决策的意愿，充分发挥了价格对信息生产的成本和效率优势，同时兼顾了游戏规则对市场行为的约束，可以较好地弥补市场运行过程中的熵值增加问题，对发展中国家和转轨经济国家，对政府—私营共同参与的经济活动具有重要的实践借鉴意义。在普惠和包容的金融伦理和文化建立起来以前，通过一套科学合理的机制设计来实现政府、金融机构、社会第三方等主体激励相容，是非常必要的工作，否则就会带来模式异化和使命漂移等问题。

四、中国普惠金融的实践指引遵从“三三原则”

普惠金融在外延上注重理论对现实的操作性指导，因此需要在功能主义基础

① Hurwicz L. “Economic design, adjustment processes, mechanisms, and institutions”, *Review of Economic Design*, 1994, 1 (1): 1-14.

② 田国强. 经济机制理论：信息效率与激励机制设计. 经济学季刊，2003 (2).

上进行清晰界定。从这个意义上，我们认为普惠金融应立足“三可”原则（可获得、可负担、可持续），坚持面向“三服务”对象（小微企业、“三农”客户和其他弱势金融服务需求者），通过技术和业务模式的创新，降低享受金融服务的门槛。

以上认识内含了一个“三三界定”原则，当一种金融服务或金融产品完全符合“三可”原则，同时坚持了“三服务”原则的一类服务客体时，就可以将其界定为普惠金融的行为范畴。

“三可”原则：可获得、可负担、可持续。可获得：是普惠金融首要的题中之意，是基本概念考察的核心指标，它包含两层含义：一是指普惠金融的服务通道畅通且服务效率高，在客观上是指金融网点或金融产品在地域和空间上的覆盖密度；二是指这些服务产品或服务通道不得违法。可负担：是指普惠金融产品和服务的定价合适，不存在价格排斥和歧视，即能够让有金融服务需求的消费者可以承担和接受。可持续：是指金融服务机构或者第三方服务平台要有一定的消费者剩余，即让金融机构成本可负担、商业可持续；或让第三方服务机构有持续经营的能力。

“三服务”原则：服务小微企业、“三农”客户和其他弱势群体。小微企业：小微企业是普惠金融服务的主要客体。传统金融体制下，小微企业自身特点和融资特点与现行的以商业银行为主导的融资体系严重不匹配，从而产生了金融错配，导致中小微企业融资难、融资贵。小微企业的自身特点是小规模、轻资产、不确定性大、有发展潜力，这一特点决定其在盈利能力和成长性方面具有优势，而在资产规模和当期偿债能力方面存在不足；小微企业的融资特点是“短、小、频、急”，以上特点与现行金融体制产生了错配，导致资金问题成为困扰小微企业发展的瓶颈。小微企业的自身特点和融资特点，对普惠金融机构的创新能力、营销手段、信息处理和风控能力提出了更高的要求，这就需要普惠金融机构设计、开发出更多适合小微企业特点的信贷品种和服务手段。

“三农”客户：“三农”客户是普惠金融服务的又一大客体。中国共产党第十九次全国代表大会（以下简称十九大）报告强调，解决好农业、农村、农民问题是全党工作的重中之重。“三农”客户问题的核心是农民收入低、增收难，实质是农民权利得不到保障，特别是享受金融服务的权利严重缺失。目前，农村金融二元结构矛盾十分突出：一方面，“三农”客户金融服务弱化、满足率低，对金融资源的需求不断扩大；另一方面，商业金融体系将农村地区的存款大量吸收到城市，使广大农民特别是贫困地区中低收入群体的金融需求得不到满足。因此，“三农”客户急需得到普惠金融的支持。为此必须深化金融同业合作，履行金融社会责任，着力构建一个功能互补、竞争有序、合作共赢、包容性强的普惠金融体系。

第四节　一个简要结论

相对于丰富的普惠金融实践，普惠金融理论研究虽然取得了丰硕的成果，但依然相对滞后。我们对普惠金融的研究现状，从横向和纵向两个主线进行了初步梳理。

从横向来看，普惠金融的研究在国外主要集中用经典金融学理论解释小微企业的融资问题，聚焦于发展中国家的金融抑制、金融深化与金融发展理论以及对近半个世纪普惠金融实践的总结；而国内的研究则主要表现为金融边界理论、数字化普惠金融理论和普惠金融的国际比较方法等。同时也开始有学者关注到普惠金融背后的文化伦理问题，从中国传统的历史文化资源中寻找普惠金融伦理所需要的大同、包容和和谐思想根源。

从纵向来看，本书做了一些开拓性工作，将普惠金融理论的演进分为三个阶段：第一阶段是普惠金融理论萌芽阶段，从 20 世纪 90 年代到 21 世纪初，此时期没有形成独立的概念和框架，也没有被纳入官方语境，只是作为金融排斥理论的一个镜像进行思考和分析；第二阶段是普惠金融理论觉醒阶段，标志是概念形成并纳入官方体系并强化为一种权威语境，普惠金融开始受到实务界和理论界的全方位重视；第三阶段是普惠金融理论自觉阶段，很多学者成立独立的普惠金融研究院加强对普惠金融的体系化研究，并将研究成果付诸实践进行实验，如山东省普惠金融研究院及相应的实践平台普惠金融超市。普惠金融的“三阶段演化”观点，是我们从理论上首先进行的总结与梳理。

正如萨尔玛（2012）所说，普惠金融是一个多维的概念。由此，我们从语义学、功能主义、社会学、金融学、伦理学等多个维度，对普惠金融的内涵和外延进行了解构和剖析。我们发现，不能单纯地从金融学这个单一理论去理解普惠金融，普惠金融要实现服务普惠群体的金融功能目的，但是如果认识不到普惠金融内涵的包容性增长要求，认识不到普惠金融的普及需要普世情怀、大同理念和和谐思想，也就不能真正认识普惠金融的独特之处，在实践过程中也就很难避免出现使命漂移和模式异化等问题。

在发散性、多维度的探讨了普惠金融的内涵和外延之后，我们基于中国普惠金融的现实，对其文化底蕴、根本目的、技术基础和实践指引提出了自己的观点。我们认为中国发展普惠金融具有得天独厚的伦理文化基础，中国传统儒家和道家文化中蕴藏着深厚的大同、和谐和包容的文化底蕴。必须构建基于这些价值观体系上的普惠金融伦理体系，才能更好地推动普惠金融在全社会的真正普及。构建普惠文化价值体系，是普惠金融非常重要的基础设施建设。除此之外，还要明确发展普惠金融的根本目的，从宏观层面上看是经济社会的包容性发展，通过金融手段让大多数人享受经济发展的成果，从微观层面上看，国外的实践已经证明商业金融机构能够实现商业价值和社会责任的统一。在中国当前的监管环境下，社会价值更加有助于实现商业价值。从技术层面来分析，在具体实施过程中，对金融机构来说需要尊重金融的基本规律，基于信息经济学的风险管控技术至关重要。对多方参与的结构化模型中，机制设计则是关键，一套符合中国现状的科学合理的机制设计，可以在规避寻租、模式异化和使命漂移的同时，保证多方的利益诉求都可以得到满足，从而推动普惠金融的可持续发展。清晰明了的“三、三原则”，可以作为中国普惠金融的实践指引。当然，这还需要在实践中不断进行探索和实验。

第四章　普惠金融研究范式：分析框架

第一节　问题的提出

普惠金融作为全新的金融理念，强调金融公平和社会道义，它以新的理念、方式和技术面向普罗大众提供金融服务。因此，普惠金融体系不是单纯的金融机构，不是单纯的金融业务，也不是单纯的某种金融产品，而是一个金融生态系统。只有培育出适应普惠金融生存与发展的社会土壤，才能保证普惠金融生根发芽，并形成一个万类霜天竞自由的平衡关系。

虽然2016年1月党中央、国务院印发《推进普惠金融发展规划（2016～2020年）》，正式将普惠金融发展上升为国家战略。“十四五”规划纲要，提出了“增强金融普惠性”的具体要求。但是，与如此宏大的国家战略不相匹配的是，普惠金融实践困难重重，普惠金融研究不尽如人意。现实生活中，出现了普惠金融实践和理论研究的两难困境：一方面，普惠金融的实践并没有出现预想的“风生水起”的局面，尽管央行和银保监会不断发出明确指令，但到了商业银行等金融机构，也只是被动的听命和应付任务，还缺少信念的共鸣和自觉的行动，正所谓“言者谆谆，听者藐藐”，以至于许多使命漂移的现象屡屡发生；另一方面，在理论研究中对普惠金融业态缺少整体性认识和前瞻性思考，虽然出现了不少的数学模型和研究技术，也形成了一些研究共识，但从整体上看还没有觅见普惠金融的真谛，现有的分析范式可能存在某种缺陷。

金融分析范式的确定，本身是一个哲学问题。没有哲学观的重新思考，新范式的确定将难以想象。可以说，无新的哲学“求助”，便无新的分析范式；无新的分析范式，自认为深奥复杂的理论探索和学术成果，都只不过是由一些看似精致的概念和模型纠集而成的“乌合之众”①。所以，哲学“求助”的过程，是一个思想实验的过程。归根到底，思想实验可以超越工具、技术甚至制度与时空局限。只有空洞浅薄的所谓科学研究，才会单方面依赖分析技术②。

本章在既有研究的基础上，全面梳理了范式、社会科学范式、金融分析范式的理论渊源，基于新的哲学“求助”，提出了普惠金融“范式革命”（paradigm shift）的分析框架。所谓范式革命，是指普惠金融的出现是金融深化的重大事件，它超越、改变了传统商业金融原有的信念、价值取向和技术标准。从范式的信念要素看，普惠金融体系中所有参与者共享的信念是大同、和谐与包容理念，它超越了传统商业金融信仰“赚钱”和单一商业化的诉求；从范式的价值要素看，普惠金融的价值取向是金融服务的均等化，它强调金融伦理和社会道义，超越了传统商业金融只为高端客户和富人服务的价值取向；从范式的技术要素看，普惠金融的技术范式，是基于“大数据、金融科技和赋能平台”的微贷技术生态，它改变了传统商业金融以资本资产定价模型为核心的技术范式；从哲学思想的检验过程看，传统商业金融的“三性”原则，即安全性、流动性、盈利性，在普惠金融体系中则体现为“反常”的“三性”，即共享性、普惠性和科技性，并固化为普惠金融实践指引的“三可”原则，即可获得、可负担、可持续；从金融哲学的方法论上看，普惠金融是基于买方（客户）的立场为出发点，研究如何针对客户提供金融产品和服务的，而传统商业金融是基于卖方（金融机构）角度，研究既有的金融制度下金融能提供什么产品和服务，以及金融服务的客户如何满足金融的标准和要求的。普惠金融范式无论从世界观还是方法论上看，都是对传统商业金融的反思和扬弃。对于这种变化，只有站在一定的金融哲学观高度，才能领悟和洞察。

2008 年的世界金融危机，正深刻影响和改变着世界的现在和未来。金融危机的出现，也意味着金融革命的到来。美国科学哲学家托马斯·库恩曾将危机看作是“新范式”出现的前提，他提出在科学研究领域也和制造业一样，更换工具是一种浪费，只有在不得已时才会这样做。危机的意义就在于：它指出更换工具的时机已经到来了③。传统金融的“性本恶”导致“嫌贫爱富”，难以实现金融

①② 张杰．金融学的范式革命．金融博览，2020（3）．

③ 托马斯·库恩著，金吾伦、胡新和译．科学革命的结构．北京：北京大学出版社，2012，11（2）：65.

服务的均等化。普惠金融能否带来金融的“范式革命”，普惠金融范式能否成为传统商业金融自我救赎的“价值判断”？本书基于新的哲学“求助”，提出普惠金融“范式革命”的分析框架，以求教于读者诸君，期望作为讨论的开始与深化。

第二节　范式梳理与评述

“范式”一词，是美国科学哲学家托马斯·库恩1962年在《科学革命的结构》一书中首次提出的概念。泛指某一学科领域研究问题的思维方式。“范式”一词在学术研究中被广泛使用，但在不同语境下却有不同的内涵和外延。

一、“范式”溯源

“范式”见诸于英文“paradigm”，来自希腊文。原意是表示“共同显示”的意思，后被演变为典范、范例、样式等含义。真正把范式这一概念运用到科学研究中去，是美国科学哲学家托马斯·库恩。他在所著的《科学革命的结构》一书中，首次论述了范式的定义。在提出范式概念之前，库恩首先对“常规科学”具备的两个特征进行了描述，“它们的成就空前地吸引一批坚定的拥护者，使他们脱离科学活动的其他竞争模式。同时，这些成就又足以无限制地为重新组成的一批实践者留下有待解决的种种问题”。接着他写道：“凡是共有这两个特征的成就，我此后便称之为‘范式’，这是一个与‘常规科学’密切相关的术语。我选择这个术语，意欲提出某些实际科学实践的公认范例，包括定律、理论、应用和仪器在一起，为特定的连贯的科学研究的传统提供模型”①。在托马斯·库恩看来，“范式”是一种对本体论、认识论和方法论的基本承诺，是科学家集体所共同接受的一些理论、价值、技术、方法的总和，最后使这些“东西”在科学家集体的心中形成共同的信念、信仰。“共同范式为基础进行研究的人，都承诺同样的规则和标准从事科学实践”②。

① 托马斯·库恩著，金吾伦、胡新和译．科学革命的结构．北京：北京大学出版社，2012，11(2)：8.

② 托马斯·库恩著，金吾伦、胡新和译．科学革命的结构．北京：北京大学出版社，2012，11(2)：9.

在托马斯·库恩看来，范式是常规科学不可分割的组成部分。而为科学共同体所实践的常规科学，只要还有丰富的研究可做，还有按照传统所认可的方法（理念、价值、技术、定律、仪器等）去解决的开放问题，就会有持续的生命。直到范式规定的方法不再能应付一系列的反常现象：危机爆发并不断持续，直到一项新的科学成就诞生，重新指导研究，并被奉为新一代的范式。这种现象就是“范式转换”①。当然，新范式的出现并不是件容易的事情，它需要得到大多数科学家和同一类研究者的“认可”。有时候新范式的出现还会带来很多的非议，因为这极有可能损害那些长期依赖于既有范式“讨生活”的学术利益集团的“既得利益”②。

托马斯·库恩以一己之力，使“范式”一词在科学研究中大行其道。人们一度把《科学革命的结构》一书列为所有出版物中被引用最高的书籍之一，与《圣经》和弗洛伊德的著作齐名。从哲学意义上来讲，托马斯·库恩范式的基本意义是：范式是一个具有整体性认识世界的框架和价值标准，是信念、理论、技术、价值于一体的综合性范畴。托马斯·库恩的范式理论具有伟大的历史贡献：第一，托马斯·库恩范式理论是现代自然科学和社会科学中的“整体观点”和“整体方法”在哲学上的综合反映，是对哲学一次新的“求助”；第二，在托马斯·库恩以前的科学哲学中，都把科学看作是“纯粹理性”或“纯粹逻辑”范围内的事情，社会历史因素与科学毫无关系，是“水火不容”的事情，而托马斯·库恩的范式理论则认为，科学的发展与演变乃至科学革命，都与科学之外的社会历史因素紧密相连，托马斯·库恩极大地推动了科学的社会学研究；第三，托马斯·库恩的范式理论是科学的世界观和方法论，他把科学发展的量变与质变、进化与革命、肯定与否定这两种对立的因素统一起来了，这符合大多数情况下科学发展的历史事实。总之，托马斯·库恩范式理论无论是对自然科学研究还是社会科学研究，都产生了广泛而深入的影响，远远超出了“科学哲学”（philosophy of science）的学科范围。

二、社会科学范式

如果说自然科学中存在“范式”，并由“范式转换”带来科学的革命。那

① 托马斯·库恩著，金吾伦、胡新和译．科学革命的结构．北京，北京大学出版社，2012，11（2）：16.

② 张杰．金融学的范式革命．金融博览，2020（3）.

么，社会科学领域同样也存在着各式各样的范式。最早将范式引入社会科学领域的是美国学者肯尼斯 D. 贝利（Kenneth D. Bailey，1986），他认为，范式“在社会科学中，就是观察社会世界的一种视野和参照框架，它由一整套概念和假定所组成”。“研究者在社会世界所看到的，是按他的概念、范畴、假定和偏好范式所解释的客观存在的事物”①。中国学者也对社会科学范式进行了较多的研究和探索。欧阳康（2001）在《人文社会科学哲学》一书中认为，“社会科学的范式就是指社会科学理论体系和研究活动中，关于研究对象和研究活动的一组基本概念，是某一科学共同体成员围绕某一社会科学或专业所共有的信念、价值观、技术手段等的总和”②。徐明明（1995）认为，社会科学范式基本要义包括：一是关于研究对象属性和作用过程的本体论社会历史观观念；二是关于认识和把握研究对象的认识论、方法论观念；三是由前两者所决定的作为理论体系和研究活动出发点的最基本的理论假设，以及研究领域和理论兴趣的主题；四是存在于某些学科当中的基本政策纲领③。汪信砚（2007）将社会科学范式定义为“学术研究共同体中研究者，自觉认同和共同持有的一套信念、原则和标准”④。现在，“社会科学范式”一词的含义，在中国哲学社会科学领域被基本固定下来，虽然在不同学科领域的语境下略有不同的表述，但是基本上都认为，社会科学范式是社会科学研究群体共同遵循的信念、理论、技术、价值于一体的综合性范畴。

社会科学范式，具有复杂性、多元性、多层次性的特点，这就决定了划分和定义其范式的视角和维度，要比自然科学更广、更多。早期的社会科学，从哲学本体论、认识论层面划分，可以分为自然主义范式和人文主义范式；从社会科学家如何看待社会和个人的角度划分，可以分为个体主义范式和整体主义范式；从学科内部不同派别的角度划分，经济学可以分为古典经济学范式、新古典经济学范式、宏观经济学范式等，社会学可以分为社会行为主义范式和基于社会整体的结构功能主义范式等⑤。

通过对社会科学范式的定义和分类划分的简单梳理可以发现，社会科学范式的划分之所以千差万别，是因为对其定义和分类原则存在诸多差异，并没有统一标准和规范，这就为我们从不同角度、不同方式研究社会科学范式提供了可能

① 肯尼斯．D. 贝利，许真译．现代社会科学研究方法．上海：上海人民出版社，1986：31.
② 欧阳康主编．人文社会科学哲学．武汉：武汉大学出版社，2001：455.
③ 徐明明．社会科学范式初探．宁波师范学院学报，1995（3）.
④ 汪信砚．倡导和发展马克思主义哲学中国化研究范式．河北学刊，2007（6）.
⑤ 樊小军．早期社会科学的三种范式及其哲学基础．山西大学硕士学位论文，2009.

性。梳理社会科学的发展史可以发现，从 17 世纪到 19 世纪，社会科学从最初的政治学、政治经济学产生和发展（发生于 17 世纪、18 世纪），到社会学的产生（发生于 19 世纪），形成了政治学、经济学、社会学这三门学科为典型代表的现代社会科学。在此过程中，代表了人类最高思维方式的机械论哲学（Mechanical philosophy）、进化论哲学（Evolutionary philosophy）、人文主义哲学（Humanistic philosophy）对社会科学范式产生了重大影响，对社会科学的本体论、认识论、方法论、价值论的形成具有基础性意义①。因此，从早期的社会科学形成过程来看，社会科学范式的确立首先是哲学命题，没有对哲学的"求助"，新范式就不可能出现和被确立。当一种范式进入"危机"状态时，科学家常常会转向哲学分析，或者本能地产生"对哲学的求助"②。这种理论解释，对当今社会科学范式的形成同样适用，只是现代社会科学没有自然科学那样具有明显的范式替代，现代社会科学一般只有相互竞争的范式，彼此没有好坏对错之分，只有受众多少和受欢迎程度的变化，很少被完全抛弃。与自然科学范式相比，社会科学范式具有自己的特点：

一是范式的多重性。在"常规科学"时期，自然科学通常只有一个占主导地位的范式，如果出现第二个范式，就意味着范式的革命，新范式将取代旧范式。而社会科学则不同，在一定时期内，可以存在着相互竞争的不同范式，比如多重存在的实证主义范式、冲突论范式、结构功能主义范式等。人类历史上没有一种社会科学理论能够提供全面、充分、一成不变的理论解释，每种理论都从不同视角对社会世界进行了探讨和解释。社会科学范式具有多重性，不同范式可以互为补充、共存共生。

二是范式没有对错之分。社会科学范式不像自然科学范式之间在性质上具有对错之分。在自然科学中一个范式取代另一个范式，代表了从错误观念到正确观念的转换和替代。而社会科学范式没有对错之分，只有作用大小和受欢迎程度的不同。在很多时候，用不同的社会科学范式解释同一社会科学现象，还会得出不同的结论，这在社会科学发展过程中是不可避免的。

三是范式常表现为"双向忽略"。在自然科学范式中，两个不同的范式是"不可通约"的。但在社会科学范式中，"不可通约"的范式常常表现为"双向

① 樊小军．早期社会科学的三种范式及其哲学基础．山西大学硕士学位论文，2009.
② 张杰．金融学的范式革命．金融博览，2020（3）.

忽略”（mutual ignorance），每个社会科学范式都提供了不同的、其他范式所忽略的观点，或者忽略了其他范式所揭示的社会世界的某些维度。

三、金融分析范式

金融分析范式随着相关科学的发展在不断变迁。从现代金融（标准金融）分析范式，到行为金融分析范式，再到系统金融研究范式，可以说，“金融范式”的研究方兴未艾。现代金融分析范式预先假定投资是完全理性的，并且遵从期望效用理论（Shleifer，2000）①。又假定金融市场是完全有效的，并用标准的工具（数学模型）和手段进行分析研究。由于现代金融分析范式中的投资者和市场都被严格标准化了，这就使得与现实投资者和投资行为有着非常大的差距，现代金融分析范式引起争议也就在所难免，这也直接导致了行为金融分析范式的产生。行为金融（behavioral finance）分析范式将行为科学、心理学、生命科学等学科的研究方法和分析范式融合到一起，从全新的角度对金融市场上的许多“异象”和市场的有效性等问题进行分析研究，给出了全新的理论解释（Daniel Kahneman，1998）②。其重要贡献是提出了非理性对价格的影响是实质性和长期的。行为金融分析范式无论是在范式的科学性，还是分析手段和方法的多样性上，都具有更宽广的研究视角和特点。

张杰对金融分析制度范式的研究做出了很大贡献。张杰（2011）③ 认为，制度金融学理论研究框架逐渐成熟，并达成了一定的理论共识。默顿（Merton）的功能与结构金融学和斯蒂格利茨（Stiglitz）的制度货币经济学，都是通过制度因素来修补和拓展新古典金融学或是货币经济学框架的。索托（Soto）发现了货币金融所有权的制度含义。博蓝（Borland）构建了分工均衡货币制度分析框架。金融中介理论，将金融企业及金融企业家内生化，使的制度金融理论具有了微观支点。张杰（2013）④ 认为，制度金融分析认定金融制度是一个有机结构，任何金融制度都具有存在的内生合理性。金融分析的制度范式不同于新古典金融学的

---

① Shleifer A. “Inefficient Markets: An Introduction to Behavioral Finance”, *London*: *Oxford University Press*, 2000.

② Daniel Kahneman, Mark W, Riepe. Aspects of investor psychology, *Journal of Portfolio Management*, 1998, (2).

③ 张杰．制度金融理论的新发展：文献综述．经济研究，2011（3）.

④ 张杰．金融分析的制度范式：哲学观及其他．金融评论，2013（2）.

个体主义还原论，而是重视个体与总体之间的加总逻辑及其特征。制度金融分析采用跨时均衡超越了新古典金融学的短期均衡。因此，构建制度金融分析框架标志着金融理论的道德转向，其兼容了宏观与微观金融学的理论努力，更预示着金融学全新的范式革命。张杰（2017）[①] 认为，主流学者基于无机组合哲学观，以及个人理性加总为集体理性的逻辑和对完全市场机制条件下的理想设定，建立了排斥货币因素的货币金融分析范式。而金融分析制度范式则是依托全新的有机哲学基础，逻辑起点的合理性在于人的金融权利和金融行为，以及经济主体之间的有机金融联系。基于现实的情况，中国经济金融制度均衡的内在机理及实际绩效的分析和提炼，则是本土经济金融学家最重要的研究方向。张杰（2020）[②] 认为，新的金融分析范式一经形成，便会具有某种托马斯·库恩意义上的“反观效应”或者重新审视功能。新的分析范式一旦形成，“以前不存在的或者被认为无足轻重的问题，可能会成为导致重大科学成就的基本问题”。

现有文献对金融分析范式的概念，始终没有一个明确、统一的定义。白钦先、张坤（2017）[③] 对“金融分析范式”做了如下描述：“是金融研究活动中所涉及的研究对象、研究方法及价值判断的总和”。姚勇（2000）[④] 对多年以来的金融学发展历程做了详细梳理，最终得出的结论认为，“当代金融学的危机最根本的是范式危机”。杨德平等（2010）[⑤] 对农村金融范式做了研究，认为农村金融范式的转换，要以农村金融研究的世界观和方法论的转换为前提条件。赵新顺（2006）[⑥] 将金融学范式的研究归结为三个问题，即“物的问题”“人的问题”和“经济机制问题”，认为行为金融范式对标准金融范式提出了严峻挑战。

纵观已有的“金融分析范式”的研究成果，有的是从经济学范式的概念出发，直接进行金融分析范式的研究；有的没有界定“金融分析范式”概念，只是对现代金融理论、行为金融理论、系统金融理论等进行“范式”的比较研究；有的虽然给出了“金融分析范式”的定义，但与普遍认同的“社会科学范式”概念相抵触；还有的仅从制度金融学入手，对金融分析制度范式进行理论解释。目前，以哲学“求助”为基础的“金融分析范式”研究，目前还处于初级阶段，

---

① 张杰. 金融分析的制度范式：问题、理论与中国视角. 金融评论，2017（4）.
② 张杰. 金融学的范式革命. 金融博览，2020（3）.
③ 白钦先，张坤. 近现代中国金融研究范式的变迁. 金融评论，2017（2）.
④ 姚勇. 金融学的范式、理论和方法：历史考察与现实审视. 经济评论，2000（11）.
⑤ 杨德平，张俊岩. 农村金融范式研究. 经济学动态，2010（12）.
⑥ 赵新顺. 金融经济学的研究范式及其演进——行为金融与标准金融范式比较. 河南大学学报，2006（6）.

对金融分析范式还没有形成统一的基本概念，更缺少基本的分析框架；对金融分析范式的基本要素和演化规律也缺乏整体性认识与前瞻性思考。这就需要理论工作者不断探索，努力实现对哲学的新的“求助”。

第三节　金融范式的基本要素

人类历史上的每一次重大变革，实际上都伴随着一次史无前例的“范式革命”。亚里士多德物理学被牛顿力学颠覆，从此开始了工业革命；亚当·斯密的古典经济学，彻底颠覆了重商主义，让人类历史迈入了资本主义；新古典经济学范式，围绕“市场与政府如何有效配置资源”这一命题，形成了经济学界的四大门派——马克思主义政治经济学（马克思）、凯恩斯主义（凯恩斯）、芝加哥学派（弗里德曼）、奥地利学派（哈耶克、米塞斯、罗斯巴德）；杨小凯的新兴古典经济学范式，其雄心是重建经济学大厦。普惠金融概念的提出，在哲学意义上颠覆了金融只为富人服务的理念，是对传统金融的反思和扬弃，是一次全新的“范式革命”。

在托马斯·库恩的范式理论中，“范式”一词有多种不同的用法。玛格丽特·马斯特曼（Margaret Masterman）发现托马斯·库恩在《科学革命的结构》一书中，对“范式”一词有21种不同用法①。对此，托马斯·库恩在《对范式的再思考》一文中进行了解释。托马斯·库恩认为，范式有两种基本用法，一种是“综合”的用法，一种是“局部”的用法。关于“局部”的用法，托马斯·库恩认为那是一种“原初的使用”——那种在哲学上恰当的使用，指的就是各种类型的“范例”。而“综合”的用法要聚焦于常规科学的“科学共同体”这一概念，是科学共同体内所有成员具有的认识世界的框架和价值标准，是集信念、理论、技术、价值为一身的综合性范畴②。

按照托马斯·库恩对“范式”一词“综合”的用法可知，一种范式至少要具备共同的信念、理论、技术、价值等基本要素。这可以引申到所有的科学研究

① 托马斯·库恩著，金吾伦、胡新和译．科学革命的结构．北京：北京大学出版社，2012，11（2）：11.

② 托马斯·库恩著，金吾伦、胡新和译．科学革命的结构．北京：北京大学出版社，2012，11（2）：17.

中，不管是自然科学还是社会科学。金融学作为经济学的一个分支，在“范式”研究上当然也适用托马斯·库恩“综合”的用法。因此，一个完整的金融分析范式至少也要包含以下要素：信念要素，价值要素，技术要素。

一、信念要素

信念是对事物基本的判断、观点和看法。传统金融从业人员一致的、基本的看法就是“赚钱”，追求单一的商业化诉求。在这个圈子里如果不谈赚钱和盈利，那是不可思议的事。当然，为了“赚钱”要控制好风险，也要保持好流动性，拿银行业来讲，要保持好“三性”（即安全性、流动性、盈利性）的统一，这是传统金融从业人员基本的价值判断和世界观。

回顾历史，世界上的大灾难几乎都与金融业有关。无论是 1929 年的世界经济危机，还是 2001 年的互联网泡沫，抑或是 2008 年的全球金融危机。每一次的大危机、大萧条，都是从金融业发起的，最终由全世界的民众买单。即使是曾经爆发过占领华尔街的超大型示威游行，也依然无法让金融业停止“作恶”。

金融这个如此“高大上”的行业，为什么会成为“高利贷”“嫌贫爱富”“唯利是图”“性本恶”的代名词？这显然与金融信念的扭曲有关。马克思在《资本论》中一语道破天机：“一有适当的利润，资本就会非常大胆起来。只要有 10% 的利润，它就会到处被人利用；有 20% 的利润，它就会活泼起来；有 50% 的利润，它就会引起积极的冒险；有 100% 的利润，它就会使人不顾一切法律；有 300% 的利润，它就会使人不怕犯罪，甚至不怕绞首的危险”①。当赚钱成了唯一的目的，金融业就形成了扭曲的信念：我只求当下利润，不管以后“洪水滔天”，这是造成金融业“性本恶”的真正根源。总之，传统商业金融的信念就是追求单一的商业化诉求，在公平与效率选择上追求效率，这是行业参与者所共享的信念。“赚钱”和“唯利是图”，已成为金融这个行业天经地义的事情。

二、价值要素

价值取向是价值哲学的重要范畴，就金融的价值取向而言，它是金融行业所

---

① 马克思．资本论（第一卷）．北京：人民出版社，1958：839.

选择的优势观念形态。传统商业金融服务的价值取向是高端客户和富人，它只能“锦上添花”不能“雪中送炭”，并且先天含有阶层差异和身份歧视，认为金融是贵族和富人的游戏，或者至少要具备一定的财富门槛和身份认定，低收入阶层和弱势群体被排斥在金融服务的边界之外，甚至出现了穷人储蓄给富人使用的错配现象。由此造成了中小微企业等弱势群体的融资约束，使中小微企业融资难成为世界性的难题。

孔方乾坤，自有天道。金融从来就是为有钱人服务的工具，就历史而言，货币也都是皇权加强统治的工具。孟加拉国的银行家穆罕默德·尤努斯，将金融视为一项基本的人权，这一视角是非常有针对性的。金融的“基因”就是富人的游戏，如果“基因”不变，金融要为弱群体服务基本上等于一句空话。如果没有金融的“范式革命”，提倡金融的平民化就只是口号和乌托邦。

三、技术要素

从哲学意义上讲，技术是关于知识的总和。金融技术就是金融交易活动中各种知识的统称，包括原理知识、应用知识和经验知识等。金融技术，决定了金融资源配置的效率水平和金融交易者的满意度。在一定的金融技术条件下，人们的金融能力构成了一个金融资源可分配的边界，并固化为严格的制度约束和操作程序。由于金融企业越来越需要创新的金融方案，来满足客户和监管机构的要求，因此，金融技术的创新伴随着经济社会发展对金融资源配置要求的不断变化而加速出现。

现代意义上的金融学，是由两次“华尔街革命”催生的：第一次是 1952 年马科维茨（Harry M. Markowitz）投资组合理论的问世，以及后来夏普（William F. Sharpe）等提出的资本资产定价模型（CAPM）；第二次是 1973 年布莱克（Black）和斯科尔斯（Scholes）的期权定价公式。资本资产定价模型（CAPM）是传统金融技术的核心要素，在证券理论界已得到普遍认同，在商业银行中也有广泛应用，常用来研讨信用风险缓释与银行系统性风险水平的关系，实证研究信用风险转移工具（贷款转让）对银行系统性风险的影响。同样，资本资产定价模型（CAPM）在保险领域也广泛使用，通过 CAPM 能够估计出承保的 β 系数，并进一步得出保险公司的公平收益率。两次“华尔街革命”催生的技术，构成了传统商业金融范式的技术要素。

第四节　普惠金融范式革命：一个分析框架

普惠金融虽然基于传统的商业金融范式，但是又是对传统金融范式的反思和扬弃。我们之所以说普惠金融是全新的“范式革命”，就在于普惠金融范式具有完全不同于传统金融范式的要素内容。普惠金融的出现是金融深化的重大事件，它超越、改变了传统商业金融原有的信念、价值取向和技术标准。

一、从信念要素看

普惠金融体系中所有参与者共享的信念是大同、和谐与包容，它强调公平与正义，体现了“共享性”，超越了传统商业金融信仰“赚钱”和单一商业化的诉求。

普惠金融（inclusive financial）是联合国2005年提出的新概念，它的基本含义是让社会上所有的群体和阶层，特别是贫困人群和低收入人群都能享受到金融服务。“inclusive”的英文意思就是“包容”，只是我们把它翻译成了“普惠”，普惠金融的本意就是“包容”，这是它先天具有的“信念”，也是它的基因所在。普惠金融的“包容信念”，至少内含两层涵义：一是大同与和谐；二是金融公平。中国具有发展普惠金融独有的、深厚的社会文化。《礼记・礼运》中写到：“大道之行也，天下为公。选贤与能，讲信修睦。故人不独亲其亲，不独子其子，使老有所终，壮有所用，幼有所长，矜、寡、孤、独、废疾者皆有所养。男有分，女有归。货恶其弃于地也，不必藏于己；力恶其不出于身也，不必为己。是故谋闭而不兴，盗窃乱贼而不作，故外户而不闭。是谓大同。”这段文字集中描述了中国传统文化蕴藏的包容、大同与和谐理念。除此之外，儒家和道家的哲学中，也都蕴含着丰富的大同、和谐、包容的思想文化资源。我们需要将这些优秀的传统文化资源充分挖掘出来，与一般金融规律相结合，形成中国特有的普惠金融信仰文化。只有如此，才会改变传统金融信仰单一商业化的诉求，形成发展普惠金融适宜的制度文化环境。

虽然金融发展从积极的意义上讲推动了经济增长，这是绝大多数研究者形成的共识。但是在经济增长过程中，尤其是在追求高质量发展阶段，如果金融结构存在错配，将存在严重的金融排斥或是金融制度边界狭窄，经济增长的成果就不能惠及所有的人，也就无法实现包容性增长。甚至会因为金融制度边界过于狭窄，金融的扩张和深化反而会加重收入和贫富的两极分化。从这个意义上来说，如果金融制度边界无法覆盖所有的成员，经济增长带来的社会福利虽然从总量上看在不断改进和增长，但是金融结构却在不断地扭曲，社会风险可能会不断积聚。正如亨廷顿所言，社会的不稳定不是因为经济的绝对贫困，往往是因为经济快速增长过程中的不平等①。普惠金融遵循包容性发展理念，只有让每个人都拥有金融服务的机会，才能机会均等的分享经济社会发展的成果，增进民生福祉，最终实现社会的共同富裕，建立和谐社会与和谐世界。对于金融这一主要以信息不对称下的信用为主要资源的行业，金融信念尤其是公平信念至关重要。2008年美国次贷危机以来，全世界对传统商业金融的信念和伦理进行质疑和排斥，更增加了重建金融公平价值观的必要性。从这个层面出发，普惠金融是对传统商业金融在信念和道德伦理层面的扬弃，是金融界面对社会道德审判的一种自我救赎。

二、从价值要素看

普惠金融的价值取向是金融服务的均等化，它强调金融伦理和社会道义，体现了“普惠性”，超越了传统商业金融只为高端客户和富人服务的价值取向。

金融的价值取向，由其所处的社会制度和性质来决定。自20世纪70年代以来，随着金融自由化进程的加快，美国“产业空心化”问题越来越严重，导致了“赌场资本主义”一词的传播与流行。绝大多数社会民众都认为，金融市场在多数情况下已成为“赌博”的场所，金融的本质就是为特权阶层、富人和社会精英服务，普罗大众等弱势群体被排斥在了金融服务的制度边界之外，进一步加剧了传统金融价值取向的扭曲，引起了全社会对金融本质的质疑。特别是2008年全球金融危机及其救助引发的“占领华尔街运动”，就是对垄断资本导致的不公平分配格局的抗议，也加重了社会民众对金融“性本恶”的道德批判和认知。

---

① 亨廷顿在《变化社会中的政治秩序》一书中说道：如果发展过程中经济地位差距、贫富分化和投资与消费的分配冲突等的加大，那么“经济增长以某种速度促进物质福利提高，但却以另一种更快的速度造成社会的怨愤”。

随着普惠金融概念的提出，一场新的金融革命应运而生。普惠金融不仅是对传统金融的反思和扬弃，更是一场全新的“范式革命”。就其范式的价值要素来讲，普惠金融的价值取向是金融服务的均等化，它强调金融伦理和社会道义，体现以大众为中心的金融价值观。正如习近平总书记指出的那样，“发展普惠金融，目的就是要提升金融服务的覆盖率、可得性、满意度，满足人民群众日益增长的金融需求，特别是让小微企业、农民、城镇低收入人群、贫困人群和残障人士、老年人士等及时获取价格合理、便捷安全的金融服务”①。金融服务的均等化，即是未来金融深化的发展趋势，也是实体经济和弱势群体对金融业提出的新要求。金融不应该先天含有阶层差异和身份歧视，获得金融服务也是人权的重要内容，这实际上涉及了社会伦理和文化道德，涉及了金融行业所选择的优势观念形态。只有深化对金融发展的哲学理解和“求助”，才能领悟和洞察这种需求和变化。发展普惠金融的根本目的在于，推动金融服务的均等化，这一全新的金融价值观，完全颠覆了传统金融只为高端客户和富人服务的价值取向。这既是对金融价值观的重塑，更是一次全新的金融“范式革命”。

三、从技术要素看

普惠金融的技术范式，是基于“大数据、金融科技和赋能平台”的微贷技术生态，体现了“科技性”，改变了传统商业金融以资本资产定价模型为核心的技术范式。

传统商业金融范式技术要素的核心是资本资产定价模型（CAPM）。这一金融理论与技术源于1952年马科维茨发表的投资组合选择的论文，这是现代金融技术的一次重大突破。20世纪60年代初期，经济学家们开始研究马科维茨的模型和思想，这些研究导致了资本资产定价模型（CAPM）的诞生。该模型是由夏普（William Sharp，1964）、林纳特（John Lintner，1965）和莫辛（Jan Mossin，1966）共同提出的，资本资产定价模型（CAPM）也称之为SLM模型。资本资产定价模型从诞生之时，就被金融界、实业界所接受和应用，并成为金融学术界不断研究的焦点和热点问题。资本资产定价模型是第一个可以进行计量检验的金融资产定价模型，由于它的理论浅显易懂、形式简洁明了，不仅在证券市场大受

① 2015年11月9日，习近平在中央全面深化改革领导小组第十八次会议上的讲话。

欢迎，也被广泛运用于银行、保险、信托和基金等金融领域。它不仅有助于金融资产的分类，更被应用于计算资本的预期收益率。同时，还为资产定价、投资组合绩效测定乃至对人力资本进行定价提供了技术支撑。可以说，资本资产定价模型（CAPM）是传统金融范式技术要素的核心，是金融“科学共同体”所有成员共同认可的理论与技术标准。

普惠金融范式的技术要素，完全不同于传统商业金融的资本资产定价与建模技术，它是基于“大数据、金融科技和赋能平台”的微贷技术生态。有别于传统的商业金融，普惠金融语境下的“微贷技术”和实现路径特别重要，不管是前端的获客，还是后续的服务管理，每一个节点和流程都必须靠大数据、金融科技（数字普惠金融）的支撑，更离不开政府政策和赋能平台的支持保障。一个完整的微贷技术生态，至少包括三层生态关系：大数据、金融科技（数字普惠金融）和基础服务平台。第一层大数据的应用，在于解决普惠金融的开放性问题：用于判断需求方向和需求量；用于目标客户的资信评估；用于精准（事前）控制风险。第二层金融科技（数字普惠金融）是发展普惠金融的必由之路，金融科技的发展，将真正改变传统的商业金融技术，不只是简单的数字化生存，而是真正的高效赋能。通过交易征信、人工智能和区块链技术的推广应用，使普惠金融微贷技术生态更加数字化、自动化、智能化。第三层普惠金融基础服务平台，主要是为微贷技术配套的基础服务提供方，如区块链技术服务提供商、金融科技外包服务商、政府担保服务平台等。这些服务提供商和行业组织，可以利用自身的优势，有效链接普惠金融服务对象、资金提供方、第三方服务平台等，为整个微贷技术生态系统提供基础服务。中国普惠金融的微贷技术，从某种意义上已实现了“弯道超车”，这为普惠金融的“范式革命”奠定了技术保障。随着微贷技术的成功运用，我们要讲好中国的金融故事。普惠金融“范式革命”为我们提供了机遇，讲好中国金融故事的权利，应当掌握在我们自己手中。就普惠金融的实践而言，有两大路径依赖问题很重要：一是金融科技；二是金融监管。对于前者大家的看法比较统一，都认为金融科技（数字普惠金融）是普惠金融发展的基础支撑，并会由此带来金融技术的“范式革命”。对于后者，现在的看法还不统一，对普惠金融应采取什么样的监管方式，构成了今后研究的重点方向。

四、分析结论与建议

与其他的社会科学范式一样，普惠金融分析范式作为一种全新的理论范式，其范式框架的确立，需要具备许多的内外因素。简而言之，它往往是在思想酝酿、哲学“求助”和实践丰富的基础上应运而生的结果。本章在既有研究的基础上，基于对金融发展的哲学理解和求助，提出了普惠金融“范式革命”的观点。所谓范式革命，是指普惠金融的出现是金融领域的重大事件，它超越了、改变了传统商业金融原有的信念、价值取向和技术标准。从范式的信念要素看，普惠金融体系中所有参与者共享的信念是大同、和谐与包容理念，它超越了传统商业金融信仰“赚钱”和单一商业化的诉求；从范式的价值要素看，普惠金融的价值取向是金融服务的均等化，它强调金融伦理和社会道义，超越了传统商业金融只为高端客户和富人服务的价值取向；从范式的技术要素看，普惠金融的技术范式，是基于“大数据、金融科技和赋能平台”的微贷技术生态，它改变了传统商业金融以资本资产定价模型为核心的技术范式。综上所述，从哲学思想的检验过程看，传统商业金融的“三性”原则，即安全性、流动性、盈利性，在普惠金融体系中体现为“反常”的“三性”，即共享性、普惠性和科技性，并固化为普惠金融实践指引的“三可”原则：即可获得、可负担、可持续。普惠金融从哲学意义上颠覆了传统的金融范式，是一次全新的“范式革命”。为了更好地推动普惠金融范式研究，完善普惠金融范式分析框架，笔者提出以下建议：

第一，加强金融发展的哲学“求助”。西方哲学对社会科学范式产生了重大影响，对社会科学本体论、认识论、方法论、价值论的形成具有关键作用，并对现代化进程发挥了基础性作用。中国传统哲学推动了中华民族的浴火重生，它具有独到的觉察和认知特质，更重视通过“绝圣弃智”认识世界。当前，金融领域面临着很多的认知困境：如何看待金融行业净利润在社会财富分配中所占份额持续上升？如何看待全球1%人口拥有财富的比重大幅攀升？如何更好地实现对实体经济和普罗大众的金融服务？传统金融已不能很好地提供与时俱进的金融解决方案，造成了社会对金融的“诟病”。当旧的理论范式面临困惑时，范式革命便是最有效的解决方式。而这一切，都需要加强对哲学的“求助”。因此，如果不从范式革命的高度来看待普惠金融及其带来的巨大影响，还用传统商业金融的思维方式和行为方式来对待，那将无法看到普惠金融的价值所在及其重大历史意义。

第二，深化金融公平的法制建设。普惠金融作为全新的金融生态系统，宏观层面上的法律、法规制度化建设非常必要。现有的金融立法和金融监管，在理念上更多的是考虑“金融安全”和“金融效率”，完全忽视了“金融公平”。习近平总书记在十九大报告中明确提出，“增进民生福祉是发展的根本目的”。金融发展的成果，不应只惠及少数利益集团和个人，而应成为改善民生、增进福祉的根本保证。基于目前法制建设的现状，金融法需要来一场真正的“范式革命”，补齐“金融公平”的法律短板，使金融立法、金融监管、金融司法都面向“金融公平”作出相应的变革。目前，尤其需要完善面向金融公平的法律制度，包括但不限于修改现有的《商业银行法》《证券法》《保险法》等基础性金融法律，将金融公平的原则和理念贯穿到金融法律制度中，以实现金融公平的法律化、制度化。法制建设至少包括两个方面工作：一是将金融消费者权利法律化，对金融消费者获得金融服务的权利作出特别保护；二是将金融机构的社会责任法律化，对金融机构应承担的社会责任作出强制性规定。

第三，增强金融监管的原则弹性。普惠金融发展中有两大路径依赖问题很关键：一是金融科技；二是金融监管。它们都涉及如何把握普惠金融的内涵和范式框架。对于第一个问题已达成基本共识，几乎所有的人都认为，金融科技是普惠金融发展的必由之路。但对第二个问题，目前存在较多争议，争议的焦点在于，普惠金融应采取什么样的监管原则。传统金融监管的原则是审慎监管，包括宏观审慎和微观审慎，监管的工具主要是资本充足率、资产质量、流动性、偿债能力等，监管的对象直接是金融机构，通过这样的监管方式来维护金融的系统稳定。对于普惠金融业态，采取审慎监管不一定对路，行为监管可能更适合普惠金融。因为行为监管主要是保护消费者权益、保护私人信息、反对不正当竞争、提高消费者诚信意识等。通过保护金融消费者权益而对金融机构实施行为监管，从而维护金融秩序的稳定更加符合普惠金融的内涵。同时，构建面向金融公平的监管制度，也是普惠金融范式框架的题中应有之义。应当建立面向市场化、法治化的普惠金融市场准入制度，并在普惠金融交易监管中维护金融公平。

第五章　普惠金融体系构建：五位一体

第一节　普惠金融价值取向

中小企业的融资困难源于金融制度边界的约束。由于存在严重金融错配，近年来中国金融业的规模虽然实现了快速的扩张，但是金融资源对中小微企业的支持力度却没有明显增强。如何矫正金融错配实现金融资源的合理流动，将信贷资金有效地流入实体经济特别是中小微企业，并将其转化为持续的自我发展能力，不仅有助于高质量发展，同时也是中国金融体制改革的迫切要求。因此，由传统的商业金融体系向普惠金融体系发展，是中国金融业转型的必然选择，更是解决中小企业融资约束的治本之策。

一、普惠金融理论发展的现实背景

（一）金融排斥问题的揭示

金融排斥是指在金融体系中人们缺少分享金融服务的一种状态，由于商业金融体系中存在各种价格和非价格壁垒，从而导致弱势群体缺少足够的途径或方法接近金融机构，在利用金融产品或金融服务方面存在诸多困难和障碍。金融排斥的最终后果是造成了被排斥的弱势群体更加难以摆脱贫困的处境。

最早开始重视这一问题的是英国和美国政府，承认金融排斥是金融市场失灵的一种表现，具有显著的负外部性，需要采取适当的措施扩大向贫困群体提供最基本的金融服务，帮助他们积累资产。英国推出了“储蓄门户”计划，建立社会基金；美国政府制定社会再投资法案（CRA），将金融机构在低收入社区及农村地区提供的存贷款业务纳入评级考核指标，以防止其从以上低收入地区撤并网点。金融排斥问题的揭示，使人们注意到，金融行业的高度发展与充分竞争，并不能天然地导致客户层面的下沉或更深层次的覆盖范围，从而惠及低收入人群；即便是金融产业高度发达的地区，仍旧有部分人群被排斥在基本金融服务之外。已有的大量文献表明，在经济落后地区，金融排斥的问题更加突出。

（二）财政补贴贷款尝试的失败

第二次世界大战后，很多发展中国家伴随着经济的发展，金融排斥现象也如影随形地产生。孟加拉、印度尼西亚及印度等国相继开始建立发展银行等机构，为低收入人群提供政府贴息的小额贷款。但是这些项目对于消除贫困的效果并不理想，金融机构效率低下，还款率一度低于20%，导致大多数机构难以保持可持续发展。扶贫式的财政补贴贷款失败的原因是多方面的：信贷补贴使得名义利率不反映真实的利率水平，真实利率长期为负，从而创造了过度的需求，使得信贷资源在“寻租”的激励下进行配给，并增加了对客户真实财务状况的甄别成本；低收入者将这种贷款视为福利，产生了依赖心理；此外，补贴贷款软化了信贷约束，使信贷组织缺乏扩大覆盖面的激励，最终导致项目的失败①。

（三）小额信贷模式的成功与推广

基于政府贴息贷款项目失败的教训，从20世纪70年代开始，一些发展中国家开始寻求通过专业的微型金融机构来解决低收入群体的贷款缺乏问题，把小额信贷当作一种全新的制度安排来发展。其中，比较典型的是1976年在孟加拉国成立的格莱珉银行，世界上第一家专门向贫困人口提供贷款的组织。由于遵循市场化的原则运作，并采取了连带责任、还款机制及激励措施等贷款技术的创新，格莱珉银行的模式受到广泛重视。20世纪80年代，小额信贷模式开始在许多国家广泛推广，并在20世纪90年代得到快速发展。小额信贷模式既是一种金融服务的创新，也是各国普遍认同的解决贫困问题的新型工具。同时，小额信贷的发展前景十分广阔，据当时的世界银行统计，全球约有30亿低收入人群不能享受

① 郭建斌．国外小额信贷可持续发展的内在机理及经验借鉴［J］．农村金融研究，2011（2）．

传统金融服务，这些人群构成了小额信贷巨大的潜在市场。在长期的实践过程中，小额信贷的模式也在逐渐发生变化，不仅提供贷款，同时也包括储蓄、结算等服务，并且开始努力追求实现自身可持续发展与服务贫困人口的社会目标的统一，服务的覆盖规模和社会影响力与日俱增。

二、普惠金融概念的逻辑演进

小额信贷方式的成功进一步凸显了基本金融服务的重要性。随着同业竞争的加剧，商业银行等金融机构也自发地开始将信贷业务向小额贷款扩展，陆续推出一些微型金融服务，所服务的客户层面逐渐下移；此外，金融服务工具的创新、通信手段的日益发达也使传统商业金融的覆盖面积逐渐扩大。与此同时，关于微型金融的理论研究也开始向社会层次纵深发展。

（一）小额信贷与微型金融：语义共鸣中的范畴演化

小额信贷和微型金融在使用时经常会被互换，但是二者却存在不同角度的共鸣。比如，在探究农村金融的状态和贫困现象的本质时各自存在语义上的明显分歧：小额信贷在初创阶段，以格莱珉银行这样的机构，专注于向非常贫困的人提供信贷。关注的焦点在于降低贫困和社会进步，参与者当中不乏许多组织。而微型金融则源于金融业界和学术界内部逐渐达成的一种共识，即居民可以从获得金融服务中受益，强调解决农村金融市场上的信息不对称和较高交易成本问题。这里金融服务被更加广泛地定义，超越了小额信贷的范畴。语义的扩展也引致了实践方向的转变，服务对象由贫困居民扩展至所有被传统金融排斥在外的群体，以建立可持续的普惠导向、充分监管的金融实体为目标。

（二）对微型金融机构社会绩效问题的关注

在国外小额信贷的发展过程中，以经营方式和目的不同分为两种模式：

福利主义模式，依赖捐赠和低息或无息贷款，以较低的利率把小额资金提供给社会上需要帮助的人。由于没有明确的商业目标和产权关系，资金运用缺乏再生能力，效率低下，常常难以为继。然而，福利主义的意义在于这种实践树立了一种金融伦理道德的典范，为下一步金融体制改革的目标和方向，起到了一定的导向作用。

制度主义模式，贷款的发放以盈利为目的，利率更加接近市场供需水平，追求商业可持续发展，而不是通过补贴来维持机构的运行。这种模式的优点是实现了机构的可持续发展，但较高的利息将最为贫困的客户挤出金融市场，从而削弱了社会目标，造成使命漂移现象。所谓使命漂移是指微型金融机构为了追求自身的可持续发展，基于资金来源、自负盈亏及规模经济等方面的压力，放弃需求小额信贷的部分穷人，而向富裕客户提供更大额度的贷款，从而将财务可持续作为首要发展目标。关于使命漂移问题争论，使学者们开始了对微型金融机构社会绩效的关注。

关于微型金融机构社会绩效的内涵，学术界还没有一致性的观点。Impact（2004）把微型金融机构的社会目标转化为社会实践的过程称为微型金融机构的社会绩效。Reddy（2007）认为社会绩效可以从六个方面进行考察：社会使命、覆盖面、客户服务、信息透明与消费者保护、员工及与周围社区的联系。国内学者张正平等（2012）[①] 认为微型金融的社会绩效是将微型金融机构社会使命向实际行动、正确的措施和结果转化的过程。杜晓山等（2011）[②] 认为社会绩效是指一个机构根据其宗旨自觉地进行经营管理所产生的社会效益。

微型金融机构的社会绩效，可视为微型金融机构双重目标问题的延伸。世界银行扶贫协商小组（CGAP，2004）认为，微型金融机构具有服务穷人和实现财务可持续的双重目标，但学术界对这两大目标是否兼容存在争议（Morduch，1999），在微型金融商业化背景下，微型金融机构将服务穷人和实现财务可持续是否兼容及如何实现服务弱势群体的社会目标成为社会绩效研究的核心。随着对社会绩效指标体系的明确，微型金融机构的社会功能得到了认可和强调，并被人们寄予希望。

（三）小额信贷的理念升华：从扶贫济困的理想到金融普惠制的架构设计

面对经济发展过程中出现的贫富差距现象，理论和学术界曾经给出了大量的经济学解释。虽然早期一些来自美国和其他发达国家的经验证据支持库兹涅茨假说，认为随着经济发展水平的提高，贫富分化会呈现先扩大、后逐渐缩小的倒“U”型趋势；“涓滴效应”理论则立足于对经济发达与落后地区的相互

① 张正平．微型金融机构双重目标的冲突与治理：研究进展述评［J］．经济评论，2011（5）．

② 杜晓山．小额信贷批发基金的新视角——国际经验及对我国的政策思考［J］．农村金融研究，2012（11）．

经济关系与影响的研究，提出不给予弱势群体特别优待，而是由富裕群体通过消费和投资来带动其发展。但是，近年来一些实证研究却认为，从100年的长时期来看，库兹涅茨假说并不完全成立，尤其是来自发展中国家的证据显示，倒U型曲线并不存在；而与此同时，“涓滴效应”所涵盖的利益扩散机制也并未自动地发生。

伴随着对微型金融机构社会绩效问题的深入研究，理论界开始强调金融的社会属性。传统的经济理论把金融机构看作是一种提供金融服务的平滑组织，近年的研究成果却显示金融机构能够创造出迅速转化为社会能量的经济能量。发展理论认为，获得金融服务的缺乏是产生持续性收入不平等的一个关键机制，同时也会降低经济增长的速度。在此基础上，理论界开始转而关注传统的经济与金融发展方式的局限性，对经济效率的持续增进过程中出现的经济发展不均衡和贫困问题进行反思，并且开始强调“公平”对经济增长和社会发展的重要意义。

贫困的根源并不仅仅在于经济层面，而是深藏在此背后的另一种贫困——权利贫困。进入21世纪以来，金融已经成为现代经济的核心，弱势群体必须依托社会金融体系，摆脱金融排斥的限制，才能走出“永贫”的境地。因此，金融权利上的公平，即金融公平，应该作为金融体系改革与发展的一个具体目标。所谓金融公平，是指“在金融活动中，各类主体不因自身经济实力、地域、行业、职业、身份、民族、宗教等因素而受到差别对待，能够公平地参与各种金融活动，机会均等地分享金融资源，并形成合理有序的金融秩序”[①]。将这一关系映射到金融体系中，即形成了普惠金融的理念。因此，普惠金融概念的诞生并非单纯出于理论研究的需要，而是更多地反映了金融体系乃至实体经济运行中的改良需求。

三、普惠金融与中国金融制度变迁

（一）中国金融制度变迁中的路径依赖

由于特殊的社会背景，中国的金融制度在变迁中形成了独特的路径，并对

① 邱宝金．农民的金融权利实现［J］．甘肃金融，2011（5）．

后续的改革与发展形成了影响。有两种力量形成了制度变迁的路径：报酬递增，以明显的交易费用为特征的不完全市场。报酬递增的一个隐性贡献是，正式制度、规则会导致体制内产生一系列非正式约束力量的产生，他们修正正式规则制度以便其被更好地应用；而当市场不完全时，信息的不充分会修改人们的选择并改变制度变迁的路径，从而有可能向低效率的方向发展并自我强化。因此，渐进性制度变迁的路径依赖特征，往往与持续的制度有效或无效状态长期共存。

中国的金融体制改革过程以政府保持对金融的实际控制力为前提。因此，在相当长的一段时间内，国有金融机构产权代理制度和企业治理结构的完善曾经是中国金融制度变迁的首要任务。这种思路也同样延续到了对农村信用社、村镇银行等新型农村金融机构的政策操作。以政府为主导的强制性制度供给推动的金融体制改革导致了这样的局面：在资金的供给领域，不同所有制结构的金融机构之间出现了同质化竞争的倾向；而在资金的需求领域，所有制歧视引导资金进行低效率的配置，产生了严重的金融错配。于是，金融体制改革的渐进性在保证金融稳定的同时，也将制度变迁的路径锁定在了一个低效率的状态。此外，还有两个问题不容忽视：一是在改革过程中，政府对金融机构经济绩效和安全绩效的重视程度和监管手段逐步加强的同时，对社会绩效的回避；二是对实体经济寻求融资渠道过程中产生的诱致性需求的回避。在普惠金融框架下，这两个问题需要被首先回答。

（二）中国金融体系制度变迁的模式

普惠金融理念的提出，根源在于微型金融领域里金融制度的供求关系失衡及金融错配的产生，这意味着现存制度下存在巨大的、难以开发的潜在利益，必然会内生出制度变迁的需求。当制度变迁的收益高于变迁的成本，制度变迁就会在一定条件下开始。

延续诺斯的制度变迁理论，林毅夫根据制度变迁方式的差异将其划分为“自下而上”的诱致性制度变迁与“自上而下”的强制性制度变迁。诱致性制度变迁是由个人或群体在响应由制度不均衡引致的获利机会时所自发进行的，制度变迁的需求处于主导地位；强制性制度变迁则是由政府命令和法律强行引入和实行的，供给处于主导地位。

如果用制度变迁理论来回顾我国金融制度变迁的过程，主要是以政府为主导、以渐进式改革为特征的强制性制度变迁模式。这种模式的优势是节约了制度变迁的成本；缺陷是由于信息约束，存在决策失误的代价，在经典经济学理论中，政府始终是被假设为有限理性的。

（三）普惠金融目标在中国经济、金融体制中的兼容性

由于不同形态的社会和国家在习俗、意识形态、社会资本构成乃至政治文化传统等方面存在深刻而久远的内在差异，往往导致相似的制度在不同经济体内部运行效率的巨大差距。经验型的观点认为，外在制度的推行需要借助内在制度构建的社会制度和文化氛围，外在制度的可执行能力要取决于其对内在制度的兼容性。中国的内在制度特征显然有别于“制度溢出”的先发国。因此，当政府将引入的被认为是规范的市场制度在国内推行时，如果遇到来自非兼容的内在制度的抵触，则会由于面临无法逾越的制度障碍而陷入“路径依赖”的僵持状态。

随着经济与金融改革的深入与发展，外部宏观经济环境正在发生巨大的变化，原有的金融体制已不适应高速增长的经济规模和深刻变革的社会结构。普惠金融的提出，在巩固原有金融效率的基础上，有利于进一步拓宽金融服务渠道、改善农村金融服务、支持中小企业的发展，与我国的金融体制改革紧密呼应，具备良好的制度兼容性：

首先，发展普惠金融与中国实现共同富裕的社会发展目标相一致，通过金融手段能让更多人从贫困走向富裕。按照新的扶贫标准，中国在 2016 年还有 1.2 亿人处于贫困线下，要运用小额信贷、微型金融、普惠金融等金融工具进行创新，使贫困人口更好地实现脱贫致富。2020 年 12 月 2 日，国务院扶贫办宣布，全国 832 个国家贫困县已经全部脱贫摘帽，剩余的贫困人口正在履行退出程序。2020 年年底，所有贫困人口全部脱贫摘帽。在这一过程中，普惠金融功不可没。

其次，发展普惠金融与金融改革的方向一致。现有的金融结构中大商业银行体系已经基本建立，但是中国目前的金融体系大量的资产集中于国有大型商业银行，而小微金融机构数量不多。理想的金融体系应该是一个“正三角形”体系，也就是既要有一些具有国际竞争力的大银行，也要有一些中型的商业银行，而底端则需要更多专业化的微型金融机构或者普惠金融机构。推进普惠金融发展，构建普惠金融体系也将是下一步中国金融改革和转型的目标之一。

最后，发展普惠金融与金融业的创新发展一致。近年来，金融创新层出不穷，互联网金融方兴未艾，手机银行、代理银行等蓬勃发展，新型技术手段不但解决了微型金融或者普惠金融的网络和通道的问题，而且在这个平台上引发了新一轮的金融创新与革命。这些创新也是与国家鼓励的创新发展是一致的。

长期以来，制度的缺乏造成了很多社会经济问题，在新的社会发展条件下，中国迫切需要完善制度构建。我们不能把推广普惠金融理念看作是对国外普世价值的简单制度模仿，发展普惠金融体系，是政府为了适应宏观经济环境的变化、完善金融体系所主动采取的一项金融制度创新，这一举措降低了中国金融制度变迁的成本，是解决中小企业融资难的治本之策。

四、普惠金融在中国的价值取向

普惠金融理念源自金融排斥与收入差距的深刻社会背景，在社会主义物质文明建设中具有特定的目标价值取向。

普惠金融根植于帮助弱势群体摆脱金融排斥困境的理想与小额信贷模式的金融运作经验，一经正式提出，在世界范围内得到了迅速推广，并逐渐发展为一套牵涉到金融结构调整和金融体制变革等重大问题的发展战略和操作理念。在中国，关于普惠金融的理论解释及推广模式，由于它与其他经济体在社会制度与发展阶段等方面所存在的差异，因而具有独特的目标价值取向与特征。

如果直观地从字面上探究含义，“普惠”蕴含着机会均等、公平正义等内容，通常是政府公共财政行为所致力的社会目标；而“金融”则常常让人们联想到利润最大化、追求高效率等经济目标。在目前世界上大多数的经济体中，资金的配置机制主要分为金融与财政两种渠道。在现代市场经济条件下，金融的功能主要是通过提高资金的配置效率和合理分配风险来促进经济增长的；相较之下，公共财政则以满足全社会的公共需要、实现公共利益的最大化为目标。货币政策与财政政策分别作用于社会经济的总量与结构，无论是政策的使用目的还是路径选择都存在根本区别。

如果从实质上分析，普惠金融的提议则是对现有金融体系的反思和扬弃。随着现代发展理论的完善，越来越多的理论模型表明，金融市场的不完善对经济增长产生了持续的不利影响；而缺乏融资渠道可能是产生持久性的收入不平等、贫困陷阱及低增长的关键机制。作为一种新的制度安排，普惠金融强调通过完善金融基础设施和促进金融创新，以可负担的成本将金融服务扩展到经济落后地区、中小微企业和低收入群体，从而不断提高金融服务的包容性和可得性，继而实现金融体系的“普惠”目标——也就是在金融服务的使用中，不存在各种价格或非价格壁垒。由此可见，普惠金融的根本目的是从资金配置的角度实现机会均等和公平正义的，是金融制度公平性的体现和要求。在中国现阶段，这种要求集中体现在信贷资金的可得性方面。

与此同时，普惠金融又和其他资金融通形式一样，具有融资功能和有偿特征，不同于以往的福利慈善和扶贫贷款。因此，结合中国目前金融体制的现实发展状况，普惠金融理念作为一种改良性要求，其内涵呈现以下特征：包容性，比传统的金融体系具有更高的金融覆盖深度和广度，在获得金融服务的过程中不存在各种价格或非价格壁垒；优惠性，即通过一系列技术创新和制度安排，使原先的弱势群体在金融服务的使用价格和可得性方面，比在传统金融体制下更加优惠和便利；金融性，是在一定期限内以让渡资金的使用权为特征的各种资金融通行为，以维护市场经济的基本原则为基础。

综上所述，“普惠”与“金融”组合在一起，不是两个概念的牵强嫁接，而是在尊重经济、金融运行规则的基础上，实施的一套扩大金融服务覆盖面的发展战略，从而对宏观经济管理提出了更高的要求。

普惠金融是在金融体系已经发展到一定程度后产生的，其产生过程除了充满睿智的经济学思索和持续不懈的金融实践以外，还伴随着深刻的社会人文精神。目前，普惠金融的实施过程牵涉到了对既得利益群体的触动。尽管它不是公共商品，但是也不可能由诱致性制度创新过程自动建立。没有政府的持续而坚定的支持，不可能打破旧的利益格局而自动形成这样的制度安排。中国共产党第十七次全国代表大会报告，明确提出了要让公平正义成为社会主义的首要价值观。中共十八届三中全会首次在国家层面提出发展普惠金融，推动金融服务的均等化，2015 年政府工作报告中又进一步提出“大力发展普惠金融，让所有市场主体都能分享金融服务的雨露甘霖”。作为一项国家战略，构建普惠金融体系，让金融改革和社会发展的成果惠及更多的人群、地区和客户，对于促进国民经济可持续发展、维护社会公平正义具有十分重大的现实意义。在普惠金融的制度供给中，一定要赋予其明确的目标价值指向。我们不仅要理清普惠制金融的思想底蕴，更要结合中国的经济结构与水平，构建更科学的实现机制和运行路径，切实推动对小微企业和“三农”客户及贫困人口的金融设计，从而实现通过金融渠道为更多的人口提供摆脱贫困的机会，并从根本上解决中小微企业融资难问题。

第二节　普惠金融体系：五位一体

一、“五位一体”框架构想

构建中国普惠金融体系，推动金融服务的均等化已上升为国家战略。普惠金融体系的构建，应以体现公平价值和发展权为理念，以包容和广覆盖为核心，以可持续发展为基本原则，以审慎监管为出发点。为此，本书提出了“五位一体”的构建设想。

“五位一体”即：(1) 构建和完善普惠金融法律法规体系，逐步制定和完善普惠金融相关法律法规，形成系统性的法律框架，在法理上更多的体现金融的包容性、伦理性和正向激励功能。普惠金融法律体系的构建包括两个层次，一是对现有商业金融立法进行修改和补充，扩大现有金融制度的边界，提高商业金融的包容性，使其能够发挥支持弱势群体和贫困地区的作用。二是加大普惠金融法律制度创新的力度，重点在建立普惠金融促进法律制度上下功夫；(2) 构建普惠金融支撑体系，包括基于互联网的技术支持、基于征信系统的数据支持、基于政府背景的担保支持和社会信用环境支持；(3) 建立健全多元化、广覆盖的普惠金融机构体系，解决普惠金融供给不足问题。不但要激励现有各金融机构向弱势群体延伸业务，而且还要放宽市场准入，合理引导社会资本和民间资本进入普惠金融领域，目前的当务之急是要大力发展小银行金融机构。只有建立起各种金融机构并存、功能互补的金融机构体系，才能将金融服务延伸到弱势群体；(4) 构建普惠金融客户体系，重点服务中小微企业、“三农”客户和低收入群体。中小微企业、“三农”客户等都是实体经济中的“弱质部门”，理应成为普惠金融服务的主体；(5) 构建普惠金融监管体系，在强化监管的前提下，延伸和下沉金融服务，逐步构建起分层监管的金融监管体系。

二、“五位一体”内容描述

（一）构建和完善普惠金融法律法规体系

普惠金融体系的建立，首先要有法律的保障，要有多层次的金融机构准入制度和审慎监管的法律制度。普惠金融体系在法律上不能空缺或断档，必须立法先行，逐步制定和完善普惠金融相关法律法规，形成系统性的法律框架。目前商业金融的法律体系较为完备，既有《中华人民共和国商业银行法》《中华人民共和国证券法》《中华人民共和国票据法》等法律，又有《金融机构撤销条例》等法规，更有中国人民银行《金融机构管理规定》《贷款通则》等规章，基本形成了以金融基本法律、行政法规和金融规章为主体，以金融司法解释为补充的法律体系框架。在立法理念上，强调金融的整体性安全和秩序稳定，尤其注重系统性风险防控。

与商业金融立法理念不同，普惠金融在法理上要更多地体现金融的包容性、伦理性和可持续性，特别需要强调金融的社会责任和法律的正向激励功能。同时，更要注重金融法制理念的更新，贯彻合理、客观、公正原则。

普惠金融法律体系的构建包括两个层次：一是对现有商业金融立法进行修改和补充，如修改《中华人民共和国商业银行法》《中华人民共和国证券法》和中国人民银行《贷款通则》等，扩大现有金融制度的边界，提高商业金融的包容性，使其能够发挥支持弱势群体和贫困地区的作用；二是加大普惠金融法律制度创新的力度，重点在建立普惠金融促进法律制度上下功夫。目前急需制定的法律制度包括但不限于：《中华人民共和国普惠金融促进法》，对普惠金融促进制度的基本含义、基本原则、指导思想等基本性内容予以明确规范；并制定《地区金融促进法》《社区银行法》《农村信用合作社法》《小额贷款公司法》《农村金融互助条例》《放贷人条例》《场外交易管理办法》等，从直接融资和间接融资两个层次上建立完善的普惠金融法律体系。

（二）构建普惠金融支撑体系

普惠金融的发展离不开支撑体系的保障，这个支撑体系主要包括四个方面的内容：基于互联网的技术支撑，基于征信系统的数据支撑，基于社会信用的环境支撑和基于政府背景的担保体系支撑。

1. 基于互联网的技术支持

随着“互联网+”的出现，互联网技术与金融的融合是大势所趋。发展普惠金融，就要打通金融的“毛细血管”，完善金融服务的“最后一公里”。而基于移动通信技术的飞速发展，金融服务又需要随时与客户需求互联互通，因此，互联网金融就成为普惠金融的重要内容。金融机构要善于运用大数据、云计算等信息通信技术，打造互联网金融服务平台，为客户提供信息、资金、产品等全方位金融服务。相对于传统金融业态，互联网金融具有两大优势：一是降低了金融服务的交易成本；二是提高了金融服务的覆盖面。由于大数据的开发和利用，信息通信技术的扩展，让金融服务拥有了更多的快捷便利，故而互联网的技术支持是普惠金融体系构建的必要内容。

2. 基于征信系统的数据支持

据世界银行调查，几乎所有的发达国家和新兴经济体都有完善的征信系统。中国普惠金融的发展，同样离不开征信系统。目前中国的征信系统存在许多问题，最大的缺陷是缺乏清晰的规划和统一协调。现有的征信格局是：央行征信中心负责信贷征信；国务院各职能部门负责职能征信，如工商局、税务局、海关等；司法部门负责司法征信；地方政府在本区域内负责行政监管征信，各征信系统的信息不能共享，割裂了信用信息的完整性。发展普惠金融就要有征信系统的数据支持，当务之急是建立信息共享机制，通过全国统一的信用信息共享交换平台及地方各级信用信息共享平台，推动政务信息与金融信息互联互通，这样就能全方位的覆盖市场参与主体的信贷、纳税、司法、保险、工商登记等完整信息，提高了数据的系统性和有用性。在实现统一协调的基础上，还要大力发展民间的商业化综合征信机构，如建立 P2P（peer to peer lending）征信中心，打通 P2P 平台之间的数据。

3. 基于社会信用的环境支持

从某种意义上讲，市场经济就是信用经济，信用环境的好坏，直接影响着经济社会的健康发展。只有完善社会信用环境，才能为普惠金融体系的发展提供良好的生态保障。社会信用环境包括信用体系、信用法律和信用文化三个层面。目前中国社会信用体系不够完善，信用法规尚不健全，诚信文化缺失，在这种信用环境下，严重影响了金融机构的积极性，制约了对小微企业等弱势群体的信贷投入。发展普惠金融，迫切需要社会信用环境的支持，需要加快中国社会信用体系的建立和完善，最大限度的发挥政府对社会信用的推动和指导作用；要加强信用法律法规建设，为各市场主体提供公平竞争的良好信用环境；要树立良好的信用文化，从加强政府监管和企业、个人自律开始。

4. 基于政府背景的担保支持

从世界范围来看，基于政府背景的担保体系建设是发展普惠金融的有效机制。信用担保有利于提高小微企业等弱势群体的信用等级和融资能力，在一定程度上降低了信贷风险和成本。目前，中国担保体系的功能出现了严重的扭曲和异化：商业性担保偏离了正常业务，基本上都是做“高利贷”业务；政府性担保过度强调商业性和盈利性，偏离了政府引导的政策性初衷。发展普惠金融必须要建立政府引导的政策性担保体系，要大力发展以政府出资为主的融资担保机构或基金，健全农业信贷担保体系，建立重点支持小微企业和“三农”客户的省级再担保机构，强化再担保机构功能定位，这是普惠金融体系的题中应有之义。

（三）建立健全多元化广覆盖的普惠金融机构体系

金融机构是普惠金融体系的基础和核心。解决普惠金融供给不足问题，关键是创新普惠金融机构体系。不仅要激励现有各金融机构向弱势群体延伸业务，而且还要放宽市场准入机制，合理引导社会资本和民间资本进入普惠金融领域。只有建立起各种金融机构并存、功能互补的金融机构体系，才能将金融服务延伸到弱势群体。

1. 商业银行金融机构

商业银行作为中国金融体系的重要组成部分，在发展普惠金融体系中扮演着重要角色，应充分发挥自己在资金、人才、网络、技术等方面的优势，从各方面入手促进金融服务的公平性和广覆盖。为解决普惠金融供给与需求不匹配的问题，需要商业银行在现有体系内进行制度创新和改良，逐步扩大现有金融制度的边界，加快产品、制度、服务模式的创新，不断提高商业金融的包容性，不断向小微企业和弱势群体延伸业务，逐步构建起与小微企业特征相适应的金融服务模式。鼓励商业银行建设面向小微企业、“三农”客户的专营机构和特色支行，提高小微金融服务的规模化、标准化水平。

2. 政策性金融机构

政策性金融机构在发展普惠金融中起着重要作用，也是最自然、最合理的机构载体。自国家设立政策性银行以来，国家开发银行（曾转为商业银行）、进出口银行和农业发展银行在支持“两基一支”（基础设施、基础产业和支持产业）、促进国际贸易和海外投资、推动城镇化和保障粮食储备等方面，发挥了不可替代的巨大作用。这些政策银行，在普惠金融领域大有可为，可以单独或集体承担一些贫困地区的补贴开发性融资、“三农”客户服务融资和中小微企业的信贷支持。可行措施是：引导、支持和鼓励开发性政策性银行以批发资金转贷形式与其他银行业金融机构合作，由地方中小银行向小微企业、“三农”客户等提供融资服务，降低小微企业贷款成本。

3. 小微金融机构

世界各国的经验表明，小微金融机构在解决中小微企业融资难、融资贵问题方面起着十分重要的作用。无论是孟加拉国的乡镇银行，还是欧美国家的社区银行、小额信贷银行等金融机构都说明了这一点。中国小微金融机构数量太少，与发展普惠金融的要求相距甚远。当务之急是要引导民间资本进入普惠金融机构领域，加快发展贴近市场与微观经济主体的小微金融机构，尤其是要大力发展社区银行和农村小额信贷银行，优化金融机构准入制度，降低金融服务的门槛，促进市场竞争，增加普惠金融供给。鼓励小微金融机构创新小微企业金融产品和服务方式，优化信贷管理制度和信用评级模型，合理设定授信准入门槛。

4. 民间融资机构

民间融资机构是普惠金融的重要补充，尤其是互联网金融模式，可被用于解决小微企业融资问题和促进民间金融的阳光化、规范化，用于提升金融的普惠性。从宏观角度看，互联网金融可以增加金融市场的活跃度，拓展并完善金融机构主体；从微观角度看，互联网金融降低了交易成本和服务门槛，支持并服务于经济的转型升级。以 P2P、众筹等为代表的互联网金融与传统商业银行的互补，有效覆盖了传统金融的服务盲点，对普惠金融的发展有着不言而喻的重要性。

5. 直接融资机构

发展普惠金融必须大力发展直接融资机构和市场体系建设，首要问题是加快发展多层次资本市场体系，在全国建立统一的为小微企业服务的场外交易市场。与此同时，要稳步扩大企业债、中期票据和中小企业私募债等的发行规模，要加快发展私募股权投资基金的步伐。

（四）普惠金融客户体系

普惠金融就是让每个人或每个群体都拥有获得金融服务的权利且有机会分享

经济社会发展的成果，实现共同富裕。因此，普惠金融的实质就是为传统或正规金融服务体系之外的广大中低收入阶层，尤其是贫困、低收入人群和小微企业提供可得性金融服务，提升金融的包容水平。

1. 小微企业

小微企业是普惠金融服务的主要客户群体。在传统金融体制下，小微企业自身特点和融资特点与现行的以商业银行为主导的融资体系严重不匹配，从而产生了金融错配，导致中小微企业融资难、融资贵问题。小微企业的自身特点是小规模、轻资产、不确定性大、有发展潜力，这一特点决定其在盈利能力和成长性方面具有优势，而在资产规模和当期偿债能力方面存在不足；小微企业的融资特点是“短、小、频、急”，以上特点与现行金融体制产生了错配，导致资金问题成为困扰小微企业发展的瓶颈。

小微企业的自身特点和融资特点，对普惠金融机构的创新能力、营销手段、信息处理和风控能力提出了更高的要求，这就需要普惠金融机构设计、开发出更多适合小微企业特点的信贷产品和服务手段。

2. “三农”客户

中国共产党第十八次全国代表大会（以下简称十八大）、十九大报告都强调，解决好农业、农村、农民问题是全党工作重中之重。“三农”客户问题的核心是农民收入低、增收难，实质是农民权利得不到保障，特别是享受金融服务的权利严重缺失。目前，农村金融二元结构矛盾十分突出：一方面，“三农”客户金融服务弱化、满足率低，对金融资源的需求不断扩大；另一方面，商业金融体系将农村地区的存款大量吸收到城市，使广大农民特别是贫困地区中低收入群体的金融需求无法得到满足。因此，“三农”客户急需得到普惠金融的支持。为此，必须深化金融同业合作，履行金融社会责任，着力构建一个功能互补、竞争有序、合作共赢、包容性强的普惠金融体系。

（五）构建普惠金融监管体系

普惠金融强调所有的市场主体都以合理的成本获取包括信贷、存款、支付、开户、保险等在内的较广泛的金融服务，强调服务的均等化。但这并不意味着金融服务的供给者不考虑成本和风险，普惠金融要得到可持续发展，就必须强化监管，才能延伸和下沉金融服务。

1. 审慎监管的适用性

目前国际上对金融监管的模式主要分为两种：一种是审慎监管；另一种是非审慎监管。审慎监管主要是为了保护存款人的利益和保证金融机构的安全而实施的监管，监管的对象主要是具有存款和贷款功能的金融机构，一般由金融监管当局进行监管，它通过对银行等金融机构制定审慎经营规则，以及对审慎经营规则进行监督、检查，来及时进行风险预警和控制。而非审慎监管是合规性监管，主要针对非存款类机构。显然，普惠金融的机构体系还是以小微存款类金融机构为主体，为确保这类机构的可持续发展，审慎监管的原则应适用于普惠金融体系。

2. 差异化监管的灵活性

审慎监管的原则是基于巴塞尔委员会《银行业有效监管核心原则》规定的，主要包括两个部分：一部分为涉及资本充足率监管；另一部分为风险管理和内部控制。如果严格按照审慎监管原则对待普惠金融，势必会限制普惠金融的包容性和广覆盖性，严重束缚了普惠金融机构的发展。因此，在审慎监管的基础上实行灵活的差异化监管，更能体现普惠金融监管的有效性。这些差异化措施包括但不限于：降低小微金融机构进入的门槛，取消对注册资本、资本充足率、损失准备等的严格限制；调整存款准备金率等监管政策，允许将土地承包经营权和宅基地使用权纳入抵押范畴；放宽担保的要求和范围，引导各类金融机构增加金融服务；从制度上提高小微企业、“三农”客户贷款的不良贷款容忍度，同时实行定向问责；监管对象由以金融机构为主，向金融行为和金融产品角度转换，提高金融产品创新的透明度。

3. 多层监管的可行性

随着普惠金融的迅猛发展，特别是以 P2P 为代表的互联网金融的异军突起，现行监管体系已不能适应现实的需要，“一行三会”的监管资源已严重不足。因此，应从法律上把各级政府确立为普惠金融的监管主体，赋予其相应的监管职能。可以在审慎监管的原则下，实行中央和地方分层监管体制。“一行三会”负责监管国有及国有控股、全国性股份制商业银行等大型金融机构，地方政府负责对小微金融机构和非存款类金融机构、类金融机构等进行监管，逐步构建起两个层次的金融监管体系。应允许省级人大制定地方金融发展促进条例，从法律上保证两层监管体系的实施。

4. 行业自律的必要性

行业自律是维护行业间的公平竞争和正当权益、促进行业规范发展的自我约束。要使普惠金融体系健康有序地进行，除了发挥好分层监管的功能外，还要发挥普惠金融体系的行业自律监管作用。现有的小贷协会、互联网金融联盟（协会）等，作为自律性的组织，应发挥各自的功能作用；对未来的社区银行协会、农村互助金融协会等自律机构，要在风险补偿、风险拨备、内部控制、风险集中等方面严格规范，努力做好普惠金融的各项服务。

第三节　普惠金融间接融资体系

一、小银行金融机构

普惠金融下的间接融资体系建设，既需要传统金融机构向弱势群体延伸业务，更需要放宽市场准入，让民间资本进入普惠金融领域。最关键的就是大力发展小银行金融机构，本质上是通过小银行金融机构的技术和营销创新，降低享受金融服务的门槛。小银行金融机构的名称，在城市社区可以冠名为“社区银行”；在乡镇可冠名为“农村互助银行”。小银行金融机构的作用，不仅仅体现在发放了多少贷款、支持了多少客户，更重要的是为中国金融体制的改革，为发展普惠金融带来了新的思想、新的理念、新的手段和新的方法。从某种意义上讲，普惠金融间接融资体系的建立，除了大力发展小银行金融机构，其他途径都不可能真正解决问题。我们必须站在更高的层面上，来认识小银行金融机构在发展普惠金融中的特殊作用和地位。

（一）从进入门槛上优化设立条件

小银行金融机构的注册资本金不能太高，可定位在1亿元左右；经营场所可以设立多个，但应限制在本市（地级市）范围内，不能跨市经营；在组织形式上可尝试按两合公司模式运作，即一般股东按出资额承担有限责任，执行董事股东承担无限责任，这对防范道德风险、经营风险是十分重要的；适当降低资本充足率标准，资本充足率不低于8%，核心资本充足率不低于5%；实行存款保险制度，小银行金融机构按规定存款比例建立存款保险准备金，保护存款人利益，维护银行信用。同时，对存贷比、关联贷款、单笔贷款、信息披露等从进入门槛上做出制度规定。

（二）从战略层面上重视普惠金融业务

小银行金融机构在发展普惠金融中具有明显的比较优势，如机构设置简单、经营机制灵活；在开展关系型贷款方面具有明显的优势等。因此，小银行金融机构需要从战略上高度重视普惠金融服务。一方面，普惠金融强调为“三农”客户、小微企业和贫困人群等提供可得性金融服务，但这种服务不等于是低端金融服务，它只是与大型企业和高端客户相比，此类客户的金融服务没有得到有效满足。这恰恰为小银行金融机构提供了庞大的客户群体和广阔的生存空间，需要小银行金融机构予以高度的重视。另一方面，普惠金融服务在财务上必须是可持续的。追求商业利润既是商业金融的本质和目标，也是普惠金融的特点之一。小银行金融机构在普惠金融业务中要追求商业可持续性，追求利润以增强可持续服务能力，这就需要通过强化内部管理、优化业务流程、提高创新能力、降低经营成本来保障自身收益，在追求盈利和控制风险的动态博弈中助推普惠金融的发展。

（三）从产品开发上创新金融服务产品

传统的商业金融服务，在产品开发上都是站在金融的角度（卖方角度）思考问题，研究在即有金融制度下金融能提供什么及客户（买方）如何满足金融的标准和要求。体现在产品开发上则是以巴塞尔协议为核心，以控制金融风险和获取高额利润为出发点来设计金融产品，这就直接导致小微企业、“三农”客户和贫困人群的金融服务彻底边缘化。普惠金融是对传统商业金融的创新和扬弃，在产品开发上需要有创新的思路：第一，要有以客户为中心的服务理念，体现在产品创新上，就是要认真分析客户的需求和特点，提高产品开发的针对性。如在贷款方面结合“三农”客户、小微企业和贫困人群的资产特点，不断扩充抵押、质押物类型，降低对抵押、质押物的要求，从而扩大客户服务的覆盖面。第二，在产品种类和功能方面，注意做好产品种类的差异化、产品功能的丰富化。通过对客户展开细分，推出个性化、差异化的创新产品和业务技术。第三，以产品创新的常态化，发展综合金融服务。通过机构的制度建设、系统支持、激励保障等积极开展交叉销售，提高客户黏性和服务水平。

（四）从技术支持上充分利用互联网技术

“互联网+”时代的到来正在改变传统的商业模式。发展普惠金融，需要小银行金融机构充分利用互联网技术支持。第一，借助互联网技术扩大客户服务覆盖面。传统金融机构难以覆盖处于金融长尾上的客户，如大量的中小微企业、“三农”或者贫困群体等，导致该类客户只能通过私人借贷等形式从非正规金融渠道获取贷款。互联网等信息通信技术的发展弥补了传统金融机构的不足。互联网具备了能有效处理大规模标准化信息的优势，而且成本极低，有效扩大了金融机构覆盖范围，为普惠金融的实现提供了基础平台。第二，借助互联网技术做好客户风险管理。一方面，大数据分析、互联网技术大大丰富了小银行金融机构的风险管理手段，银行可以借助现代信息技术，较为准确的预测客户的发展趋势，从而降低潜在风险演变成现实风险的概率；另一方面，互联网技术可以增进对客户的了解，有效地解决银企间的信息不对称，从而减少高风险客户的进入，创新风险管理手段。第三，借助互联网技术降低交易成本。互联网等信息技术使得银行等金融机构可以在云计算、大数据帮助下分析客户状况，有效地降低了选择成本和优质客户关注度。

（五）从外部合作上加强同业和异业合作

普惠金融服务的客户主要针对小微企业、“三农”客户和贫困人群等，此类客户面多量广，客户需求种类繁多，金融服务技术繁杂，单靠小银行金融机构自己的力量已无法满足有效需求，需要开展广泛的外部合作，以提高普惠金融的包容性和广覆盖。一方面，小银行金融机构需要与银行业金融机构开展同业合作，通过与银行业金融机构的合作，既可以学习和借鉴其他银行先进的管理经验和产品创新经验，又可以深化同业的横向合作，提高对客户服务的渗透能力和满足度。例如，通过与大中型商业银行的合作，可以弥补小银行网点不足、覆盖面较低的缺陷；小银行可以通过“助保贷”“供应链金融”“三农互助贷”等产品为纽带，加强与银行同业的横向合作，从而在普惠金融发展中发挥更大的作用。另一方面，小银行金融机构需要与非银行金融机构、类银行金融机构和其他机构开展广泛的异业合作。通过与上述机构的合作，可以减少银行与客户间的信息不对称，在不同机构之间形成风险共担机制，并借助合作机构的各自特长，开展综合性普惠金融服务。如可以与专业支付公司合作，提高支付的效率；可以与 P2P

网贷平台、众筹融资平台等合作，提高资金融通的服务功能。

二、其他金融机构

小银行金融机构是普惠金融机构体系的主体，但不排除其他金融机构开展普惠金融业务，这些机构主要包括大中型商业银行、政策性银行及互联网金融机构等。

（一）商业银行

从当前和今后来看，商业银行为主体的间接融资格局还很难改变，商业银行在支持中小企业融资、延伸普惠金融业务方面仍有很大作为。需要做的努力是，必须从法理和制度上转换商业银行的贷款对象和服务理念。长期以来，不仅国有银行、全国性股份制商业银行的服务对象为国有企业、大型企业，就连地方商业银行也在争夺大客户，中小企业很难从商业银行得到资金支持。因此，急需商业银行创新融资管理模式。首先，要建立一套适应中小企业融资业务的管理体制和运行模式，单独设立机构、配备人员，与大企业、大项目营销队伍彻底分开，这是商业银行开展普惠金融业务的根本保证。其次，要实行差异化管理，从制度上提高中小微企业不良贷款容忍度。同时，对不良贷款责任人实行定向问责、区别对待的原则，调动信贷人员积极性。再次，要创新项目服务手段和品种，从制度上允许商业银行进行信贷技术的创新，开发更多适合中小企业融资特点的信贷产品。

（二）政策性银行

政策性银行是发展普惠金融业务的重要机构载体。目前，中国有三大政策性银行，即国家开发银行、中国进出口银行和中国农业发展银行。国家开发银行成立于1994年3月，主要业务是支持国家基础设施、基础产业、支柱产业等重点领域建设，积极开展金融创新和金融合作。中国进出口银行成立于1994年4月，主要业务是为扩大中国机电产品、成套设备和高新技术产品出口，提供政策性金融服务。中国农业发展银行成立于1994年4月，主要业务是承担国家规定的农业政策性金融服务。三大政策性银行都有雄厚资金，人才、技术、网络优势突出，完全可以在开展普惠金融业务中大显身手。一个可行的措施是，将政策性银行的资金批发或转贷给小银行金融机构，由小银行金融机构向小微企业提供金融服务。

（三）互联网金融机构

互联网与金融的高度融合产生了互联网金融。互联网金融在支持中小企业融资、提供综合性金融服务等方面，都发挥了传统金融机构不可替代的积极作用。为积极稳妥的开展互联网金融业务，2015 年 7 月 18 日中国人民银行等十部门联合印发了《关于促进互联网金融健康发展的指导意见》。文件名确规定了互联网金融的业态、模式和形态，将互联网银行、互联网证券、互联网保险、互联网信托、互联网基金及互联网消费金融明确写进了文件，这是互联网金融发展史上的里程碑。发展普惠金融，离不开互联网金融的支持，从某种意义上讲，互联网金融的明天，就是普惠金融未来发展的方向。但随着国家对 P2P 网贷行业的清理整顿，互联网金融的名声和内容都受到了一定影响。

第四节　普惠金融直接融资体系

一、统一的场外交易市场

普惠制下直接融资体系的建设，需要稳步构建多层次资本市场服务体系，进一步优化主板（中小企业板）、创业板、科创板、新三板的制度安排，加快发展多层次资本市场体系，而当务之急是要建立全国统一的场外交易市场。场外交易市场的建立，既需要在法律上给场外交易合法定位，更需要对场外交易的制度安排做出具体规定。

（一）明确定义场外交易市场的法律地位

回顾全国已经存在的两大场外交易系统 NET 和 STAQ 一直在法律真空中运行，并受到政策冲击而停摆的历史，以及地方性股权交易市场遭到禁止的例子，我们认为，建立全国场外交易市场必须立法先行，从法律上将场外市场的定位明确化、法制化。1998 年《中华人民共和国证券法》颁布时，仅对证券交易所的地位做了明确规定，并未提及和承认场外交易市场的合法性；2005 年修改的《中华人民共和国证券法》，仍然没有明确场外市场的法律地位，只是在第 39 条中做了含糊的规定，但对于场外交易市场的法律地位、功能定位、制度安排、市场形态和监管规定并未详细规定，使得场外交易市场至今缺乏法律的支持依据。建议尽快修改《中华人民共和国证券法》，从法律上规定“场外交易市场是多层次资本市场体系的重要组成部分，中国为小微企业融资服务的资本市场的基本形式为全国证券交易自动报价系统”。

（二）明确规定场外交易市场的制度安排

相对于沪深主板交易市场的制度安排，全国性场外交易市场的制度安排应以较低门槛、较为宽松的条件吸引广大小微企业进入资本市场，从而彰显集中交易和场外交易的差异，彻底扭转目前资本市场“倒金字塔”的不合理结构层次。这些制度安排包括但不限于：场外交易证券发行规则、上市规则、交易规则、结算规则、监管规则、信息披露规则等，还应对行情显示系统、交易系统、资金清算系统、股权登记过户系统等作出统一规定。同时，要特别强调监管规则的制度安排。我们认为，场外交易市场的监管应采取集中监管和自律性监管相结合的原则，在监管体系上分两个层次运行，建议成立全国场外交易市场管理委员会，负责第一层次的监管，由中国证监会负责最终层次的集中监管。

二、债券及私募股权市场

（一）债券市场

普惠制下直接融资体系的建设，除了建立全国统一的场外交易市场之外，还要充分发挥债券市场的作用。事实上，债券市场对于丰富多层次的中小微企业融资服务体系具有十分重要的意义。近年来，随着中小企业集合票据、中小企业集合债、中小企业私募债、小微企业专项金融债等一系列融资工具的问世，债券市场丰富了中小企业的融资选择空间。但是，在经历了几年的实践后，有的债券品种归于沉寂，有的原地踏步，有的受制于多种因素而停止。债券市场在支持中小企业融资中的作用大打折扣，有很多问题值得深思。

从中小企业债务融资的现实来看，债券市场主要通过两种途径服务于中小企业：一是直接服务，通过给中小企业发行债券，为中小企业提供直接融资服务；二是间接服务，通过为中小金融机构提供债权融资渠道，为其提供稳定的负债来源，使其具备为中小企业融资服务的能力。

从控制风险的角度出发，出于对中小投资者的保护，债券融资对中小企业的规模、盈利能力、管理水平和信息披露等有着严格的要求。对于中小企业而言，能够通过发行债券而融资的企业少之又少。因此，债券市场对中小企业的直接服务方式不应成为主要途径。可行的措施是：债券市场应通过为中小金融机构提供债权融资渠道，间接的服务于中小企业融资。

由于中小金融机构的比较优势，在中小企业贷款占比、综合金融服务等方面，都比大型金融机构具有优势。但由于小金融机构在声誉、网点、规模等方面都不如大型金融机构，在吸储、债券融资等负债业务上存在明显不足。受资本充足率、存款准备金率等考核指标的影响，中小金融机构在为小企业融资服务时，因受负债规模的限制而难以充分开展业务。因此，拓宽中小金融机构债券市场融资渠道，为其补充资本和提供负债来源，是债券市场间接服务中小企业、缓解中小企业融资约束的重要方式。

（二）私募股权市场

私募股权（PE）融资是指通过私募形式，对中小企业进行权益投资，以期通过未来的退出方式而获利的一种融资方式。私募股权作为金融服务和产业深度融合的产物，近年来在全球金融市场中发挥着重要作用。其独有的管理方式和雄厚的资金实力，不仅为中小企业提供了资金支持，而且还推动了被投资企业的价值发现和价值增值，对解决中小企业融资难问题发挥了重要作用。

从全国范围来看，目前私募股权市场还需要进一步规范，以便更好地发挥作用。为此，急需做好两项工作：一是出台全国统一的工商登记办法，统一“准生证”问题，就私募股权基金采用的形式（合伙制、公司制、契约制、委托制等）、最低出资额、出资方式、出资人数、经营范围、名称核定、行业自律等作出统一规定；二是出台全国统一的监管办法，有关部门应抓紧制定《私募股权基金管理法》，做到有法可以、监管有序，这对于助推普惠金融发展、缓解中小企业融资约束至关重要。

第六章　普惠金融实现路径：“平台+产品”模式

第一节　引　　言

普惠金融作为全新的金融发展理念，它强调金融服务的均等化。本质上是通过技术和营销手段创新，降低享受金融服务的门槛。从理论上讲，普惠金融的实现路径有两种：一种是内生的，即由市场自由活动、自发产生；一种是外生的，即由政府主导产生的路径。

自中共十八届三中全会第一次提出发展普惠金融以来，发展普惠金融已成为金融深化的重要改革举措。2016年1月，中共中央、国务院印发了《推进普惠金融发展规划（2016~2020年）》，又将发展普惠金融上升为国家战略。目前，中国工商银行、中国农业银行、中国银行、中国建设银行、交通银行五大国有商业银行和其他商业银行都已成立了“普惠金融事业部”，各地政府也都有发展普惠金融的强烈愿望。然而，与如此宏大的国家战略不相匹配的是，普惠金融不仅没有形成统一的基本概念，而且也没有形成完整的理论概念，更缺少了一个基本的理论框架。以至于普惠金融的实践困难重重：

一是普惠金融行业的发展缺乏标准和制度边界，导致传统商业金融和新型金融机构的使命漂移（mission drift）和业务异化。一种现象是与财政救济和转移支付混淆在一起，异化为政策套利和社会救济（财政性扶贫），使得普惠金融既缺乏效率又缺乏商业可持续性。另一种现象是与高利贷和民间借贷牵连在一块，不仅起不到普惠的效果，反而极有可能逆向导致“金融致贫”，加速弱势群体的财务性“破产”，引发新的金融风险。

二是对普惠金融的形态演化和路径变迁，缺乏整体性认识和前瞻性思考，导致普惠金融落地的“最后一公里”始终无法打通。从理论上讲，普惠金融的实现路径可分为两种：一种是内生式实现路径，是指提供普惠金融服务的机构或产品由市场自由产生和实现；另一种是外生式路径，是指由政府主导的普惠金融发展模式。现在，这两种路径都没有实践好、结合好。

三是普惠金融的概念泛化，在审慎监管条件下依赖市场自由活动，各种金融创新都打着“普惠金融”的旗号。现实生活中普惠金融成了一个“筐”，所有的金融创新都可以往里装，严重误导了金融消费者，很容易引发金融风险。[①]

本书已在前面梳理了普惠金融的理论渊源，提出了普惠金融理论演进的“三阶段论”观点，即理论萌芽阶段、理论觉醒阶段和理论自觉阶段：第一阶段是普惠金融的理论萌芽阶段，从 20 世纪 70 年代到 21 世纪初，普惠金融还没有形成独立的概念和研究框架，也没有被纳入官方语境，只是作为金融排斥理论的一个镜像进行反思和分析。主要的代表性理论是农村金融发展理论、中小企业融资理论和微型金融理论。这一阶段的研究，为普惠金融概念的提出和理念的形成提供了理性支撑；第二个阶段是理论觉醒阶段，标志是 2005 年联合国正式提出了普惠金融概念，普惠金融开始受到理论界和实务工作的全方位重视。这一阶段，普惠金融基本概念正式形成并被纳入官方语境，普惠金融研究进入了业务性、技术性和政策性的描述与探求；从 2016 年开始，进入普惠金融研究的第三个阶段理论自觉阶段，在中国普惠金融上升为国家战略，国际上正式通过首个《G20 数字普惠金融高级原则》国际纲领，理论界开始对普惠金融进行自觉的、体系化的专项研究，很多学者成立独立的普惠金融研究机构，加强对普惠金融的体系化研究，并将研究成果付诸实践进行实验。由此，普惠金融理论研究和实务工作进入了全面繁荣时期。

在全面梳理普惠金融理论演进的基础上，本章从理论与实践的结合上，提出了“平台＋产品”的实现模式，主要包括两个部分内容：一是创新“普惠金融超市”商业模式；二是创新“普惠贷”金融服务产品。“普惠金融超市”商业模式，实现了构成要素、动力机制和要素间关系的创新。“普惠贷”金融服务产品，通过政府增信、市场化运作、银行放贷及营销和技术手段的创新，降低

① 邢乐成．中国普惠金融：概念界定与路径选择［J］．山东社会科学，2018（12）．

了享受金融服务的门槛，打通了普惠金融落地的“最后一公里”。“平台+产品”的实现模式，是基于基础功能主义的原则设计的，以期作为普惠金融的实践指引。

第二节　平台商业模式

党中央、国务院高度重视普惠金融工作，并将普惠金融发展上升为国家战略。银保监会也出台了《大中型商业银行设立普惠金融事业部实施方案》等政策措施，积极推动普惠金融工作。目前各大商业银行都成立了普惠金融事业部，各地政府也有发展普惠金融的强烈愿望。但对如何发展普惠金融、实现普惠金融落地的“最后一公里”却是困难重重。经过多年的调查研究和实践探索，我们发现当前的普惠金融工作存在着很多问题。

第一，银行业金融机构存在的问题：银行业金融机构是发展普惠金融的主力，但现在面临着很多问题。一是积极性、主动性不高。因绩效考核和尽职免责的监管要求落实不到位，基层银行普遍没有开展普惠金融工作的积极性；二是审批权限过度集中。基层银行尤其是市（县）、区行没有开展普惠金融业务的任何权限；三是贷款规模不落实。基层银行没有专项配置普惠金融贷款规模；四是不良贷款容忍度和考核问责机制不明确。总之，银行业金融机构到目前还没有建立起适应普惠金融业务的经营机制。

第二，地方政府存在的问题：地方政府，尤其是市（县）政府都有发展普惠金融的愿望，但面临很多问题。一是对普惠金融的业务边界和政策要求把握不准，工作中无所适从；二是政府增信不足，尤其是政府性担保体系不健全，政策性担保的支撑作用十分脆弱；三是地方政府“风险分担机制”不配套，业务部门普遍担心审计部门的问责、追责，影响了参与普惠金融工作的积极性。

第三，其他社会层面存在的问题：目前，社会上的很多机构都在从事普惠金融业务，不管是小贷公司，还是融资担保、P2P网络借贷平台等，都十分热衷这项工作。但由于监管缺失，出现了很多问题：首先是概念泛化，产生了舆论误导。现实中普惠金融成了一个“筐”，各种所谓的金融创新和产品都可以往里装，严重误导了金融消费者，很容易引发新的金融风险；其次是业务异化，最典型的例子就是小额信贷，本来小额信贷被认为是普惠金融的核心业务，但现实中小额信贷的年化率却高得离谱，成了"高利贷"的代名词；再次是使命漂移，一些 P2P 网络借贷平台，打着普惠金融的旗号却成了"网络套利"的工具。凡此种种，很容易引发新的金融风险。

如何让普惠金融落到实处？这既是一个理论问题，更是一个实践课题。从理论上讲，普惠金融的实现路径可分为两种：一种是内生式实现路径，是指提供普惠金融服务的机构或产品由市场自由产生和实现；另一种是外生式路径，是指由政府主导的普惠金融发展模式。本书从理论与实践的结合上，提出了"平台+产品"的实现模式，主要包括两个部分内容：一是创新"普惠金融超市"商业模式；二是创新"普惠贷"金融服务产品。本章介绍"普惠金融超市"商业模式。

普惠金融超市是有效沟通"银政企"的第三方服务平台。通过构成要素、动力机制和运营方式的创新，真正打通了"银、政、企、圈、保"的多方关系（其中，圈是指商圈或园区；保是指担保或保险）。该平台是四大要素的组合体，即增信平台+获客平台+金融资产营销平台+公共服务平台（如图 6-1 所示）。

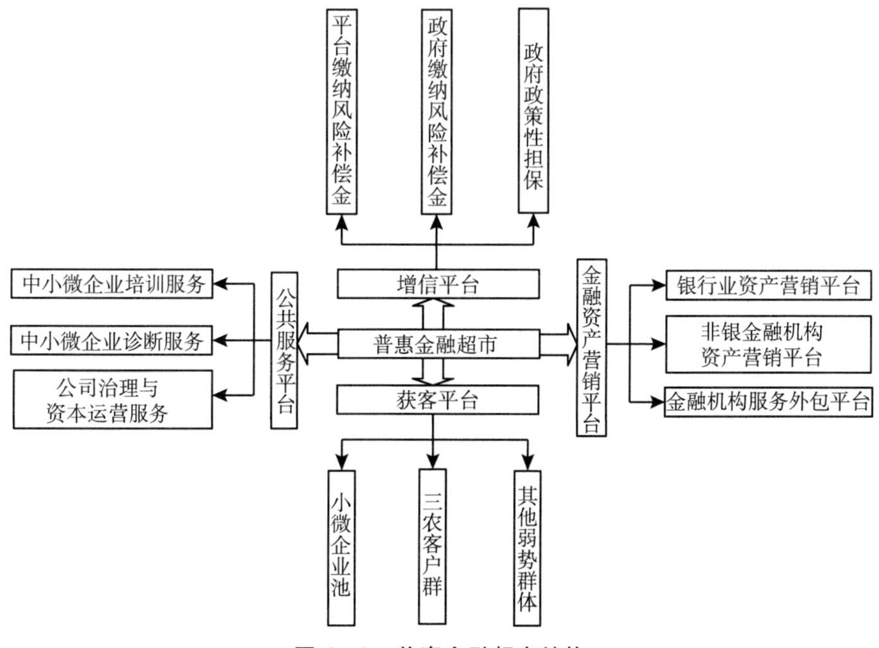

图 6-1　普惠金融超市结构

（1）增信平台：中小企业融资难的一个重要原因是企业自身的信用基础十分脆弱，绝大多数中小企业仅仅依靠自身信用很难取得银行贷款。如何破解中小微企业“贷不到”和银行“不敢贷”的“二元悖论”？这既是专家学者应有的理论自觉，更是实务工作者的“试错行为”。

“普惠金融超市”解决了“二元悖论”的第三方增信平台难题。平台的增信功能主要体现在三个方面：一是政府财政和超市平台公司共同出资，组建“风险补偿铺底资金”池，该铺底资金专户存储在合作银行的存管账户；二是基于政府背景的担保增信；三是基于政府产业政策的信贷导向，增加了信贷投放和产业政策的契合度。通过这一增信平台，弥补了中小微企业自身信用不足的缺陷，实现了银行体系外的“审贷分离”，既为银行营销了资产，又控制了银行的信贷风险，从而调动了银行放贷的积极性，有效解决了“二元悖论”的难题。

（2）获客平台：中小企业融资难的另一个重要原因是银行的交易成本太高，获客通道太少，直接把中小微企业排斥在了目标客户之外。因此，搭建获客平台，通过不同方式组建中小微企业客户群，就成为解决中小微企业融资难的重要措施。

“普惠金融超市”就是一个开放的获客平台，通过线下的营销手段和线上的“微贷技术”等多种触达方式，获取大量市场主体的数据维度，按照“普惠金融超市”的业务流程和服务节点要求，多维度分析中小微企业的信息，向银行精准推荐优质潜在客户，降低银行的交易成本，成为银行获客的重要通道。

（3）营销平台：多年来，党中央国务院高度重视中小微企业融资难问题，银保监会也下发了若干文件，要求商业银行增加对中小微企业的贷款比重。然而，由于对中小微企业贷款的交易成本太高，银行内部的激励约束机制不到位，银行普遍没有向中小微企业贷款的积极性。因此，如何实现银行体系外的审贷分离，帮助银行营销资产，就成为缓解中小微企业融资难的重要问题。

“普惠金融超市”就是一个多元化的金融资产营销平台。通过建立普惠金融超市，可以集聚服务辖区内的中小微企业和“三农”客户，减少了银行前期考察客户的交易成本，真正实现了银行体系外的“审贷分离”，调动了银行放贷的积极性。同时，该平台也是其他金融机构和类金融机构营销产品的重要通道。

（4）服务平台：中小微企业融资难还有一个重要原因是企业的自身素质欠

缺，如财务管理混乱、公司治理不规范、信用等级相对较差等。因此，如何提高中小微企业的管理水平和成长能力，对缓解中小微企业融资难题就显得非常重要。

"普惠金融超市"就是一个开放的服务平台。依托超市平台，云集一流的金融教育资源和企业管理专家资源，借助经典的培训模式，为中小微企业提供个性化、专业化、一站式的培训服务，帮助中小微企业"个转企、企上规、规转股、股上市"，助推中小微企业能力的提升。

（5）平台模式：超市运营原则是政府增信、市场化运作、银行放贷；超市物理平台是以县（市）行政区划为单位建立超市，每个平台提供1 000～5 000平方米物理场所；超市服务范围是以"商圈金融原理"为理论基础，超市服务半径限定县（市）行政区域内，每户单笔贷款不超过500万元；超市商业板块是设立"五区一网"，即银行服务区、股权投资服务区、类金融服务区、路演对接服务区、中介服务区和普惠金融服务网；超市运营模式是委托第三方公司市场化运营，政府提供物业，制定并落实政策，提供公共信息服务，提供代偿金；企业负责平台技术设计和营销手段推广，负责客户群体的尽职调查，负责客户的售后服务等，银行配合超市，向"小微企业池"和"三农"客户发放贷款；超市盈利模式是在超市平台上达成的间接融资类（主要是贷款）产品，收取交易额的1%～2%作为管理费，其他产品和中介服务收费一事一议；超市的作用是解决了普惠金融落地的"最后一公里"，模式可复制、可推广，对建立服务实体经济的金融体系，解决中小微企业及"三农"客户的资金需求，具有重大的经济效益和社会效益。

通过"普惠金融超市"平台模式，实现了商业模式的三大创新：

（1）构成要素的创新：传统商业金融模式下，对资金配送关注的基本要素是企业的资产规模和偿债能力（如抵押、担保措施等）。而"普惠金融超市"对资金配送关注的基本要素是企业的盈利能力和成长性，并采用"风险补偿铺底资金"的代偿方式，实现了平台对企业的"增信"服务；

（2）动力机制的创新：传统的"审贷分离"局限于银行体系内部，而在"普惠金融超市"平台上实现了银行体系外的"审贷分离"，即平台整合各种资源组成"小微企业池"和"三农"客户群，银行配合平台发放贷款，调动了银行放贷的积极性；

（3）要素间关系的创新：传统商业金融要素之间是点对点的线性关系，而

“普惠金融超市”平台基于科技信息的大数据支撑，将增信手段和各种资源进行了统一集聚，产生了真正的聚合效应，形成了金融生态圈系统。

第三节　专属金融产品

所谓专属金融产品，是指为“普惠金融超市”配套的“普惠贷”金融产品，该产品是由县（市）地方政府、平台运营企业和贷款银行共同筛选企业组成的“小微企业池”和“三农”客户群，由政府、平台运营公司提供的“风险补偿铺底资金”和贷款客户缴纳的保证金共同组成代偿金，作为风险缓释方式的创新信贷业务。贷款银行按铺底资金的10倍放大资金，向贷款客户发放贷款，用于支持小微企业和农户生产经营周转。

该产品的设计原则是“风险共担，利益共享”，定价原理是“利率覆盖风险”。

（1）建立“风险补偿铺底资金”池：入池资金由三个部分组成：县（市）财政出资 + 运营平台出资 + 贷款企业按同期贷款利率缴纳保证金。该铺底资金专户存放在合作银行的存管账户。

（2）合作银行加杠杆放大资金：合作银行按“铺底资金”的十倍放大贷款总额度。

（3）代偿程序：首先由借款企业缴纳的保证金进行代偿；剩余部分由“铺底资金”代偿，代偿比例为政府和运营平台各分摊50%。

（4）产品特点：银行通过“普惠金融超市”平台发放贷款，由“铺底资金”与贷款客户保证金全额代偿，实现了信用放贷。

“普惠贷”产品实现了多方共赢：一是降低了金融服务的门槛，小微企业贷款可获性大大提高；二是提升了产业政策和信贷投向的契合度，政府通过参与推荐和筛选客户，科学引导资金流向，更有效地促进了产业升级和结构调整；三是放大了财政资金的杠杆作用，比如财政投入1 000万铺底资金，可引导银行和社会资本2亿元；四是风险可控，根据“大数定律”，按照贷款利率缴纳的保证金就可以覆盖风险；五是有助于社会信用体系建设，通过“银、政、企、圈、保”合作，建立信息共享机制和监督机制，逐渐形成征信体系，促进了当地融资环境和信用环境的改善。

第四节　政策建议

发展普惠金融不仅是金融本身的问题，更是一种政治责任和社会担当，需要政府、银行和社会各界的共同努力。为此，提出如下政策建议：

（一）有重点的落实银行业金融机构的"五专经营机制"

银监会于2017年5月出台了《大中型商业银行设立普惠金融事业部实施方案》，明确提出了"五专经营机制"的要求，现在的问题是如何抓落实，可行的方案是，银保监会可选择一家或几家具有开发"小额贷"传统优势的商业银行（如中国建设银行等）先试先行，重点落实和关注以下要素。一是落实普惠金融组织架构体系。总行、分行、支行"三级"普惠金融垂直组织架构是否形成并挂牌，是否明确了各级的职责和经营定位，强化责任落地，为开展普惠金融业务打好组织架构体系；二是明确定位贷款规模。开展普惠金融业务，贷款规模至关重要。银保监会对试点商业银行的贷款规模要有明确定位，商业银行内部总行对分行、支行必须专项配置贷款规模，并按季进行统一考核和调度；三是设置定向问责和绩效考核机制：银保监会对试点商业银行要有具体的不良贷款容忍度，对普惠金融从业人员实行定向问责，真正落实好尽职免责制度，商业银行要落实差异化考核指标体系，绩效薪酬管理和激励约束要跟上，尤其是将能否把普惠金融抓出成效，作为衡量各级银行行长领导素质和责任担当的重要指标。以上都是发展普惠金融急需落实和关注的要素。

（二）强化政府的增信作用

政府在发展普惠金融中的作用虽不是万能的，但离开政府的支持和推动，发展普惠金融就会困难重重，从现实来看，政府增信尤其是基于政府背景的担保体系的建设是发展普惠金融的有效机制。信用担保有利于提高小微企业等弱势群体的信用等级和融资能力，在一定程度上降低了信贷风险和成本，发展普惠金融必须建立政府引导的政策性担保体系。中央政府和省级政府可成立"普惠金融担保基金"，目的是引导和支持市、县政府健全小微企业和农业信贷担保体系；省级政府要建立重点支持小微企业和"三农"客户的省级再担保机构，强化再担保机构在发展普惠金融中的功能定位。与此同时，各级审计机关对涉及普惠金融的“查出整改问题”要实行专门的问责机制，以充分调动各级从事普惠金融机构的积极性。

（三）明确界定普惠金融的业务边界

目前，普惠金融的概念泛化，业务边界不清，各种金融创新都打着普惠金融的旗号，严重误导了金融消费者，很容易引发新的金融风险。事实上，普惠金融的业务边界主要有两大原则：一是“三可”原则，即可获得、可负担、可持续原则；二是“三服务”原则：即服务小微企业、“三农”客户和其他弱势金融服务需求者（包括双创、扶贫等）。当一种金融服务或金融产品符合“三可”原则，同时支持了“三服务”原则的一类服务客体时，就可以将其界定为普惠金融的行为规范。建议银保监会出台详细的普惠金融业务实施细则，明确界定普惠金融业务边界，防止无序经营和新的金融风险的发生。

第七章　普惠金融实现路径：“金融生态圈”模式

第一节　金融生态圈溯源

中共十九届五中全会提出，增强金融普惠性。如何增强金融普惠性、加大对中小微企业的金融支持？构建和完善金融生态圈是重要路径。本章在既有研究的基础上，基于某集团（以下简称LB）黄金珠宝行业生态，提出了金融生态圈理论模式。其理论解释是：从梳理产业链入手，以区块链、云计算、人工智能、大数据为技术支撑，通过赋能平台、金融机构、政府部门和核心企业的互联互通，建立一个完整的产业生态圈，针对生态圈所有共同特质的企业去做金融解决方案。金融生态圈理论模式的提出，虽然只是描述性的，但是它基本上给出了一个可复制性产生小微金融解决方案的理论解释，不仅丰富了制度金融理论和中小微企业融资理论，更为解决中小微企业融资约束找到了逻辑起点。在此理论模式的基础上，本章以“融金贷”专属金融产品为分析案例，详细解构了“融金贷”全流程操作过程和应用场景，得到了小微企业、核心企业、合作银行、赋能平台和地方政府的多方认可，有效地解决了普惠金融落地的“最后一公里”。该模式是基于生态系统理论和金融基础功能主义原则设计的，以期作为普惠金融的实践指引。

一、关于金融生态圈研究

国内外对金融生态圈的研究，都是从生态系统开始的，并把生态系统跨界于金融领域，逐步形成了“金融生态”的概念。在具体的研究过程中，又从生态系统观、生态系统概念扩展、平台生态圈、金融生态逐次展开。

（一）国外生态圈研究

国外有关生态圈的研究，是从生态系统观开始，并对生态系统概念进行扩展，才逐步发展成为生态圈概念的。

生态系统概念的提出：生态系统的概念是由英国生态学家坦斯烈（1935）首先提出的①。他认为：生态系统是生物系统与环境系统在特定空间的组合，生态系统是“生物群落与其生存环境之间，以及生物种群相互之间密切联系、相互作用，通过物质交换、能量传递和信息传递，成为占据一定空间、具有一定结构、执行一定功能的动态平衡整体”。生态系统处于不断的变化过程之中，生物与环境之间，通过能量的转换和物质循环来发生联系，这就是生态学上所称的“能量流”和“物质流”。对生态系统的认识是在不断深化的，美国生态学家林德曼在 20 世纪 40 年代，又提出了生物链概念和“生态金字塔”理论。最终，形成了人们对生态系统概念的理论解释：生物与环境之间进行能量转换和物质循环的基本功能单位②。

生态系统概念的扩展：生态系统中物质和能量除了在生物和环境之间流动外，在生态系统之间也在不断地进行着物质与能量的输入和输出，并逐渐形成复合生态系统。随着人们对生态系统概念认识的深化，生态学逐渐渗透到一切自然科学、人文社会科学研究领域，这种自然科学与社会科学的相互渗透，苏联学者把这种趋势称之为“科学发展的生态学化”③。美国著名生态学家奥德姆（Eugene Odum）在 20 世纪 70 年代就提出，现代生态学是自然科学和社会科学的桥梁④。

生态圈概念的提出：国外关于生态圈概念的研究，当属马基宁（Makinen）的论述较为完整。马基宁（2018）⑤ 提出，平台型生态圈是建立在连接供应商、分销商、新产品开发企业等，由参与者利用这个共享平台提升绩效，并为终端客户开发出有价值产品的生态系统。琴纳莫和山托（Cennamo & Santal，2013）⑥也认为，平台生态圈系统的主导者，是平台的提供者和运营商，它们促使平台企

① 唐纳德，沃斯特，侯文蕙译．自然的经济体系：生态思想史．商务印书馆，1999：79.

② 唐纳德，沃斯特，侯文蕙译．自然的经济体系：生态思想史．商务印书馆，1999：60.

③ 陈娟娟．地方高校可持续发展的生态位战略研究［D］．武汉理工大学硕士学位论文，2007.

④ Eugene Odum. “Ecology：The Link between the Narural and Social Sciences”, *New York*：*Holt Rinehart and Winston*, 1975.

⑤ Mikko Makinen. “FinTechs in China：With a Special Focus on Peer to Peer Lending”, *International Monetary Review*, 2018.

⑥ Cennamo C, Santal J. “Platform Competition：Strategic Trade-offs in Platform Markets”, *Strategic Management Journal*, 2013, 34 (11)：1331－1350.

业完成交易及互动。作为手段，平台帮助企业占据某个特定位置，按照一定结构组织各类主体，成为平台生态。当平台生态渗透到金融领域，就是金融机构与利益相关者所处环境而形成的一种复杂的生态系统，即金融生态圈系统。

（二）国内金融生态圈研究

国内最早提出"金融生态"概念的是汪叶斌（2000）[①]。他在研究生态规律对商业银行经营管理关系时，第一次提出了"金融生态"的概念。汪叶斌认为，商业银行的运作规律和生态系统的运行规律有着内在联系。生态学是研究生物与生存环境之间相互关系的科学，而商业银行也生存于一定的生态环境中。他认为，适应环境、物竞天择、适者生存都是自然选择；竞争是生物界的必然，也是生存、进化的需要，在市场竞争中，只有合理的银行才能得以生存；生态平衡是在一定时间和空间范围内，生态环境与生物种群之间呈均衡状态。商业银行和环境之间也呈均衡状态，也要求"生态平衡"。汪叶斌创造性地把生态规律跨界应用于金融领域，首次提出"金融生态"概念，对中国打造金融生态及环境评价，具有重要的启示意义。

把"金融生态"纳入"官方语境"是周小川率先推动的。2004 年 12 月，在"中国经济 50 人论坛"上，中国人民银行行长周小川首次提出"改进金融生态"，指出金融生态的改善是个综合、渐进的过程。周小川认为，"金融生态"是一个比喻，它指的主要不是金融机构的内部运作，而是金融运行的外部环境，也就是金融运行的一些基础条件，并运用它对中国金融运行中的体制和机制问题进行深入分析。自从周小川将生态学概念系统引入到金融领域，中国金融界在金融生态方面从理论研究到实践活动都进行了十分有益的推进。

国内对金融生态圈的研究，是从金融科技生态圈、互联网金融生态圈、供应链金融生态圈等领域分别进行研究的。魏珺（2017）[②] 认为，金融科技公司、金融机构、投资公司、监管机构等组成了金融科技生态系统，并提出了核心业务主导者、快速追随者和创新商业模式开辟者三种金融科技生态圈建设模式。张兴荣、范书宁（2017）[③] 认为，银行与互联网公司通过线上与线下的深度融合、国际国内深化合作，可以打造中国式金融科技创新的新模式，并加速构建互联网金融的共赢生态

---

① 汪叶斌．生态规律对商业银行经营管理的启示．浙江金融，2000（1）.

② 魏珺．构建共赢的金融科技生态圈．金融电子化，2017（6）.

③ 张兴荣，范书宁．构建金融科技的共赢生态圈——银行与互联网公司合作的回顾与展望．银行家，2017（9）.

圈。邢乐成（2020）[①] 从供应链金融角度提出了金融生态圈模式，通过构建（N＊N）模式，即整合 N 个上下游中小企业围绕 N 个核心企业，通过 N 个赋能元素，建立一个完整的产业生态链，串联资金流、物流、信息流、商流形成闭环，构成核心企业、中小微企业、金融机构、第三方金融服务平台、政府等多位一体，共存共荣、实时互动的生态群体，面向中小微企业提供综合性金融服务针对生态圈所有共同物质的企业去做金融解决方案。通过政府增信、普惠金融赋能、核心企业受托支付优化产业链、金融机构授信，有效地降低了小微企业享受金融服务的门槛。

二、关于普惠金融实现路径研究

普惠金融是对传统商业金融的反思和深化。普惠金融的实现路径和微贷技术，对普惠金融的落地实施至关重要。梳理相关的研究文献可以发现，普惠金融的研究大致经历了三个阶段：即普惠金融理论萌芽阶段、普惠金融理论觉醒阶段和普惠金融理论自觉阶段。在普惠金融研究的三个阶段中，都对普惠金融实现路径和微贷技术进行了较多关注，并在许多方面达成了共识。

（一）普惠金融实现路径与技术研究的学术梳理

从 20 世纪 60 年代到 21 世纪初，是普惠金融理论萌芽阶段。在这一阶段，普惠金融还没有形成独立的概念和研究框架，也没有被纳入官方语境，只是作为金融排斥理论的一个镜像进行反思和分析，这实际上就是金融排斥理论（Kempson & Whyley，1999）的引申[②]。可以说，普惠金融的理论萌芽，来自对主流金融学发展过程中存在问题的反思和扬弃（Stiglitz，1987）[③]，并且有深刻的发展经济学、福利经济学和社会学内涵（Modigliani，1969）[④]。在普惠金融理论萌芽阶段，对普惠金融的实现路径和技术有了较多的研究，代表性理论主要是农业信贷补贴理论和微型金融理论。农业信贷补贴理论认为，为了缓解农村的贫困和融资难问题，需要政府对农村金融市场进行干预，从外部注入低成本的政策性补贴资

① 邢乐成. 第五届中国普惠金融发展论坛演讲. 2020 年 12 月 19 日.

② 邢乐成，赵建. 多维视角下的中国普惠金融：概念梳理与理论框架. 清华大学学报（哲学社会科学版），2019（1）.

③ Stiglitz，J. E. and Weiss，A. "Credit Rationing with Many Borrowers"，*The American Economic Review*，1987，Vol. 77，228 – 231.

④ Modigliani，F. "A Theory and Test of Credit Rationing"，*The American Economic Review*，1969，Vol. 59，（5）：850 – 872.

金，并为此建立专门的金融机构，来进行补贴资金的分配和管理。微型金融理论在业务运行、风险管控等方面具有鲜明的创新特质，并集中于以下两个角度：一是软信息的获取和关系型贷款的应用。伯格和尤德尔（2002）① 将银行贷款技术与其所对应的借款人信息的性质进行了研究，提出了交易型贷款和关系型贷款的研究框架；二是用于补偿风险的非传统契约。以上贷款技术及实现路径方面的创新，构成了微型金融机构在信贷偿还机制等方面的核心竞争力，在一定程度上缓解和降低了诸如审计成本、逆向选择及策略性违约等成本，并最终有效地提高了贷款的效率。这方面的研究，为后期普惠金融"语境"下的微贷技术研究和路径选择提供了理性支持，也为供应链金融的应用生态提供了理论解释。

随着主流金融学对农业信贷理论和微型金融理论研究的深化，普惠金融进入了理论觉醒阶段。2005 年联合国首先提出了"普惠金融"这一全新概念，其基本含义是：能有效地、全方位地为社会所有阶层和群体提供服务的金融体系。与此同时，国内外学术界也开始就普惠金融的实现路径和微贷技术进行专题研究。汉宁和詹森（2010）② 认为，在银行设立分支机构不经济的地方，通过政策确保银行与零售机构合作，将零售机构作为金融服务的代理渠道是非常成功的。国内学者何德旭和苗文龙（2015）、星焱（2016）③ 等，从政策性、业务性、技术性等不同的角度对普惠金融实现路径和体系进行了研究。

目前是普惠金融研究的理论自觉阶段。学者们加强了对普惠金融实现路径和微贷技术的体系化研究，并将研究成果付诸普惠金融赋能的供应链金融实践中。在实现路径上，贝多广、张锐（2017）④ 认为要坚持"政府引导、市场主导"的基本原则，正确认识政府和市场的关系，把握好各自的"度"。李杨等（2018）⑤ 强调了"能力建设"的重要性，认为普惠金融实现路径是一种市场行为，不是单纯的补贴或慈善，需要各方提升能力才能推进事业的发展。并认为数字技术助力普惠金融发展，解决了传统金融成本高、效率低和"最后一公里"的问题。

（二）普惠金融路径研究存在的不足

对普惠金融实现路径和技术的研究虽然取得了丰硕成果，在许多方面也达成

①② 邢乐成，赵建．多维视角下的中国普惠金融：概念梳理与理论框架．清华大学学报（哲学社会科学版），2019（1）．

③ 何德旭，苗文龙．金融排斥、金融包容与中国普惠金融制度的构建．财贸经济，2015（2）；星焱．普惠金融：一个基本理论框架．国际金融研究，2016（9）．

④ 贝多广，张锐．包容性增长背景下的普惠金融发展战略．经济理论与经济管理，2017（2）．

⑤ 李扬等．中国普惠金融创新报告（2018）．北京：社会科学文献出版社，2018．

了共识，但是与丰富的普惠金融实践相比，理论研究明显滞后于实践。有许多重大理论和现实问题，还没有形成统一认识，或还没有进入研究范畴。

一是缺乏普惠金融实现路径的理论支撑。从理论上讲，普惠金融的实现路径可分为两种：一是内生式实现路径，是指提供普惠金融服务的机构或产品由市场自由产生和实现；二是外生式实现路径，是指由政府主导的普惠金融发展模式。但这些研究都是基于国别差异化而进行的业务性、技术性和政策性描述，还缺乏一种实现路径的理论支撑。因此，对普惠金融的形态演化和路径变迁，急需要进行理性认识和前瞻性思考。

二是普惠金融“微贷技术”的针对性不足。传统的银行金融体系，是以金融供给方（卖方）为基础，以“商业利润”为核心，以巴塞尔协议为原则，以控制风险为出发点而形成的金融体系；而普惠金融体系的构建，是以金融需求方（买方）为基础，以包容和广覆盖为核心而形成的一种全新的金融体系，本质上是通过技术和营销手段的创新，扩大金融制度边界，降低享受金融服务的门槛。因此，有别于传统经典金融学的研究框架，对普惠金融语境下的“微贷技术”研究，就具有很强的针对性。目前，理论界缺少对微贷技术的针对性研究，由此也构成了普惠金融研究的难点。

由于缺少对普惠金融实现路径和技术的深度研究，导致普惠金融的实践困难重重：一是普惠金融行业的发展缺乏标准和制度边界，导致传统商业金融和新型金融机构的使命漂移和业务异化；二是对普惠金融的实现路径缺乏整体性认识和前瞻性思考，再加上缺少可赋能的应用场景，导致普惠金融落地的“最后一公里”难以打通；三是普惠金融基本概念泛化，在审慎监管条件下依赖市场自由活动，很容易引发金融风险。

第二节　金融生态圈理论模式

一、“金融生态圈”理论模式

金融生态圈是金融机构与其利益相关者（政府部门、企业、第三方服务平台、竞争者、社会信用等）所处环境形成的一种复杂的生态系统。针对普惠金融难以落地的痛点，以区块链、云计算、人工智能、大数据为技术支撑，通过普惠金融平台赋能，构建金融生态圈，将会形成全新的金融服务模式。本书以供应链金融为切入点，就普惠金融与供应链金融“融合发展”，打造“金融生态圈”进行研究。

“金融生态圈”模式描述：从梳理产业链入手，构建（N＊N）模式，即整合N个上下游中小企业围绕N个核心企业，通过N个赋能元素，建立一个完整的产业生态链，串联起资金流、物流、信息流、商流形成闭环，构成核心企业、中小微企业、金融机构、第三方金融服务平台、政府等多位一体，共存共荣、实时互动的生态群体，面向中小微企业提供综合性金融服务，针对生态圈所有共同特质的企业去做金融解决方案。通过政府增信、第三方金融服务平台赋能、核心企业受托支付优化产业链、金融机构授信，有效地降低了小微企业享受金融服务的门槛。一个完整的金融生态圈，至少包含四大要素：

（1）服务平台：该平台是N种要素的组合体，即增信平台＋基于云计算、区块链的大数据平台＋获客平台（整合N个中小微企业）＋公共服务平台的组合体，通过构成要素、动力机制、运营方式和金融赋能的创新，有效整合资金流、商流、物流、信息流等多方关系。

（2）核心企业：是指产业链中扮演着重要角色，处于主导地位的关键企业，它是整个链条的管理者、组织者与协调者，掌握着上下游融资企业的各种交易数据，掌握着链条上的所有应收、应付款，它对上下游具有绝对的掌控能力，是整个链条上的强信用企业。传统的产业链、供应链金融业务中，一般是围绕一个核心企业去做金融解决方案的，在“金融生态圈”模式下，核心企业被重新定义，围绕产业链可梳理出N个核心企业。

（3）金融机构：参与者主要是银行金融机构，围绕产业链上的核心企业，管理上下游中小微企业的资金流和物流，并把不可控的单个企业风险，转变为整个产业链企业的整体可控风险，通过中小微企业和核心企业信用传递捆绑，向所有成员企业提供融资安排。

（4）政府部门：在“金融生态圈”模式中，政府的作用虽然不是万能的，但离开了政府的增信和赋能也是不可行的，特别是以政府政策性担保体系为主体的增信体系和社会信用体系，更是金融生态圈中不可或缺的元素。政府作用还表现在：提供相关产业政策、维护良好的产业发展环境和秩序，建设基础设施和公共设施、创造与产业发展相适应的法治与人文环境。尤其需要指出，在金融生态圈的打造中，政府的监管作用必不可少（如图 7－1 所示）。

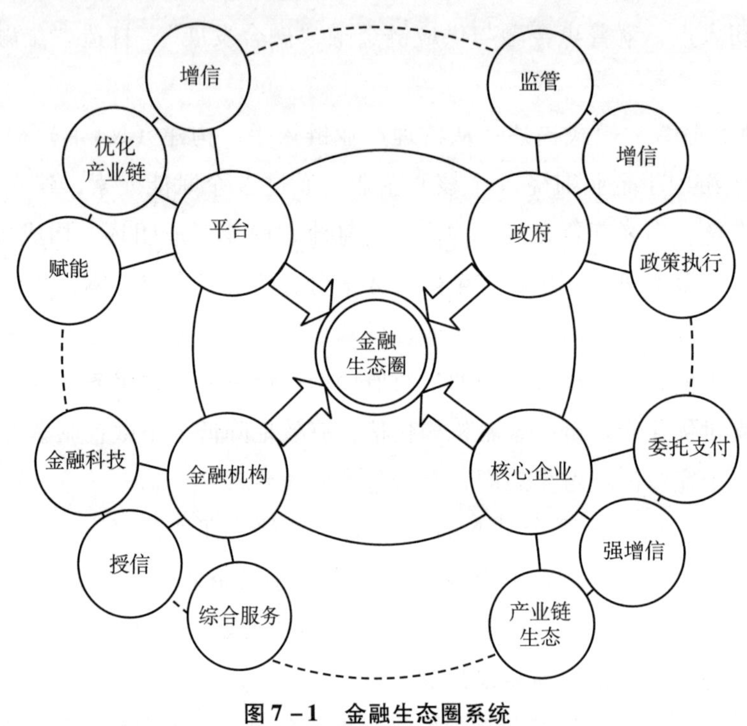

图 7－1　金融生态圈系统

二、“金融生态圈”模式服务功能

“金融生态圈”模式的服务功能体现在四个方面，即互联、互信、互通、互助。

（1）互联作用：传统供应链金融流程中，核心企业、二三级中小供应商、销售、物流等与银行之间存在信息不对称；外部第三方平台数据也相对碎片化，极大地影响了供应链金融的服务效率。在“金融生态圈”模式下，借助区块链、云计算技术优势，将原本难以验证的大量线下交易线上化，有效链接 N 个核心企业、二三级中小供应商、物流仓储，甚至销售终端等链条上的参与各方，以及银行、政府和第三方服务平台，将所有的信息互联，在共同的云平台上实现数据的互联共享，将原先无法覆盖的大量客户纳入生态圈供应链信用体系中。

（2）互信作用：在传统供应链金融模式下，由于中小微企业自身的特点（小规模、轻资产、不确定性大）和融资特点（短、小、频、急），导致中小微企业难以"自证"与核心企业的关系，使得金融机构和企业之间缺乏信任。在"金融生态圈"模式下，通过区块链技术可追溯、可留存的特点，实现供应链上的全部信息都可记录，交易可追溯、信用可传导，保证了供应链上企业信息的真实性，极大地增加了供应链信息的互信。

（3）互通作用：传统供应链金融模式下，金融机构仅将一家核心企业作为贷款主体，超过80%的上下游企业无法获得融资，不能缓解中小微企业的融资约束。在"金融生态圈"模式下，区块链技术具有的数据可追溯、可留痕特征，实现了核心企业信用的多级穿透，将核心企业强信用层层传导至供应链的末端，打通了供应链信用体系，并可助力N个优质企业成为核心企业，将原先无法覆盖的大批客户纳入供应链信用体系中。

（4）互助作用：传统供应链金融模式下，普遍存在应用场景少、链条与链条之间不能实现互助，且产品、资金和服务都比较单一，使得链条上的各种要素独立无交集。在"金融生态圈"模式下，构建了多金融机构服务多核心企业、多上下游小微企业的互助模式。生态圈还将疏通资产、信贷、基金、理财、保险、担保等行为，构建起金融全产业链互助生态（如图7－2所示）。

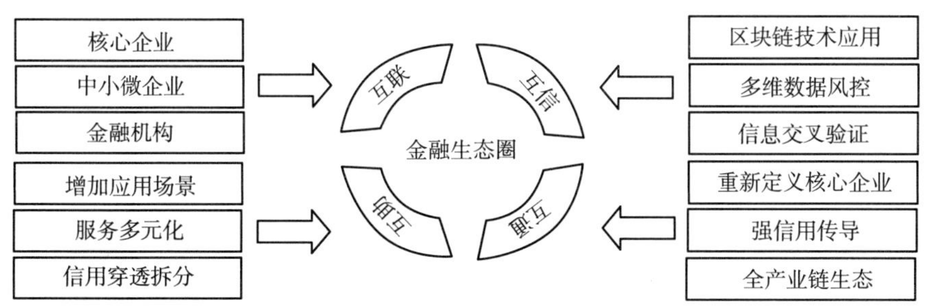

图7－2　金融生态圈服务节点

第三节　金融生态圈解决方案

LB集团从事黄金珠宝行业20多年，是国内唯一的珠宝首饰品牌运营平台企业，也是SD省黄金珠宝饰品商会会长单位。集团以拓展全国黄金珠宝市场为目标，通过与老凤祥、周大生等一线珠宝品牌合作，构建了从市场调研、加工制造、品牌经营、批发零售、物流配送、人才输出、客户服务、金融服务等完整的产业链运营体系，现拥有国内外上下游合作企业上千家，具有强大的专业优势。

基于“金融生态圈”模式，围绕LB集团这一核心企业，通过梳理黄金珠宝产业链，全方位打造了产业链金融生态圈解决方案，建立了一种新型的金融服务模式，使普惠金融服务得以落地，推动了LB集团乃至整个产业链的快速发展。LB集团“融金贷”金融生态圈的解决方案，是通过三个步骤进行打造的：打造平台、打造产品、打造生态。

一、打造平台

打造平台是“金融生态圈”解决方案的关键环节。在LB集团“融金贷”金融生态圈解决方案中，通过打造“中金嘉禾”普惠金融服务平台，实现了平台构成要素、动力机制、运营方式和金融赋能的四大创新。该平台由LB集团、社会资本和地方政府共同出资打造，通过平台的四大创新，真正打通了“银、政、企、圈、保”的多方关系（其中，圈是指产业链商圈；保是指保理、回购等）。该平台是增信平台、获客平台、公共服务平台和赋能平台四大要素的组合体，主要是以LB集团为核心企业，为产业链门店客户赋能增信和向金融机构提供“风险补偿铺底资金”。

（1）增信平台：“中金嘉禾”普惠金融服务平台首先是一个第三方增信平台。平台的增信功能主要体现在三个方面：一是组建“风险补偿铺底资金”池，入池资金由三个部分组成，即由核心企业LB集团、政府财政和服务平台共同出资，组建“风险补偿铺底资金”池，为产业链下游的门店客户贷款增信。该铺底资金专户存储在合作银行的存管账户，用于贷款风险的补偿；二是基于政府背景的担保增信，通过引入政府出资的政策性担保公司，解决供应链的风险“敞口”问题；三是解决信息对称，基于服务平台外包的区块链解决方案，实现供应链金融在非信任的体制下达成信任关系。

（2）获客平台：黄金珠宝产业链末端的门店企业融资难问题长期存在，且始终得不到有效缓解。这其中的一个重要原因就是银行的交易成本太高，获客通道太少，对单个门店贷款风险太高。普惠金融服务平台是一个开放的获客平台，通过梳理产业链，获取大量产业链上市场主体的数据，按照产业链金融的业务流程和服务节点要求，多维度分析门店企业的信息，向银行精准推荐优质潜在客户，降低了银行的交易成本，成为银行获客的重要通道。

（3）服务平台：门店企业融资难还有一个重要原因是企业轻资产且自身素质欠缺，如财务管理不规范、信用等级缺失等。因此，如何提高产业链上中小微企业的管理水平和成长能力，对金融生态圈的打造非常重要。普惠金融平台是一个开放的第三方服务平台，依托该服务平台，可以云集一流的金融教育资源和企业管理专家资源，借助经典的培训模式，为产业链上的中小微企业提供个性化、专业化、一站式的培训服务，提升企业的管理水平，助推中小企业能力的提升。

（4）赋能平台：普惠金融服务平台也是一个赋能平台，通过梳理黄金珠宝产业链，以普惠金融、大数据、物流、区块链为基础设施，对商品（黄金、珠宝首饰、品牌等）和经营（用户体验、展示等）进行全面赋能，完成了单个门店从供、销脱节的自营型企业，向产、供、销一体化众包型共享经济体组织的转变。作为共享经济体，该平台建立了若干赋能体系，包括普惠金融赋能、门店经营赋能、生产加工（工厂）赋能、物流赋能、文化赋能即经营哲学共识等。

二、打造产品

打造产品，就是围绕黄金珠宝产业链金融生态圈解决方案，开发打造了 LB 集团专属金融产品"融金贷"。该产品由 LB 集团梳理产业链推荐贷款客户，由普惠金融服务平台提供的"风险补偿铺底资金"和贷款客户缴纳的保证金共同组成代偿金，作为风险缓释方式的创新信贷业务。合作银行按铺底资金的一定比例加杠杆放大资金，向黄金珠宝产业链上的特定客户，提供单个客户最高额度 500 万元、期限最长为一年的贷款需求，用于客户的经营周转。

"融金贷"产品的业务流程是：

（1）设立"风险补偿金"：风险补偿金由三个部分组成：LB 集团出资 + 地方政府财政出资 + 贷款客户风险保证金。该风险补偿金专户存放在合作银行的存管账户，专款专用。

（2）合作银行综合授信：合作银行按"风险补偿金"的一定比例，加杠杆的倍综合授信，放大贷款总额度。

（3）业务流程：借款客户向普惠金融平台公司提交借款申请；普惠金融平

台公司对客户进行尽调、初审；普惠金融平台公司将初审合格的客户推荐给合作银行；银行对普惠金融平台公司推荐的客户进行审核；银行初审后，将符合条件的客户反馈给普惠金融平台公司，并对借款客户进行业务受理；客户向普惠金融平台公司缴纳风险保证金；普惠金融平台公司向银行出具放款通知书；银行根据客户借款合同通过受托支付向 LB 集团支付货款；LB 集团供货并向客户开立发票；普惠金融平台公司、银行贷后监管；客户正常还本付息；借款合同结束，普惠金融平台公司返还客户风险保证金（“融金贷”操作流程示意图如图 7 -3 所示）。

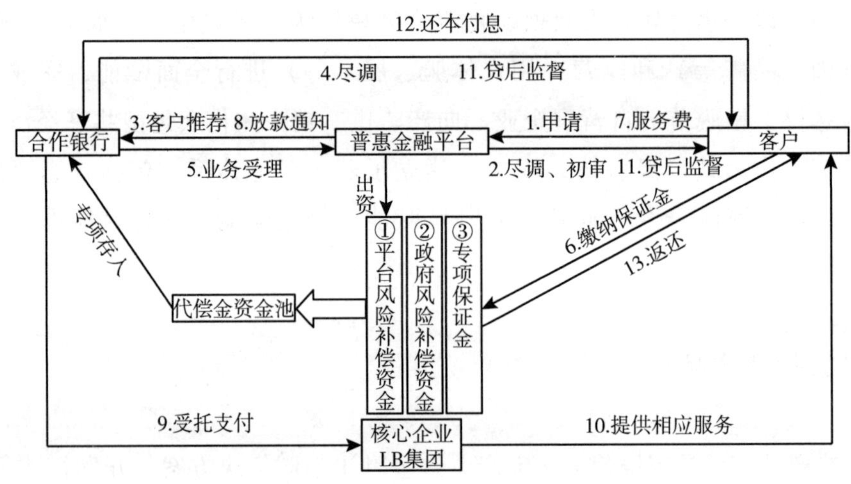

图 7 -3 “融金贷”操作流程

（4）代偿程序：首先由借款企业缴纳的保证金进行代偿；剩余部分由“铺底资金”代偿，代偿比例为政府和运营平台各分摊 50%。为防止“铺底资金”代偿出现敞口，又有两种增信方式：一是引入政府担保公司担保；二是由核心企业 LB 集团回购“不良贷款”。

（5）产品特点：银行通过普惠金融服务平台发放贷款，由核心企业 LB 集团受托支付，由“铺底资金”与贷款客户保证金全额代偿，实现了信用放贷，极大地提高了供应链金融的可得性和运营效率。

“融金贷”产品实现了多方共赢：一是降低了金融服务的门槛，将黄金珠宝产业链上的小微企业纳入金融服务范围，使小微企业贷款可获得性大大提高；二是控制了银行风险，把不可控的单个企业风险，转变为整个供应链整体可控风险，实现了全产业链的风险管控；三是有助于社会信用体系建设，通过"银、政、企、圈、保"合作，建立信息共享机制和监督机制，逐渐形成征信体系，实现了供应链金融在非信任体制下达成的信任关系，促进了融资环境和社会信用环境的改善。

三、打造生态

打造金融生态，是构建"金融生态圈"模式的客观需要。所谓金融生态，是指供应链金融各利益相关方、参与主体、政府政策、金融制度和技术环境等生态关系构成的系统整体。在"融金贷"金融生态圈解决方案中，通过优化供应链金融源、风险承担者、核心企业和供应链金融基础服务等生态关系，确保了"融金贷"专属金融产品的顺利实施。

（1）梳理受益主体：打造金融生态首先要解决的是以核心企业为依托的上下游关系的梳理。在 LB 集团金融生态圈解决方案中，通过梳理黄金珠宝产业链，以普惠金融公司平台为依托，对黄金的采购、首饰加工制作，到物流配送、门店销售的全流程进行梳理，获取了大量企业的多维信息，确保了供应链金融源的优质优良。

（2）优选金融机构：金融机构既是资金提供者，也是资金的风险承担主体。包括商业银行、基金公司、信托公司、保理公司、担保公司、民间融资公司等，都可以成为供应链金融的资金提供者。在"融金贷"金融生态圈解决方案中，优选了一家综合实力强大的城市商业银行作为合作对象。

（3）重构核心企业：在供应链金融实践中，核心企业居于主导地位，掌握着供应链的核心价值。商业银行正是基于核心企业的综合实力和信用等级，才对上下游中小微企业开展授信业务的。因此，核心企业的经营状况和发展前景，决定了上下游企业的生存状况和交易质量。在"融金贷"金融生态圈解决方案中，依托 LB 集团，整合了整个黄金产业链，从上游的金矿粉、金精矿原料，到下游的黄金制品、黄金首饰、工业用黄金等进行了梳理，有针对性地对 LB 集团进行了重构，通过剥离、植入、重组等方式，优化了 LB 集团的公司治理结构。

（4）优化基础服务：为供应链金融配套的基础服务很重要，在"融金贷"金融生态圈解决方案中，主要是打造普惠金融服务平台、为产业链门店企业贷款增信和向金融机构提供“风险补偿铺底资金”。同时，引入了以政府出资为主的担保体系的支持，确保了金融生态圈打造的基础服务。

第四节　结论与建议

本章在既有研究的基础上，以LB集团“融金贷”金融生态模式为分析案例，解构了“融金贷”的全流程应用场景，提出了“金融生态圈”模式的理论解释：从梳理产业链入手，以区块链、云计算、人工智能、大数据为技术支撑，通过赋能平台、金融机构、政府部门和核心企业的互联互通，建立一个完整的产业生态圈，针对生态圈所有共同特质的企业去做金融解决方案。通过政府优化产业链、第三方服务平台赋能、核心企业受托支付、金融机构综合授信、产供销一体化资产整合，有效地降低了小微企业享受金融服务的门槛。该模式是基于生态系统理论和金融基础功能主义原则设计的，以期作为普惠金融的实践指引。

目前，金融生态圈的研究和规划都处于起步阶段，面临的困难和问题还比较突出，比如征信体系不完善、金融科技赋能应用场景对接困难、银行业金融生态圈建设“行为异化”等。为更好地探索普惠金融实现路径、推动金融生态圈建设，现提出以下三点建议：

一、理性看待普惠金融的路径依赖问题

在普惠金融的实现路径中，有两大路径依赖问题非常重要：一是金融科技（数字普惠金融）；二是金融监管。对于前者，大家的争议不多，都认同数字普惠金融是发展普惠金融的必由之路。而对于后者，当前的认识不能统一，问题在于：对普惠金融的监管是否适应于审慎监管。传统的金融监管是审慎监管，包括宏观审慎和微观审慎，监管的工具主要是资本充足率、资产质量、风险集中度、流动性、偿债能力等，监管的对象直接是金融机构。通过这样的监管方式，来维护金融系统的稳定。而对于普惠金融业态，采取审慎监管不一定对路，行为监管可能更适合普惠金融。行为监管主要是保护消费者权益，保护私人信息、反不正当竞争、提高消费者诚信意识等。通过保护消费者权益而对金融机构实施行为监

管，从而维护金融秩序的稳定更加符合普惠金融的内涵。更为重要的是，行为监管的作用在于增加金融市场的信心，提高风险防范意识。在审慎监管适应性的基础上，对普惠金融实施行为监管更为必要。这是普惠金融实现路径中必须正视的问题，行为监管能促进金融行为能力的提高。

二、理性看待普惠金融的社会学内涵问题

在打造金融生态圈的过程中，理性看待普惠金融具有的社会学内涵很重要。传统商业金融伦理缺失导致了金融服务的"嫌贫爱富"，金融工具的应用，掩盖了金融的道德良心和伦理基础。显而易见，发展普惠金融已不仅是金融本身的问题，而是一个政治问题，更是一个具有社会学内涵的命题。普惠金融的社会学内涵，至少包含三个方面的合理性：第一，普惠金融服务所产生的正的外部性，实际上是一种社会福利溢出，普惠金融超越了单纯的商业行为，本身就含有社会效应溢出的内在特质；第二，普惠金融服务不足所导致的分配结构扭曲，形成了社会福利漏损，即金融发展只能平滑纵向的分配结构，但无法改善横向的个体间的收入差距，导致贫富分化加剧；第三，通过金融技术帮助弱势群体实现个体价值，是一个比单纯的社会救助更有意义的课题，必须深刻意识到，弱势群体并不是不能创造价值，直接的社会救助往往暗含另一种"歧视"。而普惠金融提供了关于社会保障的另一种方式，激发并实现了弱势群体的内在价值，使该群体中的个体以更加有尊严的姿态面对社会。

三、理性看待金融生态圈的规划建设问题

目前，随着金融业经济效益的下滑和互联网企业的跨界经营，金融界、互联网公司、第三方金融服务平台等纷纷提出战略转型，金融生态圈规划建设成为转型的新热点。由于金融生态圈的相关研究仍处于初级阶段，现实生活中使得金融生态圈的概念泛化，严重误导了金融消费者。一方面，许多互联网公司、金融服务公司、融资租赁公司等，打着构建"金融生态圈"旗号，将科技赋能与"全渠道销售"重新包装上"获客场景"返销给金融机构，扰乱了金融秩序；另一方面，银行的金融生态圈建设，主要集中在零售条线，靠非金融场景获客，只有少数银行提出了基于产业链、供应链的金融生态圈构建计划，使得银行业金融生

态圈建设“行为异化”。事实上，金融生态圈建设的目的是推动金融服务的均等化，更好地服务于弱势群体、服务于实体经济。对互联网公司、金融服务公司等来讲，打造金融生态圈需要金融生态圈的赋能，但不能“挂羊头卖狗肉”误导金融消费者。对银行业来讲，金融生态圈的规划建设，不应只停留在零售业务领域，更应把主要精力放到产业链、供应链的梳理整合上，由此构成了今后的研究和努力方向。

第八章　普惠金融与供应链金融

无论是普惠金融还是供应链金融，它们都有一个共同初衷：解决中小微企业融资难问题。只是普惠金融更多体现为一种金融理念和金融生态；供应链金融更多体现为一种具体的融资解决方案。现实中，由于普惠金融研究缺少完整的理论框架，供应链金融研究缺少生态系统，使得这两种金融模式都很难落地：一方面，普惠金融业务边界十分模糊，出现了普惠金融“使命漂移”和“业务异化”现象，这不仅起不到普惠的效果，反而会引发新的金融风险；另一方面，供应链金融作为一种具体的融资解决方案，在强势的国有企业商圈中，因存在“过度授信”而成为套利的工具。在相对弱势的民营企业商圈系统中，因金融机构对核心企业授信不足，使得“1＋N”模式的线上或线下操作没有用武之地。本章在梳理既有研究的基础上，基于“TM小店”新零售生态圈系统，提出了“普惠金融＋供应链金融”生态圈理论模式，打造了一个完整的产业链生态，颠覆式产生了小微金融解决方案。通过政府增信、普惠金融赋能、核心企业受托支付优化产业链、金融机构授信，有效地降低了小微企业享受金融服务的门槛。该模式是在普惠金融框架下，基于生态圈理论模式和基础功能主义原则设计的，以期作为普惠金融和供应链金融的实践指引。在“互联网＋”时代，如何利用普惠金融赋能，打造供应链金融生态圈，建立新型金融服务模式，推动平台企业乃至整个产业的发展，已成为理论界和实践中普遍关注的焦点话题。

第一节　相关研究梳理

供应链金融是在国际贸易金融基础上产生的产品形态的延伸，本质上是一种具体化的金融解决方案。供应链金融的研究涉及很多方面，现只就与本书研究相关的内容做一梳理。

一、供应链金融的产生

20世纪70年代以后，企业的生产分工发生了重大变化，开始从企业的内部转向了企业之间的分工协作。这时，产业生态间就需要一个核心企业对整个生产过程进行协同管理，由此供应链应运而生。最初的供应链管理集中在物流和信息流，随着企业对应收账款的重视，核心企业和银行开始关注整个供应链的财务管理，供应链融资变得频繁。于是，供应链金融开始出现。对供应链金融产生的原因，国内外学者将其归纳为两种观点：一是从金融角度出发产生的“金融观”；二是从供应链角度出发产生的“供应链观”。金融观理论认为，供应链金融是金融机构从自身需要出发提供的一系列融资产品和服务，金融机构作为贷款的提供者，在供应链中起着决定作用。供应链观理论认为，供应链金融是一种提高供应链可视性和控制整个供应链现金活动的综合方法，供应链融资是出发点，它优化了供应链上的融资结构和现金流过程，从而帮助了企业提高物流的运行效率。①

国内外学者对供应链金融产生的研究，都是从供应链融资开始的，供应链融资是供应链和金融最初的结合点，是供应链金融产生的基础。所不同的是，国内学者对供应链金融产生的研究主要集中在供应链融资上，研究角度主要从商业银行出发。而国外学者在研究内容上更加广泛，除了供应链融资外，还包括了存货流转、资本结构等；研究角度除了从商业银行出发外，还包括了供应链中企业的金融行为。但不论是国外学者还是国内学者，几乎无人从整个行业核心企业，以及上下游企业的行业群体进行讨论，更缺少对供应链融资信用传导场景的应用研究，一个完整的供应链金融生态体系有待建立。②

二、供应链金融的模式

国内外学者对供应链金融模式的研究，都是从模式的分类开始的。多数将供应链金融融资模式分为三类：运输前融资方案；在途存货融资方案；装运后融资方案。卡尼亚托和杰尔索米诺（Caniato & Gelsomino，2016）等根据交易过程中

---

①② 张珂莹．供应链金融国内外研究发展现状．现代管理科学，2018（8）．

信息化程度和协同程度的高低，将供应链金融的业务模式分为传统的融资模式、创新的融资模式和供应链协同模式三种[①]。我国学者主要从主导者角度和业务角度对供应链金融模式进行了分类。谢世清、何彬（2013）从主导者角度认为，国际上供应链金融有三种典型的组织模式，即以美国联合包裹服务公司（UPS）为代表的物流企业主导模式、以通用电气信用公司（GECC）为代表的核心企业主导模式和以渣打银行（SCB）为代表的商业银行服务模式。目前，我国供应链金融组织模式单一，主要为商业银行服务模式[②]。包兴、郑忠良（2015）从业务角度上根据企业生产运营过程中资金缺口节点和融资需求的不同，将供应链金融融资模式分为采购阶段的保兑仓模式、生产阶段的融通仓模式和销售阶段的应收账款模式[③]。胡跃飞和黄少卿（2009）参照金融产品的基本要素，形成了应收账款融资、存货融资、预付款融资这三种供应链金融业务模式，并被大多数学者所接受。其中，存货融资模式对应融通仓融资模式，预付账款模式对应保兑仓融资模式[④]。

三、供应链金融的风险管理

近年来，供应链金融的风险问题成为学术界关注的热点。国外学者对供应链金融风险管理的研究，侧重于供应链中的资金断流风险。国内学者对供应链金融风险管理的研究，主要集中在信用风险领域。牛晓健、郭东博、裘翔（2012）利用 CreditMetrics 模型，提出了银行授信时的供应链融资风险管理体系和风险测度模型，揭示了供应链融资的风险程度[⑤]。熊熊、马佳、赵文杰（2009）从商业银行角度出发，提出了考虑主体评级和债项评级的信用风险评价体系，用主成分分析方法和 Logisitic 回归模型建立了信用风险评价模型[⑥]。肖奎喜、王满四、倪海鹏（2011）综合运用专家判断法、信用评分法和贝叶斯网络方法，建立了在供应链金融模式下，评估应收账款风险的模型[⑦]。

---

① 张珂莹．供应链金融国内外研究发展现状．现代管理科学，2018（8）．
② 谢世清，何彬．国际供应链金融三种典型模式分析．经济理论与经济管理，2013（1）．
③ 包兴，郑忠良．供应链金融风险控制与信用评价研究．北京：清华大学出版社，2015．
④ 胡跃飞，黄少卿．供应链金融：背景、创新与概念界定．金融研究，2009（8）．
⑤ 牛晓健，郭东博，裘翔．供应链融资的风险测度与管理——基于中国银行交易数据的实证研究．金融研究，2012（11）．
⑥ 熊熊，马佳，赵文杰．供应链金融市场风险控制套期保值方法研究．金融论坛，2009（9）．
⑦ 肖奎喜，王满四，倪海鹏．供应链模式下的应收账款风险研究——基于贝叶斯网络模型的分析．会计研究，2011（11）．

与传统的信贷方式相比，供应链金融因其模式的特殊性而具有更高的风险。现有研究主要集中在从银行角度出发，利用不同的风险评估模型，对融资企业的信用风险进行评估。随着核心企业在产业生态链中的地位越来越重要，今后的研究也需要对核心企业面临的风险类型进行识别和评估，这是现有研究的不足，也是后续研究的努力方向。

第二节　“普惠金融 + 供应链金融”生态

一、我国供应链金融的发展阶段

供应链金融在我国的实践最早发生在 1999 年，当时的深圳发展银行（现平安银行）推出了存货和动产融资业务。经过几年的探索，终于在 2006 年正式推出了供应链金融业务。随后，供应链金融业务在我国全面推开，大致经历了三个不同的发展阶段。

（1）“1 + N”模式阶段：“1 + N”模式阶段是供应链金融的 1.0 阶段，就是围绕“1”个核心企业，从上游的采购、生产，到下游的销售直到消费者，形成一条链接供应商、制造商、零售商到消费者的供应链。同时，为供应链上的“N”个中小微企业提供融资服务，从而提高整个供应链的价值。

在“1 + N”模式中，各成员都有各自的供应链金融解决方案。核心企业因其实力雄厚、掌握众多资源，其供应链融资多采用短期优惠利率贷款、企业信用贷款和票据业务等方式；上游供应商的融资方案，一般采用应收账款为主、票据贴现和订单融资为辅的解决方案；下游经销商多采用动产或货权质押的预付款方式。

“1 + N”模式改变了传统的贷款模式，实现了“物流、信息流和资金流”的高度统一，在很大程度上实现了融资效益的最大化。但这种模式的最大缺陷是整个流程都发生在线下，效率很低，信息不对称问题得不到有效的解决，在很大程度上阻碍了供应链金融的发展壮大。

（2）“线上平台”模式阶段：随着 ABCD 技术的应用（A：AI 人工智能；B：Blockchain 区块链；C：Cloud 云计算；D：Big. Data 大数据），线上平台运营模式成为供应链金融的主流模式。在线平台模式虽然是在线下供应链金融模式的基础上发展而来的，但它却不是简单的供应链金融的线上版，它是随着互联网技术、金融科技和大数据的应用而诞生的一种创新的金融服务模式，这使得线上平台模式提供的金融服务更加高效、细化、精准。

目前，线上平台模式已成为供应链金融服务行业的主导，并呈现出多个创新点：一是更加地高效。“1 + N”模式下每次业务的发生，都要根据主合同再次签订若干单个合同，重走单笔融资业务流程，过程非常复杂低效，而在线上平台业务周期内，每次借款还款都通过线上完成，随借随还，大大地提高了融资效率，降低了经营成本；二是解决了信息不对称。传统模式下，解决信息不对称的方式主要是金融机构查核心企业及上下游企业的财务报表，得到的数据都是静态的、过去式的，而在线上平台模式下，基于大数据、金融科技手段的应用，使得金融机构可以对企业进行精准“画像”，在很大程度上解决了信息不对称问题，有效地避免了逆向选择和道德风险；三是扩大了边界。传统的供应链服务模式，由于业务范围局限于特定区域，一般只能和当地金融机构合作，而线上平台模式，可以为不同区域的上下游企业提供个性化的融资服务，扩大了服务的边界和覆盖面。

（3）未来的“金融生态圈”模式：现在的供应链金融模式是顺着一个核心企业去梳理供应链的，是单一的供应链链条。未来的供应链金融模式不在关注单个核心企业，而是注重建立行业的生态圈，如新零售行业、汽车行业等，围绕着其中 N 个核心企业的上游和下游去梳理，建立这些行业的生态圈，然后针对这个生态圈所有共同特质的供应商或者经销商去做金融解决方案。未来供应链金融的发展模式会迈向金融生态圈解决方案，而不再停留在一个核心企业或一个产业链。

二、“金融生态圈”模式的赋能

用生态圈的方式去帮助解决中小微企业融资难的问题，是非常值得期待的。它可能成为以后供应链金融可复制的金融解决方案。“金融生态圈”模式的创建靠什么去赋能？主要取决于两大方面：

（一）普惠金融赋能

近年来，党中央国务院高度重视普惠金融发展，并把发展普惠金融上升为国家战略，使我国的普惠金融事业得以快速发展。到 2020 年 6 月 30 日，全国银行业普惠型小微企业贷款余额13.7万亿元，同比增长28.4%，较各项贷款提高了15.3个百分点。普惠金融能够快速发展，得益于普惠金融政策措施在若干应用场景下的赋能，尤其是在供应链金融领域，具有了更好的应用场景。

（1）贷款规模：按照央行和银保监会的要求，许多银行内部专项配置了普惠金融贷款规模，并专项配置了风险资产。这就突破了传统供应链金融模式下对核心企业授信额度的限制，调动了银行金融机构开展供应链金融业务的积极性。

（2）定向降准：普惠金融定向降准政策是央行2017年9月首次提出的，2018年开始全面实施，聚焦于单户授信500万元以下的小微企业贷款、个体工商户和小微企业主经营性贷款。2019年起，中国人民银行又进一步降低了定向降准的门槛，将普惠金融定向降准小型和微型企业贷款考核标准由“单户授信小于500万元”调整为“单户授信小于1 000万元”。2020年3月，国务院常务会议要求，抓紧出台普惠金融定向降准措施，并额外加大了对股份制银行的降准力度，进一步降低了实体经济融资成本。将普惠金融定向降准政策，赋能于供应链金融应用场景，将极大地提高金融机构开展供应链金融的积极性。

（3）不良贷款容忍度：2019年3月银保监会印发的《关于2019年进一步提升小微企业金融服务质效的通知》中提出，“在目前小微企业信贷风险总体可控的前提下，将小微企业贷款不良率容忍度放宽至不高于各项贷款不良率3个百分点”。2020年2月，银保监会也表示，允许银行进一步提高不良贷款容忍度，对受疫情影响比较大的地区和行业的小微企业，不良容忍度可以再提高一些。把不良贷款容忍度政策融合到供应链金融应用场景，对金融生态圈模式的创建具有重要作用。

（4）尽职免责：为贯彻落实银保监会对开展普惠金融业务尽职免责制度的要求，各商业银行内部都制定了具体的问责制度和绩效薪酬管理制度，对从事普惠金融业务的人员实行“定向问责”机制。如果将这些制度赋能于供应链金融应用场景，将大大地提高银行从业人员的能动性。

（二）科技金融赋能

供应链金融作为典型的金融科技应用领域，在这个细分市场上，如何解决核心企业信用的跨级传递是个难题，这就需要金融科技的赋能。通常情况下，金融科技赋能供应链金融体现在三个本质层面：

（1）交易征信：交易征信的目的主要是解决供应链上中小微企业的信用评价问题，既解决人工确权、贸易真实性和自偿性问题。以前银行拿到的财务数据都是静态的、过去式的，交易征信拿到的则是一个立体的数据，内容涵盖基本信息、借贷信息、公共信息、声明信息等，这就可以从更多的维度去观察和分析问题。例如，基本信息展示企业的身份信息、主要出资人信息和高管人员信息等；借贷信息是企业交易征信的主要内容；公共信息主要展示企业在社会管理方面的信息，如欠税信息、行政处罚信息等；声明信息则展示企业项下的报数机构说明、征信中心标注和信息主体声明等。

（2）大数据：大数据的应用，在于解决供应链金融的开放性问题：一是可用于判断需求方向和需求量。大数据可以帮助判断供应链网络上的一系列变动规律，以真实的交易为管理前提，在采购、生产、销售等各个环节提供金融解决方案；二是可用于目标客户的资信评估。利用大数据可以对目标客户的财务数据、生产数据、技术水平、产品周期、销售分配等进行全方位分析，有助于提高资信评估和放贷的效率；三是可用于控制风险。只看财务报表和交易数据是有风险的，大数据的优势在于行情分析和趋势分析，多控制一个环节，更能有效控制风险。

（3）区块链：区块链解决的就是供应链金融在非信任的体制下怎么达成一个信任关系。供应链金融首先要解决的是，以核心企业为依托的上下游关系梳理，本质上是解决中小微企业的融资难问题。要获取上下游企业的各种数据，以及数据之间的来回确认是非常麻烦的，这就需要用区块链技术，去帮助实现供应链底层资产的真实性和信息透明性，建立一种非信任体制下的信任关系。

金融科技的发展，将真正改变传统的供应链金融，不只是简单的在线变化，而是真正的高效赋能。通过交易征信、大数据和区块链技术的推广应用，使金融生态圈模式更加自动化、智能化（金融生态圈赋能示意图如图 8－1 所示）。

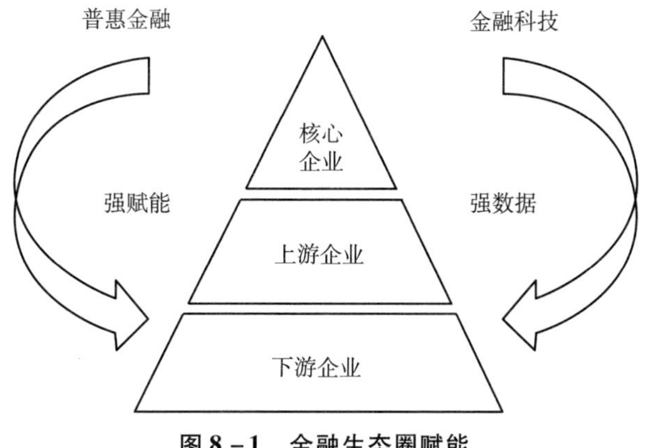

图 8－1　金融生态圈赋能

三、“金融生态圈”理论模式构建

针对传统供应链金融的痛点，以区块链、云计算、人工智能为技术支撑，通过普惠金融平台赋能构建金融生态圈，将会彻底改造传统供应链金融模式。

（一）“金融生态圈”模式描述

就是构建N＊N模式，即N个上下游中小企业围绕N个核心企业，通过N个赋能元素，建立一个完整的产业生态链，串联资金流、物流、信息流、商流形成闭环，构成核心企业、中小微企业、金融机构、普惠金融第三方平台、政府等多位一体，共存共荣、实时互动的生态群体，面向中小微企业提供综合性金融服务。通过政府增信、普惠金融赋能、核心企业受托支付优化产业链、金融机构授信，有效地降低了小微企业享受金融服务的门槛。

（1）普惠金融平台：该平台是N种要素的组合体，即增信平台+基于云计算、区块链的大数据平台+获客平台（整合N个中小微企业）+公共服务平台的组合体，通过构成要素、动力机制、运营方式和金融赋能的创新，有效地整合资金流、商流、物流、信息流多方关系。

（2）核心企业：是指供应链中扮演着重要角色，处于主导地位的关键企业，它是整个链条的管理者、组织者与协调者，掌握着上下游融资企业的各种交易数据，掌握着链条上的所有应收、应付款，它对上下游具有绝对的掌控能力，是整个链条上的强信用企业。传统的供应链金融业务中，一般是围绕一个核心企业去做金融解决方案的，在“金融生态圈”模式下，核心企业被重新定义，围绕产业链可梳理出N个核心企业。

（3）金融机构：参与者主要是银行金融机构，围绕供应链上的核心企业，管理上下游中小微企业的资金流和物流，并把不可控的单个企业风险，转变为整个供应链企业的整体可控风险，通过中小微企业和核心企业信用传递捆绑，向所有成员企业提供融资安排。

（4）政府：在“金融生态圈”模式中，政府的作用虽然不是万能的，但离开了政府的增信和赋能也是不可行的，尤其是以政府政策性担保体系为主体的增信体系，更是金融生态圈中不可或缺的元素。政府作用还表现在：提供相关产业政策、维护良好的产业发展环境和秩序，建设基础设施和公共设施、创造与产业发展相适应的法治与人文环境（金融生态圈模式示意图如图 8 –2 所示）。

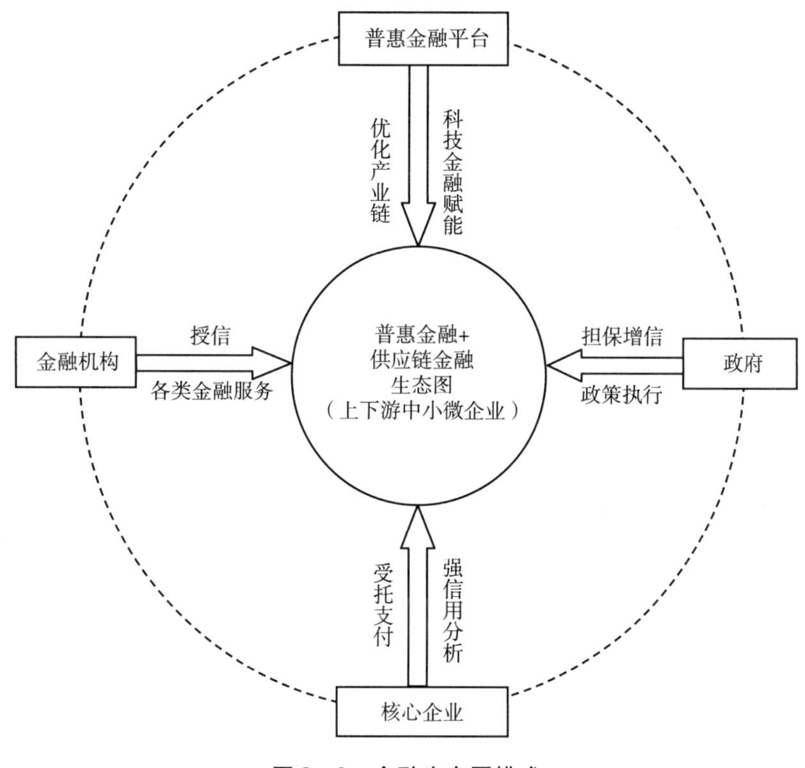

图 8 –2　金融生态圈模式

（二）“金融生态圈”模式生态关系

一个完整的供应链金融生态圈，至少包括四层生态关系：供应链金融源、供应链金融风险承担者、供应链核心企业和供应链金融基础服务。

（1）供应链金融源：是指供应链金融的受益主体，即依托于供应链核心企业上下游的中小微企业。通过梳理产、供、销的各个环节，借助核心企业的强信用和强信用的“跨级传递”，有针对性地为中小微企业解决融资方案，这是打造金融生态的本质所在。在传统的商业金融中，供应链商圈中小微企业的自身特点和融资特点，与现行的以商业银行为主导的融资体系不匹配，产生了严重的金融错配，导致资金问题成为困扰小微企业发展的瓶颈。这就需要金融生态圈能够设计、开发、赋能出更多适合小微企业特点的信贷产品和服务手段。

（2）风险承担主体：也就是资金的提供者，它既要为金融生态的打造提供资金，也要为资金承担风险。风险承担主体包括商业银行、保理公司、各类基金公司、信托公司、担保公司、民间融资公司等。商业银行作为中国金融体系的重要组成部分，在打造金融生态中扮演着重要角色，应充分发挥它在资金、人才、网络、技术等方面的优势，从各个方面入手促进供应链金融的广覆盖。这需要商业银行在现有体系内进行制度创新和改良，逐步构建起与小微企业特征相适应的生态圈金融服务模式。

（3）供应链核心企业：核心企业因具有规模优势、效益优势、带动优势和竞争优势，可以整合供应链上游和下游的中小微企业，并链接资金提供者和各利益相关方，在缓解中小微企业融资约束上具有核心地位。打造金融生态，关键是要挖掘核心企业。只不过在传统金融模式下，只是围绕着一个核心企业去设计融资解决方案，而未来供应链金融的发展模式会迈向金融生态圈解决方案，而不再停留在一个核心企业。

（4）供应链金融基础服务：主要包括为供应链金融配套的基础服务提供方，如区块链技术服务提供商、产供销一体化服务平台、普惠金融服务平台、电子仓单服务提供商、政府担保服务平台等。这些服务提供商和行业组织，可以利用自身的优势，有效地链接供应链融资对象、资金提供方、核心企业、供应链金融第三方服务平台等，为整个供应链金融生态圈提供基础服务（金融生态圈生态关系示意图如图 8－3 所示）。

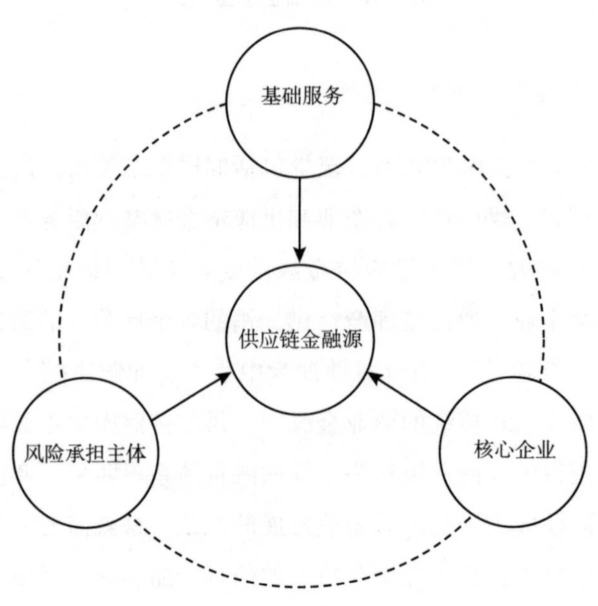

图 8－3　金融生态圈生态关系

第三节　一个解决方案

“TM 小店”作为国民便利店品牌，历经三年多的发展与打磨，已通过品牌授权、大数据选品指导、线上线下流量整合、供应链服务、信息化门店管理等，服务了全国6 000多位小店创业者升级为“TM 小店”。目前，“TM 小店”正在打造2.0样板工程，期望打造出一个低成本、高效率、优营收的国民便利店。“TM 小店”2.0除了在形象上进行了全面升级外，在服务和体验上更年轻、更时尚、更互联。焕新升级的小店从商品零售升级为商品+服务的模式，不仅能满足年轻用户的多元化需求，更能为门店创造更高的销售收入。

作为国民便利店创业品牌，“TM 小店”2.0充分整合阿里巴巴集团生态资源，并与SD智慧猫等专业运营服务商共同打造小店2.0版，焕新升级解决方案，通过专业的服务来降低创业者的风险。作为小店的专业运营服务商，SD智慧猫已形成了一套完整的门店建设与运营管理机制，从门店选址到门店活动执行，从种植供应到物流配送，建立了全流程的服务机制，全方位降低了创业者的投资风险。尤其是从整合新零售行业入手，全方位打造了普惠金融赋能下的供应链金融生态圈模式，建立了一种新型金融服务模式，推动了平台企业乃至整个产业链的发展。“TM 小店”新零售金融生态圈模式解决方案，主要有三个步骤：打造平台、打造产品、打造生态。

一、打造平台

打造平台，是构建“金融生态圈”模式的关键环节。“TM 小店”新零售生态圈模式解决方案中，主要打造了两大平台：一是普惠金融服务平台；二是产、供、销一体化服务平台。

（一）普惠金融服务平台

该平台由SD智慧猫公司和地方政府共同出资打造，通过构成要素、动力机制和运营方式的创新，真正打通了“银、政、企、圈、保”的多方关系（其中，圈是指供应链商圈；保是指担保）。该平台是增信平台、获客平台和公共服务平台三大要素的组合体，主要是以SD智慧猫公司为中心，为产、供、销一体化服务平台赋能增信和向金融机构提供“风险补偿铺底资金”。

（1）增信平台：普惠金融服务平台首先是一个第三方增信平台。平台的增信功能主要体现在三个方面：一是通过政府财政和服务平台共同出资，组建“风险补偿铺底资金”池，为“TM小店”链条上的中小微企业增信，该铺底资金专户存储在合作银行的存管账户，用于贷款风险的补偿；二是基于政府背景的担保增信，通过引入政府性担保公司，解决了供应链的风险“敞口”问题；三是基于服务平台外包的区块链解决方案，实现供应链金融在非信任的体制下达成的信任关系。

（2）获客平台：供应链上小微企业融资难的重要原因是银行的交易成本太高，获客通道太少，直接把中小微企业排斥在了目标客户之外。普惠金融服务平台是一个开放的获客平台，通过线下的营销手段和线上的“微贷技术”等多种触达方式，获取大量供应链上市场主体的数据维度，按照供应链金融的业务流程和服务节点要求，多维度分析中小微企业的信息，向银行精准推荐优质潜在的客户，降低了银行的交易成本，成为银行获客的重要通道。

（3）服务平台：中小微企业融资难另一个重要原因就是企业的自身素质欠缺，如财务管理混乱、公司治理不规范、信用等级相对较差等。因此，如何提高产业链上中小微企业的管理水平和成长能力，对供应链金融业务的开展非常重要。普惠金融平台是一个开放的第三方服务平台。依托服务平台，云集一流的金融教育资源和企业管理专家资源，借助经典的培训模式，为供应链上的中小微企业提供个性化、专业化、一站式的培训服务，帮助中小微企业“个转企、企上规、规转股”，助推中小微企业能力的提升（新零售生态圈模式解决方案示意图如图8－5所示）。

（二）产、供、销一体化平台

新零售是一个从传统加盟连锁店进化为赋能型共享经济平台的超级物种。为了打造“TM小店”新零售生态圈模式，专门成立了产供销一体化平台。所谓产供销一体化，就是对新零售行业进行外求式的创新整合，以“TM小店”为终端，把新零售产业链上一切可以整合的弱势群体、每一个地区每一个品类的上游和下游中小微企业团结在一起。该平台是共享经济体模式，是赋能型的资产整合平台。

（1）赋能平台：产、供、销一体化平台首先是一个赋能平台，通过梳理“TM 小店”产业链，以普惠金融、大数据、物流、AI、区块链为基础设施，对商品（自有食品、品牌等）和经营（用户体验、展示等）进行全面赋能，完成了从产供销脱节的自营型企业，向产供销一体化众包型共享经济体组织的转变。同时，作为共享经济体，为满足消费者个性化需求的商品和服务，提升顾客的用户体验值，通过平台赋能将新零售组织从交易型组织转变为经营生态圈和生态共建的赋能型组织。为此，该平台建立了若干个赋能体系，包括门店经营赋能、物流赋能、生产加工（工厂）赋能、种植基地赋能、普惠金融赋能、文化赋能即经营哲学共识等（产、供、销一体化平台赋能示意图如图 8－4 所示）。

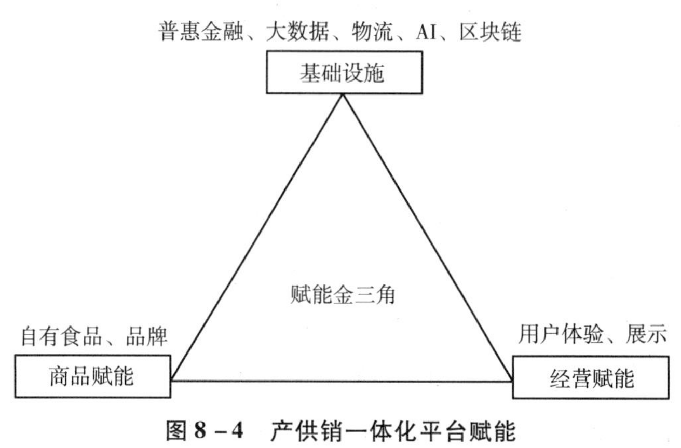

图 8－4　产供销一体化平台赋能

（2）整合平台：传统供应链金融是围绕一个核心企业而进行融资方案设计的，在“金融生态圈”模式下，核心企业被重新定义，并围绕产业链梳理整合出 N 个核心企业。产、供、销一体化平台的一个重要功能，就是重新定义、整合核心企业。在“TM 小店”新零售金融生态圈解决方案中，以“TM 小店”和消费者为终端，将过去的一个龙头企业整合成种植核心企业、生产加工核心企业、供应链核心企业和零售核心企业，实现了从农副产品种植供应、农副产品加工制作，到仓储的分拣配送、门店体验销售，直到最终端消费者的全流程整合。通过重构人货场，实现了从单品到单客经营；从万货商店到每个人的商店；从产供销脱节，到产供销一体化的嬗变。重构核心企业，使普惠金融政策和技术赋能的应用场景多元化，极大地提高了供应链金融的可得性和运行效率（新零售生态圈模式解决方案示意图如图 8－5 所示）。

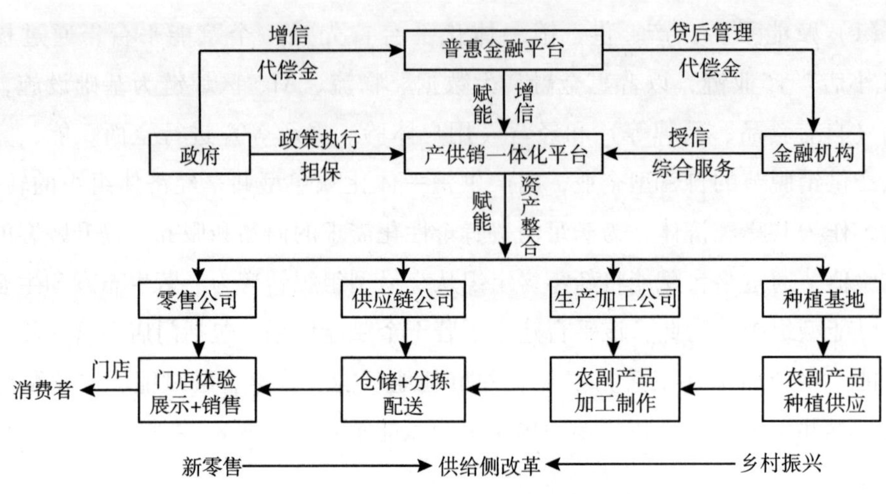

图8-5　新零售生态圈模式解决方案

二、打造产品

打造产品，就是围绕“TM小店”新零售金融生态圈解决方案，开发打造了普惠金融赋能下的供应链金融专属产品“小店普惠贷”。该产品是由地方政府、普惠金融平台和贷款银行共同筛选客户组成的“小微企业池”和“三农”客户群，由政府、平台运营公司提供的“风险补偿铺底资金”和贷款客户缴纳的保证金共同组成代偿金，作为风险缓释方式的创新信贷业务。贷款银行按铺底资金的10倍放大资金，向“TM小店”供应链上的贷款客户发放贷款，用于支持供应链小微企业和种植农户生产经营周转。

“小店普惠贷”产品的设计原则是“风险共担，利益共享”，定价原理是“利率覆盖风险”。

(1) 建立“风险补偿铺底资金”池：入池资金由三个部分组成：地方政府财政出资+普惠金融平台出资+贷款企业按同期贷款利率缴纳保证金。该铺底资金专户存放在合作银行的存管账户，专款专用。

(2) 合作银行加杠杆放大资金：合作银行按“铺底资金”的10倍综合授信，放大贷款总额度。

(3) 代偿程序：首先由借款企业缴纳的保证金进行代偿；剩余部分由“铺底资金”代偿，代偿比例为政府和运营平台各分摊50%。为防止“铺底资金”代偿出现敞口，又有两种增信方式：一是引入政府担保公司担保；二是由核心企业回购“不良贷款”。

（4）产品特点：银行通过普惠金融服务平台发放贷款，由核心企业受托支付，由“铺底资金”与贷款客户保证金全额代偿，实现了信用放贷，极大地提高了供应链金融的可得性和运营效率。

“小店普惠贷”产品实现了多方共赢：一是降低了金融服务的门槛，将“TM 小店”供应链上的小微企业纳入金融服务范围中，使小微企业贷款得可获得性大大提高；二是提升了产业政策和信贷投向的契合度，地方政府通过参与推荐和筛选客户，科学引导资金流向，更有效地促进了零售业的升级和结构调整；三是放大了财政资金的杠杆作用，可引导银行和社会资本增加投入；四是风险可控，根据“大数定律”，按照贷款利率缴纳的保证金就可以覆盖风险；五是有助于社会信用体系建设，通过“银、政、企、圈、保”合作，建立信息共享机制和监督机制，逐渐形成了征信体系，实现了供应链金融在非信任体制下达成的信任关系，促进了当地融资环境和信用环境的改善（“小店普惠贷”操作流程示意图如图 8 –6 所示）。

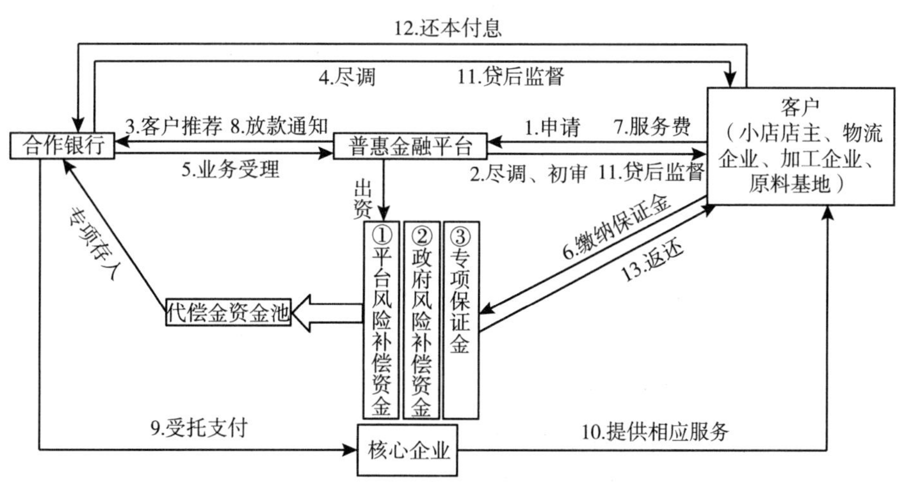

图 8 –6　“小店普惠贷”操作流程

三、打造生态

打造供应链金融生态，是构建“金融生态圈”模式的客观需要。所谓供应链金融生态，是指供应链金融各利益相关方、参与主体、政府政策、金融制度和技术环境等生态关系构成的系统整体。在“TM 小店”新零售金融生态圈解决方案中，通过优化供应链金融源、风险承担者、核心企业和供应链金融基础服务等生态关系，确保了“小店普惠贷”专属金融产品的顺利实施。

（1）梳理受益主体：打造金融生态首先要解决的是以核心企业为依托的上游和下游关系的梳理。在“TM 小店”新零售金融生态圈解决方案中，以产供销一体化平台为依托，对农副产品种植供应、农副产品加工制作，到仓储的分拣配送、门店体验销售的全流程进行梳理，获取了大量上游和下游中小微企业的多维数据，向合作银行精准推荐优质客户，确保了供应链金融源的优质优良。

（2）优选金融机构：金融机构既是供应链的资金提供者，又是资金的风险承担主体。包括商业银行、保理公司、基金公司、信托公司、担保公司、民间融资公司等，都可以成为供应链金融的资金提供者。在“TM 小店”新零售金融生态圈解决方案中，优选了一家国有商业银行和一家城市商业银行作为合作对象。从某种意义上说，只有商业银行参与的供应链金融，才是真正意义上的供应链金融。

（3）重构核心企业：核心企业因其实力雄厚、掌握众多资源，是金融生态圈生态关系的核心要素。在“TM 小店”新零售金融生态圈解决方案中，依托产供销一体化服务平台，梳理整合了种植基地公司、生产加工公司、供应链（物流）公司和门店零售公司四个核心企业。依托在四个核心企业上游和下游的小微企业作为贷款主体，由山东智慧猫公司受托支付，通过山东智慧猫公司的强信用传递，由银行发放“小店普惠贷”形成闭环资金流动，解决了“TM 小店”链条上小微企业的融资约束。

（4）优化基础服务：为供应链金融配套的基础服务很重要，在“TM 小店”新零售金融生态圈解决方案中，主要打造了两大平台：一是普金融服务平台；二是产供销一体化服务平台。前者主要是一个增信平台，以山东智慧猫公司为中心，为产供销一体化服务平台赋能增信和向金融机构提供“风险补偿铺底资金”。后者是一个是赋能型的资产整合平台，通过平台赋能，将新零售组织从交易型组织转变为经营生态圈和生态共建的赋能型组织；通过重构人货场，实现了产供销一体化的嬗变。

第四节　三个高度重视

如何利用普惠金融赋能，打造供应链金融生态圈，建立新型金融服务模式，推动平台企业乃至整个产业的发展，已成为理论界和实践中普遍关注的焦点话题。本书在梳理既有研究的基础上，以“TM 小店”新零售生态模式为分析案例，解构了普惠金融赋能下的供应链金融全流程应用场景，提出了“普惠金融＋供应链金融”生态圈理论模式，即构建 N＊N 模式，由 N 个上游和下游中小微企业围绕 N 个核心企业，通过 N 个赋能元素，建立一个完整的新零售产业生态链，串联起资金流、物流、信息流、商流形成闭环，构成核心企业、中小微企业、金融机构、普惠金融服务平台、产供销一体化服务等多位一体、共存共荣、实时互动的生态群体，面向新零售行业小微企业提供综合性金融解决方案。通过政府增信、普惠金融赋能、核心企业受托支付优化产业链、金融机构授信、产供销一体化资产整合，有效地降低了上下游中小微企业享受金融服务的门槛。该模式是在普惠金融框架下，基于金融生态圈理论模式和基础功能主义原则设计的，以期作为普惠金融和供应链金融的实践指引。为更好地推动金融生态圈建设，不断创新金融服务模式，提出了如下建议：

一、高度重视普惠金融与供应链金融的“融合发展”

普惠金融和供应链金融的一个共同使命是缓解中小微企业的融资约束。普惠金融作为一种全新的金融理念，其发展生态需要供应链应用场景。供应链金融作为一种具体化的融资解决方案，需要普惠金融政策和技术的赋能。两者的“融合发展”，就会产生新的金融服务模式，更好地服务于实体经济。从普惠金融的实践来看，近年来，普惠金融体系的建设基本上都是各自为战，缺乏对产业链金融的系统推进和前瞻性思考，使普惠金融落地的“最后一公里”难以打通。在供应链金融的实践中，因不能享受贷款规模、尽职免责、不良容忍度等普惠金融优惠政策，从而影响了银行金融机构的积极性。未来我们践行“金融服务实体经济”的顶层设计，需要普惠金融和供应链金融的深度融合，即将普惠金融优惠政策、微贷技术赋能于供应链金融应用场景，让供应链金融更加突出对产业链小微企业的金融服务，这才是对普惠金融的完美实践和最佳体现。

二、高度重视企业信用的“跨级传递”

供应链金融是典型的金融科技应用场景，如何解决核心企业信用的“跨级传递”是个难题。实践中，核心企业的信用只能传递一级，即只能传递给直接为核心企业供货的供应商，而不能继续传递给供应商的供应商。这产生的直接后果是，导致产业链上的绝大多数中小微企业难以进行融资。解决企业信用的“跨级传递”，需要加快区块链技术的应用，当务之急需要做好两件事：一是制定完善区块链应用的法律法规。区块链技术的应用，首先要有法律的保障，要有多层次的区块链技术准入制度和审慎监管的法律制度；二是探索区块链在供应链中的应用场景。目前，区块链技术在供应链中的应用，绝大多数还是小场景、单一客户场景。未来“区块链+供应链金融”的发展方向，将不再拘泥于单一客户、单一场景，而是依托于整个供应链的全场景，从而使更多供应链上的小微企业获得平等、高效的普惠金融服务。

三、高度重视核心企业的“授信准入”

在供应链金融实践中，核心企业居于主导地位，掌握着供应链的核心价值。商业银行正是基于核心企业的综合实力和信用等级，才对上下游中小微企业开展授信业务的。因此，核心企业的经营状况和发展前景，决定了上下游企业的生存状况和交易质量。其经营风险也对供应链上其他企业具有很强的传递性，直接决定着供应链业务整体的荣损。因此，对其“授信准入”管理尤为重要。但实际情况是无论理论界还是实践中，都没有对“授信准入”问题引起重视。现有的理论研究，主要是从银行角度出发，利用不同的风险评估模型，对融资企业的信用风险进行评估，而没有对核心企业面临的风险类型进行识别和评估，这是现有研究的不足。在供应链金融实践中，银行虽然认识到了核心企业的重要性，但对“授信准入”还没有具体的制度规范，由此构成了未来银行管理的努力方向。

第九章　普惠金融与金融错配（一）

第一节　资源错配与全要素生产率

中国发展普惠金融，源于分配不公问题突出及金融错配问题严重，只有让普罗大众都有改革成果的获得感，才能让改革持续推进。只有正视和处理好金融错配问题，普惠金融才能顺利开展。本书将分两个章节分别论述普惠金融与金融错配的有关理论问题。

一、问题的提出

当前中国经济下行的压力很大，经济运行中的结构性问题日益突出。其中，金融体系的低效运行问题受到理论界和实际部门的高度关注。这突出表现在两个方面：一是实体经济中的中小微企业融资难、融资贵成为举国上下关注的焦点，相关部门尽管出台了若干普惠金融政策措施，但始终没有解决好这个问题；二是金融风险快速集聚，金融体系自身稳定面临着巨大挑战和压力。

从根本上讲，中小微企业融资难的本质是货币供应总量充足情况下的金融资源结构性错配，即金融错配。金融错配的直接后果是形成了冰火两重天的局面：一方面，中央和地方国有企业从间接融资和直接融资渠道源源不断的获得资金支持；另一方面，大量的中小微企业却是求贷无门，且得不到直接融资的支持，不得不转向民间借贷求生存，企业不堪重负，面临生存压力，影响了经济转型升级和高质量发展，导致了全要素生产率的降低。因此，中小企业融资难、融资贵只是个表面现象，它的实质是金融资源错配导致中央和地方国有企业债务的“高杠杆率”。只有从金融错配的角度入手，分析普惠金融体系、研究中小企业融资难问题，才能抓住本质，找到解决问题的根本出路。

金融体系的发展与经济增长之间的联系，很早就引起了经济学家的注意。学者们普遍认为金融体系的发展可以促进资本积累和改善资源配置，从而推动经济增长。许多实证结论也支持了这一观点。然而，对于金融业促进经济增长的微观机制却一直未得到深入的研究。

按照新古典的经济增长理论，人均产出的差别主要来自人均资本占有量和全要素生产率（TFP），而实证研究的结论认为，人均产出的差距更多的是来自TFP，而非人均物质资本或者人力资本的占有量。那么，要研究金融体系对经济增长的影响，就必然要讨论金融体系的发展会对TFP产生什么样的影响。新古典经济增长理论用一个代表性的企业生产函数来描述一个国家或者区域的投入产出状况，完全忽视了企业之间的差异。在这样的生产函数中，要想理解国别间的全要素生产率差别，只能从企业本身的技术进步入手，这给理解金融体系发展与技术进步之间的关系带来了很大的麻烦。Banerjee & Duflo（2005）[①] 认为，新古典经济增长理论不能很好地解释国别间的TFP差异，按照已有的研究成果和经验，发展中国家在采用新的技术方面并不存在困难，事实是很多企业采用的技术与发达国家的企业并无差异，问题在于企业之间的资源配置出现了问题，许多企业的资本边际产出很高，却并未获得相应的资本支持，反而一些资本边际产出较低的企业获得了大量的资本支持。也就是说，资源特别是金融资源大量配置给低效率的企业，而非高效率的企业，这显然会拉低全社会的全要素生产率水平。如果资源配置效率确实是影响TFP的主要因素，金融体系对全要素生产率的影响就显而易见了。如果金融体系将资金配置给低效率的企业而非高效率的企业，那么低效率的企业将获得投资机会，这会降低整个社会的资源配置效率，从而降低全要素生产率。

本章主要依据现有的研究成果，就金融错配对全要素生产率的影响机制进行系统的分析。在此基础上，讨论金融错配及中国当前的信贷政策对普惠金融和中小企业融资的影响。

---

① Banerjee A. V. and E. Duflo. “Growth Theory through the Lens of Development Economics”, *Handbook of Economic Growth*, 2005, 7: 473-552.

二、理论分析与实证结论

（一）基本的理论分析

瑞苏西亚和罗格森（Resuccia & Rogerson，2007）①提出一个研究资源错配的思路，他们认为任何导致资源错配的政策因素，都可以抽象为是对企业的一种税收或者补贴，并且不同的企业通常会面临不同的政策影响，这种政策会导致企业会面临不同的要素使用价格。受到补贴的企业会收取较低的要素使用价格，被征税的企业会收取较高的要素使用价格；相应的，受到补贴的企业会增加要素的使用，被征税的企业会减少要素的使用，显然这会改变要素的边际产出，从而扭曲资源的配置。现实中产生类似效果的政策很多。例如，金融市场的摩擦可能会使低效的企业以较低的价格获得资金融通，而高效率的企业却只能付出较高的价格甚至无法获得资金融通；政府针对某些企业的税收优惠或补贴会导致本身无效的企业（如国有企业）继续扩大生产，占用更多的资源；贸易管制可能导致有效率的企业无法扩大生产，而无效的企业则继续维持生产；等等。这些政策共同的特点是，他们都会导致要素的边际产出在企业间的差异，扭曲资源配置，从而降低整体的全要素生产率。瑞苏西亚和罗格森（2007）的测算结果是，类似的政策扭曲可能会导致总产出和全要素生产率减少 30% ~50% 。

谢和克莱诺（Chang - Tai Hsieh & Peter J. Klenow，2009）② 通过一个异质企业之间的垄断竞争模型，细致的解释了资源配置扭曲对 TFP 的影响机制。后文将引用这一模型来解释资源错配影响全要素生产率的机制。

假设经济中只有一种最终产品 Y，由一个代表性的厂商生产，这一代表性的厂商面临完全竞争的要素和商品市场。代表性厂商以 S 个行业的产出 Y_S 作为投入品，通过一个 Cobb—Douglas 生产函数产出 Y 如式（9 - 1）所示：

$$Y = \sum_{s=1}^{S} Y_s^{\theta_S}\text{，且} \sum_{s=1}^{S} \theta_s = 1 \tag{9-1}$$

那么完全竞争市场上的代表性厂商的利润函数如式（9 - 2）所示：

① 张钟文．资源错配对全要素生产率的影响——基于总产出的核算框架．统计研究，2015（12）．

② Hsieh. Chang - Tai，J. Klenow. Peter. "Misallocation and Manufacturing TFP in China and India"，*The Quarterly Journal of Economics*，2009，74（4）：1403 - 1448.

$$\pi = PY - (P_1Y_1 + P_2Y_2 + \cdots P_sY_s) = P\sum_{s=1}^{S} Y_s^{\theta} - (P_1Y_1 + P_2Y_2 + \cdots P_sY_s) \tag{9-2}$$

其中，P_s 为行业 s 的产出 Y_s 的价格，$P = \prod_{s=1}^{S}\left(\frac{P_s}{\theta_s}\right)^{\theta_s}$ 作为最终产出 Y 的价格，同时假定 $P=1$。

行业 s 的利润最大化的条件为：$\frac{\partial \pi}{\partial Y_s}=0$，

那么：$P\frac{\theta}{Y_s}Y - P_s = 0$

所以：$P_sY_s = \theta_s PY$

假设行业内的竞争是垄断竞争，则 s 行业由 M_S 个生产差异化产品的企业组成，这些差异化产品具有相互替代性，如式（9-3）所示：

$$Y_s = \left(\sum_{i=1}^{M_s} Y_{s,i}^{\frac{\sigma-1}{\sigma}}\right)^{\frac{\sigma}{\sigma-1}} \tag{9-3}$$

其中 σ 表示 s 行业内企业间产出的替代弹性。

假定行业 s 内每个企业的生产函数为规模不变的 Cobb—Douglas 函数如式（9-4）所示：

$$Y_{s,i} = A_{s,i}K_{s,i}^{\alpha_s}L_{s,i}^{1-\alpha_s} \tag{9-4}$$

由于企业生产函数中包括资本和劳动两种生产要素，所以可能存在三种错配：规模错配、资本错配和劳动错动，本章考虑的是规模错配和资本错配。我们将导致资本和劳动的边际产出同比例变化的扭曲定义为规模错配 $\eta_{Y_{si}}$。当企业面临政府的规模管制或高昂的运输成本时，规模错配会变大。同样的，我们将导致资本边际产出高于劳动边际产出的扭曲定义为资本错配 $\eta_{k_{si}}$。比如当企业难以获得信贷支持时，资本错配程度较大，而当企业很容易获得信贷支持时，资本错配程度较小。

当存在资本错配 $\eta_{k_{si}}$ 和规模错配 $\eta_{Y_{si}}$ 时，企业利润的最大化函数如式（9-5）所示：

$$\pi_{si} = (1-\eta_{Y_{si}})P_{si}Y_{si} - \omega L_{si} - (1+\eta_{k_{si}})RK_{si} \tag{9-5}$$

这里的资本错配和规模错配不改变行业的产出价格 P_s。其中，R 表示资金的使用成本，ω 表示劳动力的成本。

根据企业利润最大化的一阶条件，可知企业的产出价格可表示为式（9-6）

所示：

$$P_{si}=\frac{\sigma}{\sigma-1}\left(\frac{R}{\alpha_s}\right)^{\alpha_s}\left(\frac{\omega}{1-\alpha_s}\right)^{1-\alpha_s}\left(\frac{1+\eta_{K_{si}}}{1-\eta_{Y_{si}}}\right)^{\alpha_s}\frac{1}{A_{si}} \tag{9-6}$$

则：

$$\frac{K_{si}}{L_{si}}=\frac{\alpha_s}{1-\alpha_s}\left(\frac{\omega}{R}\right)\frac{1}{1+\eta_{K_{si}}}$$

$$L_{si}\propto\frac{A_{si}^{\sigma-1}(1-\eta_{Y_{si}})^{\sigma}}{(1+\eta_{K_{si}})^{\alpha_s(\sigma-1)}}$$

$$Y_{si}\propto\frac{A_{si}^{\sigma}(1-\eta_{Y_{si}})^{\sigma}}{(1+\eta_{K_{si}})^{\alpha_s\sigma}}$$

从利润最大化过程可知，资源在企业间的配置不仅仅受企业生产效率的影响，同时也受规模错配和资本错配的影响，这自然会导致资本和劳动边际产品收益的企业间差异。

把利润最大化的一阶条件和企业的生产函数相结合，可知劳动边际产品收益 *MRPL* 如式（9－7）所示和资本边际产品收益 *MRPK* 如式（9－8）所示：

$$MRPL_{si}\triangleq(1-\alpha_s)\frac{\sigma-1}{\sigma}\frac{P_{si}Y_{si}}{L_{si}}=\omega\frac{1}{1-\eta_{Y_{si}}} \tag{9-7}$$

$$MRPK_{si}\triangleq\alpha_s\frac{\sigma-1}{\sigma}\frac{P_{si}Y_{si}}{K_{si}}=R\frac{1+\eta_{K_{si}}}{1-\eta_{Y_{si}}} \tag{9-8}$$

所以，劳动边际产品收益 *MRPL* 与规模扭曲有关；资本边际产品收益 *MRPK* 与规模扭曲和资本扭曲均相关。

考察厂商资源配置对总生产率的影响，将总生产率用错配的资本和劳动来表示。则加总的行业生产要素 K 和 L 分别如式（9－9）和式（9－10）所示：

$$L_s\equiv\sum_{i=1}^{M_s}L_{si}=L\frac{(1-\alpha_s)\theta_s/\overline{MRPL_s}}{\sum_{s'=1}^{S}(1-\alpha_{s'})\theta_{s'}/\overline{MRPL_{s'}}} \tag{9-9}$$

$$K_s\equiv\sum_{i=1}^{M_s}K_{si}=K\frac{\alpha_s\theta_s/\overline{MRPK_s}}{\sum_{s'=1}^{S}\alpha_{s'}\theta_{s'}/\overline{MRPK_{s'}}} \tag{9-10}$$

这里$\overline{MRPL_s}$、$\overline{MRPK_s}$ 分别表示 L 和 K 的加权平均边际产品收益，$L_s\equiv\sum_{i=1}^{M_s}L_{si}$、$K_s\equiv\sum_{i=1}^{M_s}K_{si}$ 分别表示行业 s 中劳动力和资本的总供给如式（9－11）和式（9－12）

所示。

$$MRPL_s \propto \left(\sum_{i=1}^{M_S} \frac{1}{1-\eta_{Y_{si}}} \frac{P_{si}Y_{si}}{P_sY_s} \right) \tag{9-11}$$

$$MRPK_s \propto \left(\sum_{i=1}^{M_S} \frac{1+\eta_{K_{si}}}{1-\eta_{Y_{si}}} \frac{P_{si}Y_{si}}{P_sY_s} \right) \tag{9-12}$$

因此，可以得到总的生产函数如式（9－13）所示：

$$Y = \prod_{s=1}^{S} (TFP_s \cdot K_s^{\alpha_s} \cdot L_s^{1-\alpha_s})^{\theta_s} \tag{9-13}$$

其中：

$$TFP_s = \left\{ \sum_{i=1}^{M_s} \left[A_{si} \left(\sum_{i=1}^{M_s} \frac{1+\eta_{K_{si}}}{1-\eta_{Y_{si}}} \frac{P_{si}Y_{si}}{P_sY_s} \right)^{\alpha_s} \left(\sum_{i=1}^{M_S} \frac{1}{1-\eta_{Y_{si}}} \frac{P_{si}Y_{si}}{P_sY_s} \right)^{1-\alpha_s} \frac{1+\eta_{K_{si}}}{(1-\eta_{Y_{si}})^{\alpha_s}} \right]^{\sigma-1} \right\}^{\frac{1}{\sigma-1}} \tag{9-14}$$

这里需要区分 *TFPQ* 和 *TFPR* 这两个概念，*TFPQ* 表示企业的实际生产效率，即企业的边际产品；而 *TFPR* 表示企业以收入表示的生产效率，即企业的边际收益。根据定义得式（9－15）和式（9－16）所示。

$$TFPQ_{si} \equiv A_{si} \equiv \frac{Y_{si}}{K_{si}^{\alpha_s}(wL_{si})^{1-\alpha_s}} \tag{9-15}$$

$$TFPR_{si} \equiv P_{si}A_{si} \equiv \frac{P_{si}Y_{si}}{K_{si}^{\alpha_s}(wL_{si})^{1-\alpha_s}} \tag{9-16}$$

从理论上来说，当不存在扭曲时，企业间的 *TFPR* 应该是相同的，而 *TFPQ* 则并不必然相等。当行业内存在高 *TFPR* 的企业时，通常意味着企业面临着规模或者资本扭曲。

综合以上式子，我们可以将综合的全要素生产率表述为式（9－17）所示：

$$TFP_s = \left\{ \frac{1}{M_s} \sum_{i=1}^{M_s} \left[A_{si} * \frac{\overline{TFPR_s}}{TFPR_{si}} \right]^{\sigma-1} \right\}^{\frac{1}{\sigma-1}} \tag{9-17}$$

其中，

$$\overline{TFPR_s} \propto \frac{(1+\bar{\eta}_{K_{si}})^{\alpha_s}}{1-\bar{\eta}_{Y_{si}}}$$

则有式（9－18）：

$$\log TFP_s = \frac{1}{\sigma-1} \log\left(\sum_{i=1}^{M_s} A_{si}^{\sigma-1} \right) - \frac{\sigma}{2} \mathrm{var}(\log TFPR_{si}) \tag{9-18}$$

根据这个式子可知，决定综合 *TFP* 的除了各企业自身的 *TFP* 之外，还包括

TFPR 的分布。*TFPR* 的离散程度越高，综合的 *TFP* 水平越低。

（二）相关的实证结论

了解资源错配对 TFP 的影响机制之后，紧接着的问题就是，这种影响有多大。谢和克莱诺（2007）① 运用中国、印度和美国的制造企业数据对各国资源错配程度及其对 TFP 的影响进行了测算，他们发现中国和印度的资源错配程度较美国严重得多，如果中国和印度的资源配置状况可以达到美国的水平，那么中国的 TFP 水平可以提高 20% ~40%，印度的 TFP 水平可以提高 50% ~60%。此外，HK 的结论显示在 1998 ~2005 年期间，中国的资源配置状况在改善，从而导致 TFP 每年在以 1% 的速度改进，而印度在 1991 ~1994 年间的资源错配情况反而在恶化。

谢和克莱诺（2007）的研究关注的是在位企业之间的资源错配，忽视了行业的进入和退出壁垒对资源配置效率及 TFP 的影响。如果不恰当的政策导致高效率的企业无法进入，低效率的企业无法退出，资源错配会进一步加深。如果政府继续给予低效企业财政补贴，或者金融机构继续为其提供信贷支持，低效企业将会继续生存下去，从而增加了高效企业的进入成本，会对整个行业的资源错配和效率水平产生严重的损害。更为严重的情况会可能出现，即低效率的企业继续生存，而在位的高效率企业却不得不选择退出。上述状况被称为“外延型的资源错配”。杨（Mu - Jeung Yang，2012）② 的实证结果显示，如果行业内在位企业之间的资源错配得到完全的纠正，印度尼西亚的 TFP 水平将达到原来的 170%，如果再去除外延型的资源错配，TFP 水平可以再提高 44%。显然，外延型的资源错配对 TFP 的影响同样不可小觑。

巴特尔斯曼等（Bartelsman et al.，2009）③ 通过企业的规模与 TFP 之间的相关性来衡量资源错配情况。其依据是，如果市场是完全竞争的，高效率企业自然应该获取更多的资源，其规模应该相对较大。如果企业的规模与 TFP 之间的相关性越高，则说明资源的配置效率越高，否则说明存在严重的资源错配。他们

① Hsieh Chang - Tai，J. Klenow Peter. “Misallocation and Manufacturing TFP in China and India”，*The Quarterly Journal of Economics*，2009，74（4）：1403 - 1448.

② Mu - Jeung Yang. “Micro-level Misallocation and Selection：Estimation and Aggregate Implications”，*Working paper*，2012.

③ Eric J. Bartelsman，John C. Haltiwanger，Stefano Scarpetta. “Cross - Country Difference in Productivity：The Role of Allocation and Selection”，*NBER Working Paper*，2009.

的实证结论显示，发达国家企业的规模与TFP之间相关性更高，资源配置的效率也会更高，这与我们的直观认识是相符的。另外，尽管样本范围主要包括发达国家，但是他们仍然发现了资源配置的巨大影响，有的国家通过改善资源配置可以使产出增加15%。

其他一些实证研究同样支持资源错配对生产效率的影响。劳拉·阿尔法罗等（Laura Alfaro et al.，2008）① 的研究认为，资源配置效率对人均产出有很强的解释力，可以解释人均收入对数差异的58%。青木周平（Shuhei Aoki，2008）② 运用一个多部门核算框架测算了部门间的资源配置对全要素生产效率的影响，其结论是部门间的资源配置效率可以解释发达国家间TFP差异的17%。宋和吴（Zheng Michael Song & Guiying Laura Wu，2014）③ 运用2004～2007年的制造业数据进行实证研究认为，资本扭曲导致中国制造业损失40%的TFPR，而如果资源配置效率可以达到Compustat数据库中企业的水平，中国制造业的产出将增加31%。米德里甘和许（Virgiliu Midrigan & Daniel Yi Xu，2009）④ 运用韩国的制造业数据进行实证研究发现，资本错配导致韩国制造业损失掉生产效率和产出的40%。

国内也有学者研究了资源错配对生产效率的影响。简泽（2011）⑤ 利用中国工业企业数据数据库中提供的数据对代表性行业内部企业之间的资源错配情况进行了研究，其结论是，资源错配导致了整体的全要素生产率损失达到40%以上。罗德明等（2012）⑥ 构建了一个动态随机模型，研究了要素市场的政策扭曲及其导致的资源错配对生产效率的影响。他们的结论是，如果能消除政策扭曲，人均产出将增加115.61%，综合的TFP将增加9%。

总之，现有的实证研究成果支持了巴内吉和杜弗洛（Banerjee & Duflo，2005）⑦ 提出的观点，即资源配置效率是影响全要素生产率及人均产出最重要的因素之一。

---

① Laura Alfaro，Sebnem Kalemli－Ozcan and Vadym Volosovych. “Why Doesn't Capital Flow From Rich to Poor Countries? An Empirical Investigation”，*Review of Economics and Statistics*，2008，90（2）：347－368.

② Aoki，Shuhei. “A Simple Accounting Framework for the Effect of Resource Misallocation on Aggregate Productivity”，*MPRApaper*，2008.

③ Zheng Michael Song，Guiying Laura Wu. “A Structural Estimation on Capital Market Distortions in Chinese Manufacturing”，*Discussion Paper*，2013.

④ Virgiliu Midrigan and Daniel Yi Xu. “Finance and Misallocation：Evidence from Plant－Level Data”，*American Economic Review*，2014，104（2）：422－458.

⑤ 简泽．市场扭曲、跨企业的资源配置与制造业部门的生产率［J］．中国工业经济，2011（1）：58－68.

⑥ 罗德明，李晔，史晋川．要素市场扭曲、资源错置与生产率［J］．经济研究，2012（3）：4－14.

⑦ Banerjee，A. V. and E. Duflo. “Growth Theory through the Lens of Development Economics”，*Handbook of Economic Growth*，2005，7：473－552.

第二节　金融错配与资源错配

一、金融错配影响资源错配

如前文所述，资源错配对全要素生产率的影响，既有理论的依据，又有实证的支撑。然而影响资源错配的因素有很多，如不恰当的政府规制和政策、要素市场扭曲、商品贸易的限制、金融市场摩擦、保险市场的缺失等。那么，金融市场尤其是信贷市场的扭曲会对资源错配乃至全要素生产率产生什么样的影响呢？影响又有多大呢？

（一）金融市场尤其是信贷市场的扭曲对资源错配乃至全要素生产率产生什么样的影响？

罗斯·莱文（Ross Levine，1997）① 对金融体系的功能有一个较为全面的论述，包括在投资之前搜集和整理信息，并分配金融资本；对资金使用的监督；风险的交易、分散和转移；动员和集中储蓄；便利商品和服务的交易，等等。这些功能都能够从不同的角度促进经济增长，就本书的研究角度而言，我们更关心前两者，对此格林伍德等（Greenwood et al.，2013）② 有一个细致的论述。

格林伍德等（2013）的着力点是金融中介机构效率对资源配置效率及资本深化的影响。金融中介机构的效率体现在两个方面：一是金融机构能否将资金配置给有效率的企业；二是金融机构能否对贷后的资金使用实施进行有效的监督。这主要依赖于金融中介机构的信息生产能力。由于信息生产是存在成本的，而信息生产的边际产出是下降的，所以金融中介机构永远无法完全获取企业的所有信息，即金融机构永远无法准确判断一笔贷款的风险和收益，那么金融错配就会产生，高效率的企业可能无法获取足够的资金，而低效率的企业可能获得超出其应得水平的资金支持。

---

① 金学群. 金融发展理论：一个文献综述. 国外社会科学，2004（1）.

② Jeremy Greenwood，Juan M. Sanchez，Cheng Wang. "Quantifying The Impact of Financial Development on Economic Development"，*Review of Economic Dynamics*，2013，16（1）：194－215.

显然，金融中介机构配置资金的效率取决于信息生产能力。提高生产效率的方法包括，采用先进的技术，如采用更好的信息技术以降低信息的搜集、交换、处理和分析的成本；提高人力资源水平，如雇佣更多更好的会计、财务分析师、律师等；制度环境的改善，如信息共享机制的建立及法制环境的改善；等等。

金融中介机构效率的提升可以从两个方面对经济的增长带来好处：一方面是如果金融机构能够以更低廉的成本获取更多的信息，金融机构就可以更好地了解企业及投资项目的质量，好的企业将获取更多的资金支持，差的企业获取的资金支持将会减少，资源配置效率得到改善。另一方面是金融机构效率的提升通常会压低借贷利差，这就意味企业获得贷款的利率更低，而投资者获得的利率更高，这会刺激储蓄和投资，从而带来投资率的上升，通过资本的深化带来经济的增长。此外资本的深化会带来劳动价格的提升，进一步压缩低效企业的生存空间，改进资源配置效率。

布拉等（Buera et al.，2011）① 提出了一个金融摩擦影响资源配置的新思路。他们认为，金融市场摩擦会影响企业家资源的错配，从而影响整体的全要素生产率水平和产出水平。假定一个经济体中企业家才能服从 Pareto 分布，且独立于财富的分配。在不存在市场摩擦的情况下，最有效率的那部分企业家将获得资金支持并从事经营活动，此时社会资源配置达到最优。假定存在金融摩擦，此时企业家能够获得的外来资金规模取决于两个因素：一是企业家本身所拥有的财富，这些财富可以成为担保品，帮助金融机构降低信息成本和风险；二是金融市场的摩擦程度，如果金融市场不能有效保证金融机构的权益，金融机构将降低贷款比率。由于企业家才能和个人财富是相互独立的，贫穷的企业家只有通过外源融资才能获得经营的机会，金融市场摩擦的存在必将剥夺这些企业家的经营机会，从而造成高效的企业家无法从事经营，而低效的企业家却可以因为自身所拥有的财富获取经营机会。这会从两个方面造成效率的损失：一方面，对在位企业来说，效率较低的经营者参与竞争导致企业间的效率水平更加离散，从而导致谢和克莱诺（2007）所提到的那一类效率损失，也称为内源效率损失；另一方面，由于贫穷而高效的企业家无法从事经营，整个行业的平均效率水平会下降。另外，相对于服务业，金融摩擦对制造业影响更大，这会导致投资品价格的上升和投资率下降，以及较低的劳动工资水平，从而使更多的人选择进入经营领域，这

---

① Francisco J. Buera, Joseph Kaboski, Yongseok Shin. "Finance and Development: A Tale of Two Sectors", *American Economic Review*, 2011, 101 (5): 1964-2002.

也会拉低整体的效率水平。这两者被称为外源的效率损失。

布拉等（2011）按照规模将企业分成两个部门，即制造业部门和服务业部门。由于规模较大的制造业部门需要更多的资本投入，对受到金融约束的企业家来说门槛更高，因而受到金融摩擦的影响更大。他们的模拟结果证实了这一点。不但如此，金融摩擦对这两个部门的影响机制是不同的，对服务部门来说金融摩擦的影响有90%是体现在在位企业之间资本的错配上的，而对制造业部门而言，企业家资源错配的影响达50%。

摩尔（Moll，2014）① 关注到了另外一个问题，那就是企业家可否通过自我储蓄缓解甚至消除金融摩擦的经济影响。这一问题的答案取决于技术冲击的持久力，如果技术冲击是持久的，我们极端的假定企业家的高效率在时间序列上是完全相关的，那么最终高效率的企业家将积累足够多的资金，在均衡状态下，资源的配置和效率将不受金融摩擦的影响，但在短期仍然会导致很大的效率损失；另一种极端的情况是，如果企业家的高效率在时间序列上是完全不相关的，那么资源错配的损失将是巨大的。显然这两种极端的假定在现实中都不可能存在。布拉和申（Buera & Shin，2010）② 使用美国的数据对效率的自相关系数估计为0.87，而米德里甘和许（Midrigan & Xu，2014）③ 根据韩国的数据对效率自相关系数估计为0.94，这导致了结果的极大差异，后者认为金融错配对资源错配乃至效率的影响并不大。巴内吉和摩尔（2010）④ 则认为，就内源型的错配而言，企业可以在较短的时间内通过自我储蓄克服金融错配的影响，达到有效的状态，而要克服外源性的错配则要困难得多。

综合分析，我们可以得出结论：金融摩擦或者金融错配确实会对资源配置乃至全要素生产率产生影响。

（二）金融市场尤其是信贷市场的扭曲对资源错配了至全要素生产率影响有多大？

郑和汤森（Jeong & Townsend，2007）⑤ 认为泰国20世纪70年代到20世纪

---

① Benjamin Moll. "Productivity Losses from Financial Frictions: Can Self－financing Undo Capital Misallocation?", *American Economic Review*, 2014, 104 (10): 3186－3221.

② Buera, Francisco and Yongseok Shin. "Financial Frictions and the Persistence of History: A Quantitative Exploration", *NBER Working Paper*, 2010.

③ Virgiliu Midrigan and Daniel Yi Xu. "Finance and Misallocation: Evidence from Plant－Level Data", *American Economic Review*, 2014, 104 (2): 422－458.

④ Banerjee, Abhijit V, Benjamin Moll. "Why Does Misallocation Persist?", *American Economic Journal Macroeconomics*, 2010, 2 (1): 189－206.

⑤ Jeong H. and R. M. Townsend. "Sources of TFP Growth: Occupational Choice and Financial Deepening", *Economic Theory*, 2007, 32: 179－221.

90年代的生产效率增长70%应该归因于金融体系的效率改善。阿马拉尔和昆廷(Amaral & Quintin，2008)① 认为金融发展程度的差异可以解释美国和中等收入国家收入差距的大部分，以匈牙利和阿根廷为例，金融体系的落后几乎可以使他们的TFP水平下降一半。根据格林伍德等（2013）② 的测算，金融机构效率的提升让美国1974～2004年经济增长了30%，如果乌干达的金融体系的效率可以达到卢森堡的水平，那么产出可以增加140%，如果所有国家金融体系的效率都可以达到卢森堡的水平，世界产出可以增加65%。布拉等（2011）③ 的模拟结果显示，金融摩擦对人均产出和TFP有相当可观的影响，他们认为金融发展水平的差异可以解释美国和墨西哥之间人均产出差异的80%。尽管程度上存在差异，但上述研究基本都认为金融摩擦会对全要素生产率水平和人均产出产生重要的影响。米德里甘和许（2010）④ 以韩国和哥伦比亚的数据进行研究认为金融摩擦导致的TFP损失并不大，约为4%～5%。产生上述差异的原因在于模型的设计及参数的赋值存在差异，即便存在这样的差异，根据现有的研究成果我们仍然可以认定金融摩擦对资源错配及全要素生产率水平有着实质的影响。

二、信贷政策与金融错配

我们已经较详细地论述了金融错配与资源错配，以及资源错配与全要素生产率的关系，接下来我们希望对中国近些年的宏观经济政策对金融错配的影响进行一个简单的实证分析，以检验改革的效果。

毋庸置疑，中国的金融错配是较为严重的。互联网金融资产交易中心2014年11月所发布的《中国民间利率市场化报告》显示，2013年11月份全国16个省、市、自治区、直辖市的民间借贷利率平均为25.81%，2014年6月达到27.45%，2014年9月为27.14%。尽管近两年利率水平在不断下降，但依然一直维持在较高水平。另外，各地区的利率水平也存在差异，有的地区甚至超过

---

① Amaral，P. S. and E. Quintin. “Limited Enforcement，Financial Intermediation，And Economic Development：A Quantitative Assessment”，*International Economic Review*，2010，51（3）：785－811.

② Jeremy Greenwood，Juan M. Sanchez，Cheng Wang. “Quantifying The Impact of Financial Development on Economic Development”，*Review of Economic Dynamics*，2013，16（1）：194－215.

③ Francisco J. Buera，Joseph Kaboski，Yongseok Shin. “Finance and Development：A Tale of Two Sectors”，*American Economic Review*，2011，101（5）：1964－2002.

④ Virgiliu Midrigan and Daniel Yi Xu. “Finance and Misallocation：Evidence from Plant－Level Data”，*American Economic Review*，2014，104（2）：422－458.

120%。而同期官方的贷款基准利率仅为6%。这种巨大的利率差异很难用风险报酬进行解释。

经济学的研究普遍认为，在效率上国有企业与民营企业相比处于劣势。早期实证研究（姚洋、章奇，2001）[①] 的结论认为，国有企业的效率要远低于民营企业。之后的一些研究（张晨、张宇，2011）[②] 认为，国有企业与民营企业不存在明显的效率差异。其中一些学者认为，是改革的推进提高了国有企业的效率，但更多的学者并不认同这一观点，他们认为实证结论所显示出来的国有企业的效率提高，更多的是由于国有企业的垄断及其同政府的特殊关系所产生的，而不是技术的进步的结果。

如果我们假定民营企业效率高于国有企业，那么中国当前的金融错配是相当严重的。高效率的民营企业面临严重的资金短缺和高昂的资金使用成本，而低效的国有企业却可以以较低的成本获得大量的资金。考虑到民间利率与正规金融市场利率巨大的差异，即便我们假定民营企业和国有企业的效率是相同的，金融错配也是显而易见的。

那么，中国存在如此严重金融错配的原因在哪呢？

首先是金融摩擦的存在。根据现有的金融理论，金融市场是不完全的，存在信息不对称和交易成本，导致金融机构和金融市场无法有效的配置资金。当存在信息不对称时，金融机构无法准确地界定收益和风险，信贷配给（Stiglitz & Weiss，1981）[③] 就会出现，资金无法配置给最有效的企业，导致金融错配发生。另外，未来合约的执行通常面临不确定性，保护债权人利益的相关机制能否发挥作用，从而降低债权人的损失，往往成为金融机构选择交易对象的重要依据，最有效的企业并不一定会成为金融机构的选择。以中小企业融资为例，中小企业通常面临着更严重的信息不对称，同时缺少有效的担保品，因而即便他们的效率更高，也不会受到金融市场的青睐。中国是一个发展中国家，金融市场发育水平较低，与成熟的金融市场相比，金融摩擦更严重，由此导致的金融错配自然也更加严重。

其次是中国普遍存在的金融压抑，这是导致中国金融错配的一个深层次的原

---

① 姚洋，章奇．中国工业企业技术效率分析．经济研究，2001（10）.

② 张晨，张宇．国有企业是低效率的吗．经济学家，2011（2）.

③ Stiglitz J. E. and A. Weiss. "Credit Rationing in Markets with Imperfect Information", *American Economic Review*, 1981, 71（3）: 393 -410.

因。中国采取的是渐进转型模式，在保持宏观经济稳定的前提下逐步发展市场经济。随着改革的推进，国有经济部门必然受到冲击。为了稳定国有部门的产出水平从而保持宏观经济的稳定，也是为了对改革过程中的受损利益集团进行补偿从而减轻改革的阻力，政府必须对国有企业进行支持，在财政资源迅速下降的情况下，控制和利用金融资源成为一个必然的选择。通过利率管制、进入退出管制，以及对信贷资金的走向进行行政干预等手段，政府成功地保证了国有企业以较低的成本获得资金支持，从而保证了国有经济的稳定和发展，却也因此导致了严重的金融错配，低效的国有企业获得了大量的资金，高效的民营企业尤其是中小微企业却面临着严重的资金短缺。

政府对金融体系的控制及对资金配置的主导，确实在一定程度上保证了改革的顺利推进，但也必然带来了负面的影响。首先是商业银行不良资产的积累所带来的宏观金融风险的上升。20 世纪 90 年代中央政府已经认识到这一问题，1997 年的亚洲金融危机使中央政府最终下定决心对商业银行进行市场化改革，这一改革的核心是通过产权制度的改革，确立商业银行的市场主体地位。其次是资源配置低效。进入 21 世纪后，投资驱动型的经济增长模式越来越难以为继，通过技术进步获得持续的经济增长已经成为各界的共识，这就需要改进资源的配置效率，使资源向高效率的企业集中，金融体系低效率的资金配置能力受到越来越多的诟病。政府自然也认识到了这一问题，并出台了很多政策鼓励商业银行改进资金配置效率，尤其是鼓励他们将更多的信贷资金向民营企业和中小微企业倾斜。

那么，这些政策取得预期的效果了吗？为验证这一问题，本章运用谢和克莱诺（2009）的方法计算了微观企业的资本扭曲度，然后通过回归的办法来测定信贷政策和财政政策对资本扭曲度的影响。根据前文的分析，如果信贷政策改善了金融错配，那么微观企业的资本错配必然会得到缓解；反之，如果微观企业的资本错配并未得到缓解，那只能说明我们的改革效果不明显。同时，我们也考虑了财政和税收政策的影响，根据瑞苏西亚等（2008）①及谢和克莱诺（2009）的分析，政府歧视性的税收政策或者补贴必然扭曲资源配置，如果政府能够纠正这些歧视性的政策，资源配置自然会得到改善。

---

① Restuccia, Diego, Richard Rogerson. "Policy Distortions and Aggregate Productivity with Heterogeneous Plants", *Review of Economic Dynamics*, 2008, 11: 707 – 720.

（一）数据处理

本书数据来源于国家统计局的中国工业企业数据库，该数据库包含了1999～2019年度全国所有的国有企业及当年销售额在500万元以上的非国有制造业企业。本书研究的是全国工业企业中的中小微企业，因此按照工信部2011年的《中小企业划型标准规定》删除了不符合中小微企业划分标准的大型企业。本书的研究主要集中于金融错配对制造业的影响，因而数据的选择定位于二位行业代码13－42的制造业行业。本书需要用到的指标包括中小企业的行业代码（两位数）、工资支付、工业增加值、总资产等数据。其中，以固定资产净值衡量企业资本存量，根据邵宜航（2013）① 的研究方法，采用工资、雇员补贴和失业保险作为样本期的工资指标。

由于该数据库还存在不足之处，本书采取了以下方式对异常值进行了处理。蔡和刘（Cai & Liu，2009）② 使用了比较全面的剔除方式，因此被较多的研究者所借鉴，本书也参照了这些相关研究的剔除原则。第一，剔除相关估计扭曲度文献所需关键指标（就业人数、固定资本净值/原值等）缺失或小于零的观测值；第二，删除了资产负债率大于1的企业，即资不抵债的企业；第三，剔除蔡和刘（2009）所定义的不符合一般会计准则的观测值；第四，我们根据所使用的样本范围剔除了所使用关键指标的前后0.5%。另外，本书采用面板数据展开研究，因而选择在1999～2019年度经营期超过3年的企业。筛选后的研究样本包括了2 598家企业，共9 527个观测值。

（二）模型构建

本书试图实证研究中国宏观经济政策对中小微企业融资扭曲度的影响，根据文中的数理模型分析，借鉴先前西蒙·吉尔克里斯特（Simon Gilchrist，2013）实证研究的标准程序，构建了以下计量经济模型，用（9－19）表示：

$$dist_{it} = \alpha + \beta_1 pol_{it} + \beta Controlvariables + \varepsilon_{it} \qquad (9-19)$$

其中，$dist_{it}$表示第 i 个企业第 t 年的资金扭曲度；pol_t 表示中国在第 t 年的宏观经济政策，包括财税政策和信贷政策。

---

① 邵宜航，步晓宁，张天华．资源配置扭曲与中国工业全要素生产率——基于工业企业数据库再测算．中国工业经济，2013（12）．

② Cai H. and Q. Liu. “Competition and Corporate Tax Avoidance: Evidence from Chinese Industrial Firms”. *Eco－nomic Journal*, 2009.

（三）变量测度

1. 被解释变量

本书的被解释变量为企业资金扭曲度。本书选用在不同年份较为稳定且行业企业数较多的两位数行业分类进行测算。由于行业分类进行了调整，本书对前后的行业分类进行了统一。根据《国民经济行业分类新旧类目对照表》，“电力、燃气及水的生产和供应业”不属于制造业范畴，我们剔除了该行业。因此，最终使用的是29个两位数行业的样本。

当模型中的参数已知且企业数据可用的情况下，按照H－K模型，每个企业的扭曲度的测度公式为式（9－20）所示：

$$1+\eta_{K_{si}}=\frac{\alpha_s}{1-\alpha_s}\frac{\omega L_{si}}{RK_{si}} \tag{9-20}$$

在计算资金扭曲度前，我们需要设定一些关键的参数，按照H－K模型的方法，将资本的租赁价格设在其中，5%为真实利率，5%为折旧率。另外也如H－K模型一样，α_s 的取值也是通过计算行业平均资金份额取得的。

2. 解释变量

本书的主要解释变量为中国的政策，包括财税政策和信贷政策。本书搜集了1999～2019年与中国中小微企业融资密切相关的国家及各地区政策共125条，然后对所有的政策进行量化赋分得到各年度政策力度数值。中小微企业融资政策量化测度公式如式（9－21）所示①：

$$policy_i=\sum_{j=1}^{N}\omega_j p_j \tag{9-21}$$

其中，i 表示年份，N 表示 i 年颁布的政策数目；j 表示 i 年颁布的第 j 项政策；p_j 表示第 j 项政策的政策力度得分情况；ω_j 表示该项政策的权重，若该项政策直接针对中小微企业融资，则 $\omega_j=2$；若该项政策针对所有企业，间接影响中国中小企业融资，则 $\omega_j=1$；$policy_i$ 表示第 i 年的政策综合得分情况。

3. 控制变量

中小微企业融资扭曲度除了受国家宏观政策因素影响之外，还受到很多其他因素的影响。为了更好地完成本书的研究目的，在计量模型中适当加入一些控制

---

① 参考彭纪生等《政策测量、政策协同演变与经济绩效：基于创新政策的实证研究》中政策的量化方法。

变量是非常必要的。本书的控制变量选择，采用了企业自身条件和财务结构等方面的指标，主要包括以下几个变量：

（1）企业规模（SIZE）：采用企业的总资产的自然对数表示；

（2）资产负债率（ZF）：采用企业负债与总资产总额的比值表示；

（3）企业从业人数（PEP）：采用企业从业人数表示。

（四）实证结果及分析

宏观经济政策对中小微企业资金扭曲度之间关系的多元回归分析结果如表9-1所示。本书实证结果中所有的模型均通过了 F 检验，显著性 $p<0.001$，表明构建模型有效。根据 Hausman 检验，本书所有模型均采用固定效应模型。调整后的多重判定系数 R^2 较高，表明回归方程的拟合度较好，满足了多元回归的要求。

表9-1　　多元回归分析结果

因变量 dist				
	模型1	模型2	模型3	模型4
sale	-4.003***	-3.980***	-4.036***	-3.899***
	(-5.450)	(-5.410)	(-5.480)	(-5.340)
pep	0.0116***	0.0115***	0.0116***	0.0117***
	(3.110)	(3.080)	(3.120)	(3.120)
zf	1.001	0.978	1.012	0.882
	(0.560)	(0.550)	(0.560)	(0.490)
pol		-0.040		
		(-1.260)		
pol_cred			-0.0338	
			(-0.790)	
pol_fin				-0.135*
				(-1.78)
调整后 R^2	0.860	0.857	0.851	0.852
N	9 275	9 275	9 275	9 275
Hausman 值	7.91**	9.32***	9.47**	14.26**
F 值	9.230	7.700	7.510	7.960

注：表中所列为标准化回归系数，括号内为该系数的 t 检验值。*** 表示 $p<0.001$，** 表示 $p<0.05$，* 表示 $p<0.1$。

在表9-1中，模型1是基本模型，仅包含控制变量。采用仅包含控制变量的模型是为了更好地与其他模型进行对比，从而更有效的说明宏观经济政策与中小微企业资金扭曲度两者间的关系。从模型1的回归结果可以看出，除资产负债率外，所有的控制变量基本都显著地影响了中小企业资金扭曲度。企业从业人数正向影响企业融资成本，表明资金扭曲度较大的企业选择增加从业人数来替代资金，与预期较为一致。企业规模负向影响企业的资金扭曲度，这与预期基本一致。由于中小微企业受到严重的融资约束，规模越大，可抵押的资产增多，能较容易地获取资金，因而其资金扭曲度必然减小。

模型2-4分别体现了宏观经济政策及分项的信贷政策和财税政策对企业资金扭曲度的影响。模型2中可看出，中国的宏观经济政策可以减缓金融错配的影响，但效果并不显著。其中，宏观经济政策的回归系数为-0.04，统计并不显著。在模型3-4分项的研究中，信贷政策的回归系数为-0.0338，统计不显著。但财税政策的回归系数为-0.135，统计显著。这表明，中国的信贷政策基本无助于中小微企业资金扭曲度，财税政策效果较为明显。因此，尽管中国政府出台了大量的信贷政策，但效果并不理想，表明信贷政策在传导机制上存在不足，并未有效地影响银行等金融机构对中小微企业信贷资金的配给。

第三节　一个简要的分析

根据前文实证结论可知，尽管在1999~2019年期间，中国出台了大量的信贷政策，期望对金融错配加以纠正，更好的发展普惠金融，但效果并不明显。我们认为，中国的金融体系设计存在系统性偏差，仅靠信贷政策调整难以达到预期的效果。

如前文所述，中国金融体系的设计是为了实现对国有企业的资金融通，在这种思想指导下建立起来的金融体系与市场经济条件下成长起来的金融体系相比，本身存在缺陷，自然难以实现改进资源配置效率的宏观经济目标。具体来看，主要体现在以下几个方面：

第一，现有金融体系的组织架构存在问题。为了实现对金融资源的控制，政府必须保证金融资源的集中，而要保证金融资源的集中就必须要拥有一套垄断性的金融组织。改革开放以来，集中和垄断一直是中国金融体系的显著特征。一方面，银行在整个金融体系中居于绝对的主导地位；另一方面，银行业内部大银行居于绝对的主导地位。这样集中而单纯的组织体系，显然不利于整个社会的资金融通。因为，我们庞大的经济体系中包含各种各样的组织，它们具有不同的特点和不同的融资需求，而大型商业银行通常只适合满足某一类或者几类组织的需求。以中小微企业融资为例，许多学者的研究都认为，相较于大商业银行，中小银行更有利于中小微企业的融资。如果现存的金融机构不能或者无法满足一些高效企业的融资需求，那么资源错配就必然存在。另外，垄断本身会制约金融组织的创新和技术进步，同样不利于资金配置效率的提高。

第二，信用市场的发生机制存在问题。市场经济条件下，金融机构为企业提供资金融通需要搜集企业和项目信息，根据收益和风险做出交易与否的判断；需要根据现实条件设计合同条款，以约束债务人保护自身利益；需要对合约的执行进行监督和控制。而国有银行对国有企业的信贷过程在各个环节都与市场交易不同，国有银行可能更关心政府的意图而不是具体的风险和收益；国有银行与国有企业之间的交易安全，通常通过政治权力或者政治组织内部的协商来保证；尤其重要的是由于政府的隐性担保，国有银行可能并不太关心企业违约与否，以及违约可能带来的损失。这些信用发生机制的不同，可能会使国有银行在向市场主体发放贷款时力不从心，从而限制其贷款能力。

第三，金融管制存在问题。20 世纪 90 年代，银行业的风险开始受到政府管理部门的重视，为控制银行业的风险，监管部门出台了很多的措施，并且随着银行业改革的推进，监管愈来愈严格。对银行业进行监管从而控制宏观经济风险无可厚非，也符合世界潮流，但由于中国银行业缺乏有效的市场约束机制，政府监管则成为防范风险最重要的手段，从而导致对银行业的监管过于烦琐和严苛，使商业银行在对体制外的经济组织贷款时束手束脚。另外，商业银行在中国金融体系中处于绝对的支配地位，这种做法实际上截断了很多企业的外源融资渠道。为了防范利率波动带来的金融风险，中国一直对利率进行管制，同时为了变相补贴国有经济部门，一直将利率压制在较低水平，这样的利率政策必然导致商业银行放弃那些高风险高收益的项目，使许多有效率的企业和项目无法获得资金支持。

第四，公共品的建设存在问题。金融市场是一个有机的整体，要想使金融市场有效地运转，不仅需要高效的金融组织，先进的交易手段和交易技术，还需要大量公共品的有效供给，如良好的法制环境、通畅的信息获取渠道、良好的信用文化，等等。由于国有银行和国有企业之间的资金融通，通常并不依赖于这些外部环境，所以导致中国在这些基础设施方面的建设严重滞后，从而阻碍了市场化融资活动的开展。

综上所述，在现行的金融体系下，金融机构向完全市场化的主体提供贷款仍然存在很多障碍，金融机构会更多地选择为体制内的企业提供贷款。很多时候金融机构不是不愿意，而是没有能力也没有激励措施向体制外的企业提供贷款。因而，简单的信贷政策调整通常难以改变整个市场的资金配置状况，除非对整个金融体制进行系统性的调整，否则无力改变整个经济的资源配置状况。以上研究启示：对普惠金融体系的构建具有一定的理论和现实意义。

第十章　普惠金融与金融错配（二）

第一节　金融错配与金融制度

一、金融错配的表现

中国金融错配的本质是在货币供应总量充足的情况下，金融资源的结构配置和资金流向出现了扭曲，突出表现是中小企业很难获得银行贷款和直接融资，这也正是普惠金融所要解决的重要问题。因此，只有从解决金融错配入手，普惠金融才能顺利进行，中小企业融资约束才能得以缓解。金融错配主要表现在两个方面：

（一）资金流向扭曲

近年来，中国经济发展中出现了资金投放量与经济增速不匹配的现象，在货币总量相对宽松的情况下，经济增速相对低迷，工业生产疲软，工业品出厂价格自 2012 年 4 月起连续 20 多个月负增长。2020 年 12 月末，我国货币供应量重要指标 M2 余额 218.68 万亿元，同比增长 10.1%，而同期国内生产总值（GDP）增速仅为 2.3%，货币资产总量与经济总量的差距进一步拉大。同时，金融资源的配置更多的集中于房地产市场、地方融资平台、国有企业和在银行间市场进行套利，而急需发展的中小微企业贷款占比却不高。中国人民银行发布的《2020 金融机构贷款投向统计报告》报告显示，截至 2020 年年底，金融机构人民币各项贷款余额 172.75 万亿元，同比增长 12.8%。其中主要金融机构及小型农村金融机构、外资银行人民币房地产贷款余额 49.58 万亿，同比增长 11.7%，全年增加5.17万亿元，占同期各项贷款增量的26.1%。尽管监管部门一直努力向商业银行“吹风”，加大对中小微企业贷款的支持力度，但执行结果却不理想。根据中国人民银行的数据显示，2020年年底，主要金融机构小微企业贷款余额（普惠金融口径）21.53万亿，增速比上年同期仅提高了1.1个百分点。

（二）融资结构失衡

目前，中国的融资结构严重失衡，主要表现为间接融资比重过高，直接融资占比太低，2004～2020年中国融资市场中直接融资比例在变化中上升，虽然从表面上看，融资结构在不断地变化，但是从本质上看，中国的融资市场还是先天具有间接融资的特征的。因此，融资结构的变化并未带来融资市场品质的提升，以至于出现了三种怪现象：一是间接融资的比例虽然降低了，但是企业融资成本反而升高了；二是货币流动性宽松了，但是企业融资状况反而紧张了；三是融资方式和手段多元化了，但是企业的融资渠道反而单一了。更为可怕的是，中国的融资市场出现了间接融资操纵下的直接融资假象。很多直接融资的交易完全被间接融资所控制，导致了直接融资市场效应的异化和品质的降低。

从本质上讲，中国融资市场还未摆脱商业银行主导的格局，甚至出现了在间接融资操纵下的直接融资假象。第一，几乎所有直接融资的发起、过程和结果，都与商业银行有着千丝万缕的联系，有的名为直接融资，实为间接融资的附属品，如为规避政策监管，银行资金由表内转到表外，成为直接融资的资金来源；第二，商业银行对特定直接融资对象实施直接或间接的风险托底，改变了出资人承担风险的本质；第三，直接融资交易的环节与层次被商业银行传统间接融资流程“绑架”，并串联起众多不同利益主体，如以通道业务转换的各类直接融资业务，成为直接融资的动力原点。这种市场假象比市场结构失衡本身更可怕、更危险，并直接导致了直接融资市场效应的异化和品质的降低。这是中国融资市场中的债务“高杠杆率”现象和中小微企业融资难、融资贵的主要根源。

二、金融制度边界

金融制度是为提供包括融资在内的一系列金融服务而设立的规则，由此我们可以把得到融资的融资需求人视为被金融制度接纳，得不到融资的融资需求人视为被金融制度排斥在外，由此在融资需求人之间就有一条界线，我们可以称其为金融制度边界，中小微企业得不到融资就意味着被排斥在金融制度边界之外。如果我们能知道制度边界是如何决定的，就能找到中小微企业被排斥在制度之外的真正原因。

（一）金融制度边界基本模型

1. 金融制度集与金融制度边界

假设存在一个经济体，有若干融资需求人，我们可以将其看作的一个集合称为 X（如图 10－1 所示），集合中的每个点看作一个融资需求人。经济体中存在着金融制度，其下有诸多的金融市场及金融机构等金融组织向需求人提供融资，需求人向这些金融组织申请融资，后者根据自身设定的条件决定向哪些融资需求人提供资金。我们把所有能够从这个金融制度中获得资金的需求人视为一个集，标记为集合 A，称为金融制度集，集合的边界构成金融制度边界，如图 10－2 所示的不规则圆，有 $A \subset X$。集合 A 外边的点，即集合 $X-A$ 为制度无法提供资金的融资需求人。用映射来表示，点集 X 可以视为定义域，存在一个映射 f: $X \to \{0, 1\}$，其中 $f_A(A)=1$ 表示需求人得到融资；$f_A(X-A)=0$ 表示需求人得不到融资。中小微企业融资难指的就是中小微企业作为融资需求人被排除在集合 A 外，解决中小微企业融资难的问题，就是要求集合 $X-A$ 尽可能小。

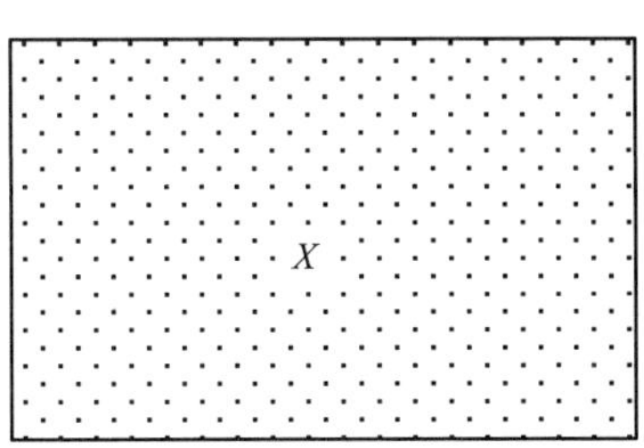

图 10－1　融资需求人集

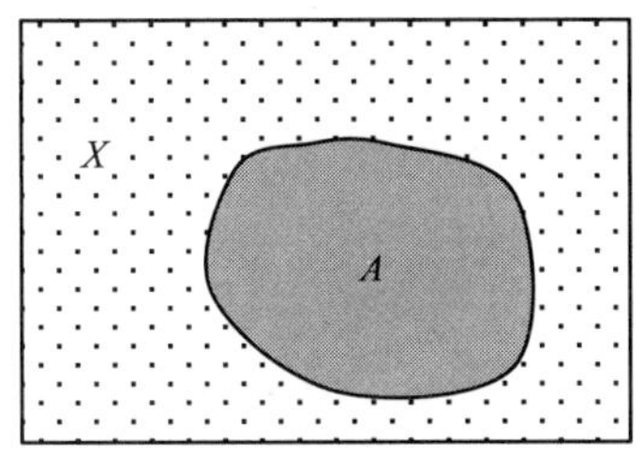

图 10－2　金融制度边界

2. 融资需求人在集合 X 中的排列

用集合来表示金融制度集与边界，这意味着集合中的融资需求人是非均质的，需要按一定的规则排列，这种排列规则让居于集合中心的融资需求人最容易得到制度支持，而居于外围的融资需求人则最容易被制度排除在外。融资需求排列标准我们将从金融制度下金融组织的融资决策依据来确定。金融组织的核心工作是收集与处理与融资需求人相关的信息，并依据这些信息来评估风险以做出融资决策。每一个融资需求人的信息是多维的，如果用 x 表示融资需求人信息，有 $x=(x_1, x_2, \cdots, x_s)$。对于融资需求人，基于成本的考量，金融组织不可能去获取他们的所有信息，只会选择在他们看来最能揭示融资需求人风险状况的部分信息，即 $\eta(\eta \leqslant s)$ 维信息。而针对不同的融资需求人，最佳信息组合往往并不相同。因此，本课题根据信息（组）的特征对融资需求人在集合 X 中的位置进行排列。

反映信息特征的要素有多种，如概率、熵等，本书我们采用信贷理论中最常用的硬信息与软信息的分类方法。硬信息的特点是易于向第三方传递，并可以由第三方验证，且在传递过程中不容易扭曲和丢失的信息，主要指财务信息；软信息则难以向第三方传递和验证，传递过程中容易扭曲和丢失，主要指的是非财务类信息。信息越“软”越难以传递和验证，但是无论软信息还是硬信息它们都可以揭示出项目真实情况。对于中小微企业的融资，他们的硬信息一般比较差，要判断其项目情况要就需要更多软信息。相对于硬信息，软信息的数量更大，种类更多，不确定性更强，造成其收集的成本和处理的成本高于硬信息，且信息越“软”，成本就越高。

如图 10－3 所示，对于集合 X 中的融资需求人，我们按照信息的软硬程度进行排列，硬信息占优的融资需求人居于中心位置，由中心趋向集合 X 的边缘，融资需求人的信息中软信息占的比重越来越大，居于边缘的需求人其信息中软信息所占的比重最大。

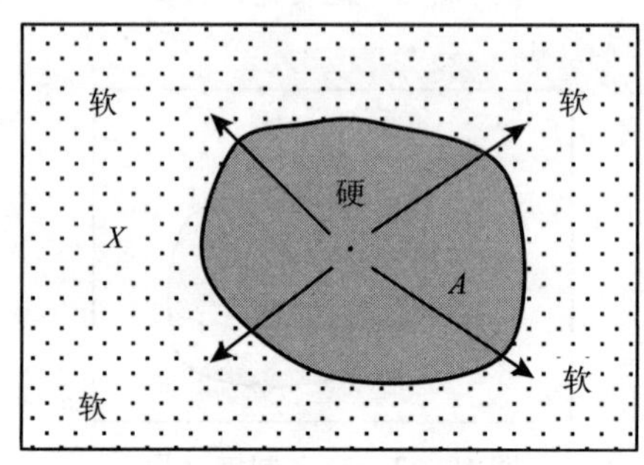

图 10－3　融资需求人在需求集中的排列

（二）多层次金融制度边界

金融制度并非单一制度，它包含有多种次级金融制度，如银行制度、证券制度、资本市场制度、债券市场制度等，这些小的金融制度也可以分为直接融资制度和间接融资制度，而每项金融制度都要同时面临着信息软硬程度不同的融资需求人。

信息的软硬程度决定了其传递性不同，以不同软硬信息作为决策依据的金融机构和市场规模也就不同。以硬信息为主的金融机构可以构建多层次的科层组织，信息在多科层间传递扭曲少，其经营区域和规模可以很大，形成全国性大金融机构；相反，以软信息为主的金融机构科层组织要少，故而其经营区域和规模就小，形成区域或地方性金融机构。因此，覆盖同样数量的融资需求人，信息越硬需要的金融机构越少，信息越软需要的金融机构就越多。同样，处理硬信息为主的金融市场可以建成全国性金融市场，而处理软信息为主的金融市场形成区域或地方性金融市场。这样在区域上就构成多层次的金融机构与金融市场体系。

1. 金融机构在融资需求集中的排列

以融资需求人为核心，把金融机构的服务对象作为制度集，我们可以得到如图 10－4 所示的各层次金融机构的制度边界。图中大金融机构为全国性金融机构，针对的是信誉良好、资产规模大的客户，以硬信息为主，采用交易贷款技术，处在图中央；中型金融机构为区域性金融机构，其决策依赖部分硬信息和部分软信息，针对中等规模的企业，采用关系贷款技术，其数量要多于大金融机构，位于大金融机构外围；数量众多的地方性小型金融机构主要服务于中小客户，使用软信息决策，位于区域性金融机构外围；此外还有众多的非正规金融，面对小微企业，依靠软信息决策，处于正规金融机构最外围。

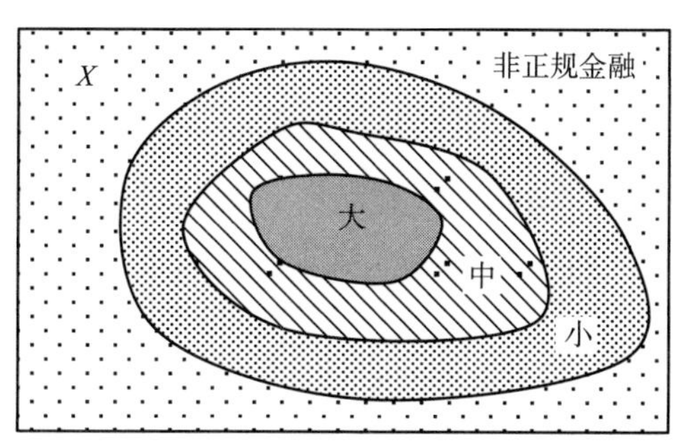

图 10－4　金融机构在集合 *X* 中的排列

2. 金融市场在金融需求集中的排列

根据同样的原理，在集合 X 中同样可以按区域构建多层次金融市场（如图 10-5 所示）。居于中心位置面向的是全国的金融市场，主要为那些规模大、经营稳定、财务数据良好的大公司提供服务，市场参与者依据硬信息决策；外围的区域性金融市场面向的是一个区域内的中型公司，这些公司经营相对稳定，财务数据较好，市场投资者主要依据硬信息同时参考部分软信息决策；再外围为地方金融市场，面对一些在地方上较好的中小型公司，投资者多依据软信息决策；最外围的是民间融资市场，面对的是小公司，主要向熟悉的人进行融资，以软信息为主。

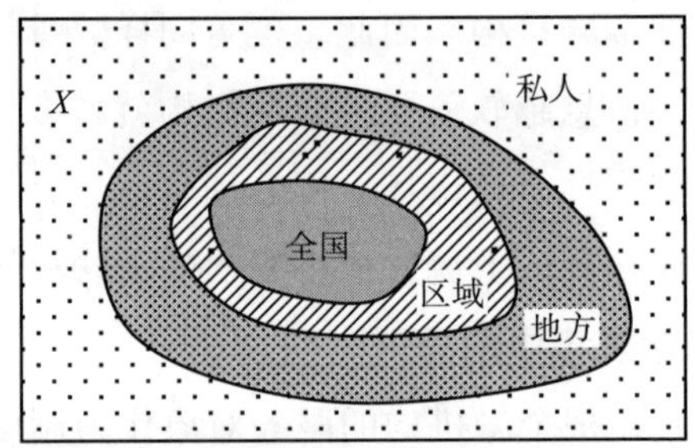

图 10-5　金融市场在集合 X 中的排列

3. 机构与市场的相互替代及多层次金融制度边界

科斯认为企业与市场作为两种资源配置渠道可以相互替代，金融机构与金融市场也是可以相互替代的，表现为当融资需求人同时可以通过金融机构和金融市场融资时会选择融资成本低的融资渠道。由于金融机构运营成本的存在，通过中介融资的成本要高于市场融资，但是由于信息生产的稀缺性，只有那些与金融机构有过长期融资关系的融资需求人才可以在市场建立信用从而在市场上融资，出现市场替代机构的情形①。如图 10-6 所示，假定机构的制度集为 B，市场的制度集为 S，市场对机构的替代为 $S \subset B$。机构也会替代市场，当企业规模扩大，其融资渠道由低一级地域走向高一级地域时，如从区域走向全国，就会出现机构替代市场，表现为机构是市场的一个子集。

① Diamond D. W. "Monitoring and Reputation: the Choice between Bank Loans and Directly Placed Debt", *Journal of Political Economy*, 1991, 99: 689-721.

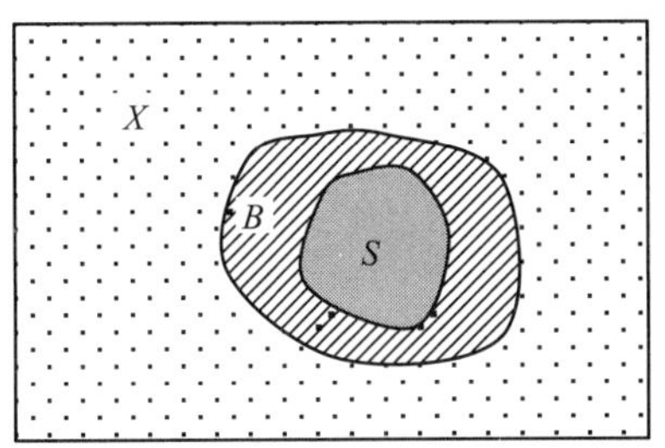

图 10－6　机构与市场的替代

把上述各层次的金融机构和金融市场放在 X 中就构成了一个多层次融资体系，这一融资体系总体就是金融制度集（如图 10－7 所示）。图中由外而内首先是地方小型金融机构代替民间融资，然后地方金融市场替代地方小型金融机构；接着中型金融机构替代地方市场，随后区域金融市场替代中型金融机构；再往里区域性金融市场被大型金融机构替代，最后全国性金融市场替代了大型金融机构。形成了一个渐次递进的金融体系，没有得到融资支持的中小微企业被排斥在边界之外。

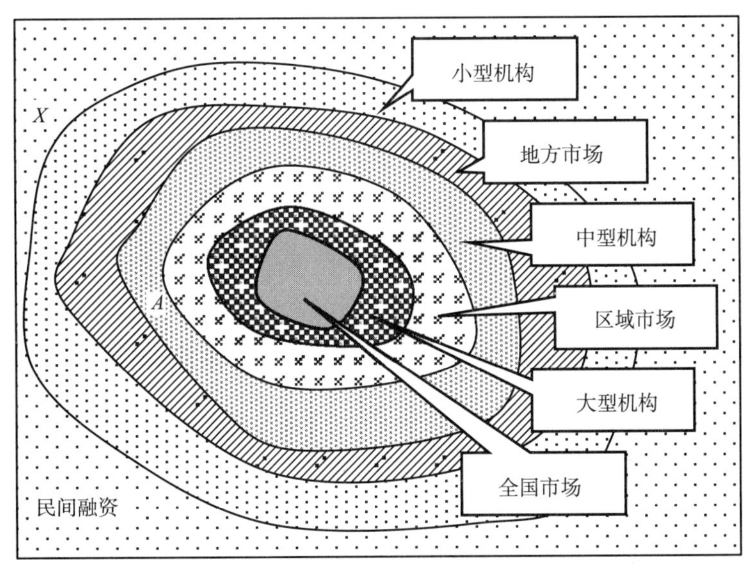

图 10－7　多层次的金融制度边界

第二节　普惠金融与金融制度边界

现行的以商业银行为主导的融资体系里，金融制度边界较为狭窄，因而其排斥为中小微企业融资服务。发展普惠金融的意义，就在于不断扩大金融制度边界，提高金融的包容性，推动金融服务的均等化。因此，金融制度边界理论是普惠金融重要的理论渊源，厘清普惠金融与金融制度边界的关系非常重要。

一、金融制度边界的变动

金融制度边界是融资需求人对制度选择的结果，如果制度提供的融资机会成本大于收益，需求人将会选择获得收益最大的那项制度融资，则制度边界将会扩张，如果制度提供的融资收益下降，则制度边界就会收缩。造成制度边界变动的因素既有可能是制度成本的变化，也有可能是其他影响融资需求人成本收益变动的因素。

（一）信息成本与制度边界变动

制度运行所需要的成本称为制度成本，虽然制度成本的组成还没有明确，但普遍认为交易成本是制度成本的主要组成部分，交易费用的变动对制度变迁具有重要作用，而制度的变迁可以视为制度边界的变动。威廉姆森（Williamson，1975）① 将交易费用来源分为搜寻、信息、缔约、决策、监督及违约成本六个部分，这六个部分的费用都与信息有关。因此，信息费用对于制度边界的变动有直接影响。

金融组织的融资决策和风险控制都是建立在信息的基础之上的，获取和处理信息的成本就构成了融资成本的重要组成部分，信息成本的高低影响融资成本的高低从而影响制度边界的扩大与缩小。信息引起的成本变动表现在以下几个方面：一是信息的质量，即信息本身所蕴含的融资需求人情况的真实性，当信息质量高时，信息成本降低金融制度边界扩大，当信息质量低时成本上升金融制度边界缩小。如果社会建立起良好的信用和征信体系，则融资需求人信息会比较真实且信息较易获得，金融制度的边界会扩大，反之金融制度边界将会缩小；二是信息的收集数量。当信息的质量不高时，就需要收集融资需求人更多信息，以便更全面了解融资需求人风险状况，但是随着信息收集数量的增多，成本也会上升，

① Williamson O. E. “Markets and Hierarchies：Analysis and Antitrust Implications”, *New York*：*Free Press*, 1975.

制度边界也会缩减。软信息由于不确性较高，依据软信息决策的金融组织就需要收集更多维的信息，其信息成本就会增加。

（二）金融创新与制度边界变动

林毅夫（1989）[①] 认为，技术变动可以引起生产成本与交易成本的变动，进而引起制度失衡，推动制度变迁。金融创新也会引起融资成本与收益的变动，引起金融制度失衡，推动制度变迁甚至新制度的产生。金融创新主要包括两个方面：一是新的金融理论的创新；二是金融技术创新。诺斯（1971）[②] 把推动制度变迁的因素归为规模经济、外部收益成本的内部化、降低风险及更经济地使用交易费用。金融创新主要作用体现在降低风险方面，这种创新往往会推动金融业在经营方式、外部监管制度方面的改变，进而引起制度边界扩张。

资产组合理论是金融领域最重要的理论创新，它提供了风险计量的方法并建立了通过组合降低风险的技术，它对金融机构的经营思路和金融监管思想产生了深远的影响。首先它发明了风险计量的方法并建立起了风险与收益的关系，使资产得以合理定价，推动金融交易的发展。其次它证明了通过资产组合可以降低风险，为金融机构的发展提供了方向，金融机构开始进行资产配置的多样化，注重资产在产业间、地域间配置；金融机构致力于规模化发展，因为只有规模上去了，才能更好地实现分散投资的目的，同时也可以实现规模经济。以资产组合理论为指导建立起了金融业监管体系，对金融业的稳定做出了重要贡献。

不对称信息理论让人们认识到风险新的来源，由此创立了一系列风险控制技术。首先是补救措施，包括信贷配给、抵押担保等。随后发展起来的关系融资和群贷技术则是以解决信息不对为目的，关系融资让金融业把自己的制度边界扩展到许多中小微企业，而群贷则把制度边界扩展到大量小微企业和低收入人群。

除此之外，金融制度内部也存在着制度创新，对于扩张金融制度边界也起到了重要作用。风险投资是一种比较突出的制度创新，它针对的主要是初创型的高科技企业，通过专家分析及对初创企业的全方位支持，降低了投资风险和扶持了企业成长。

---

① Williamson O. E. "Markets and Hierarchies: Analysis and Antitrust Implications", *New York: Free Press*, 1975: 372 - 418.

② Williamson O. E. "Markets and Hierarchies: Analysis and Antitrust Implications", *New York: Free Press*, 1975: 295 - 326.

(三) 竞争与制度边界变动

诺斯(1971)认为,制度变迁应当遵从"成本—收益"分析,一项新的制度安排只有在创新的预期净收益大于预期的成本时才会发生。这种新制度的安排发生意味着旧制度的消退和新制度的扩展,体现了两种制度的竞争结果,我们可以把这种竞争看作是制度使用者选择的结果。

制度提供了金融机构的行为规则,但直接为融资需求人服务的是执行这一规则的金融机构。对于同一融资需求会有不同的金融机构提供服务,需求人会比较不同机构提供服务的成本,在项目收益相同的情况下他会选择成本最低的那个机构,这就体现为多个机构争取同一融资需求人。在竞争中胜出的机构其边界就会扩展,而在竞争中失败的机构就意味着边界的收缩。我们可以用两个机构来表述这种竞争。如图 10-8 所示,存在两个机构 E_i 和 E_{i+1},$E_i \cup E_{i+1} \neq \varnothing$,两个机构将在交集部分产生竞争,在库诺特竞争均衡下,成本低的机构会赢得融资需求人,最终交集中会有一条分割线,在线上两个机构的服务成本对融资需求人来说是相同的,如图 10-8 的虚线所示。其边界的变动即产生于交集部分,当 E_i 竞争力强成本更低时虚线将向 E_{i+1} 移动,反之相反。

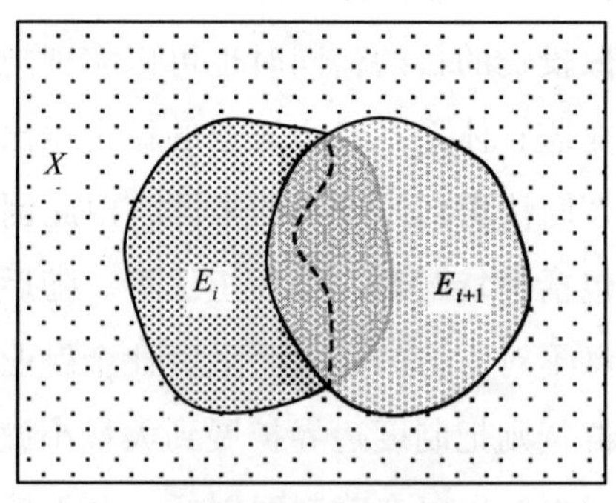

图 10-8 机构竞争与机构边界变动

如前文所述,金融制度也是分层次的,每一次级金融制度都是由诸多同类型的金融机构构成的。虽属同类型金融机构,遵守同样的制度规则,但是不同金融机构也会有所差别,造成这些差别的因素包括管理水平、信息集的选择、信息处理技术、人力资本等,而对于相同的客户,不同机构评价结果也会有差别,给出的融资成本也不会完全相同,制度边界也就不会重合。如图 10-9 所示,某项次

级金融制度 I_j 下存在金融机构 $E_1 \sim E_i$，各机构集合的并集构成制度 I_j 的制度集，即 $\bigcup_{i=1}^{n} E_i = I_j$，并集的外缘构成了此制度的边界。可以看出一个制度内的机构越多，机构之间的差异性越大，则制度边界就会越大。推动机构差异的最重要的力量是竞争，因此竞争不仅仅可以降低融资成本，从制度边界角度看，它同时也扩大了金融制度边界，扩大了供给。

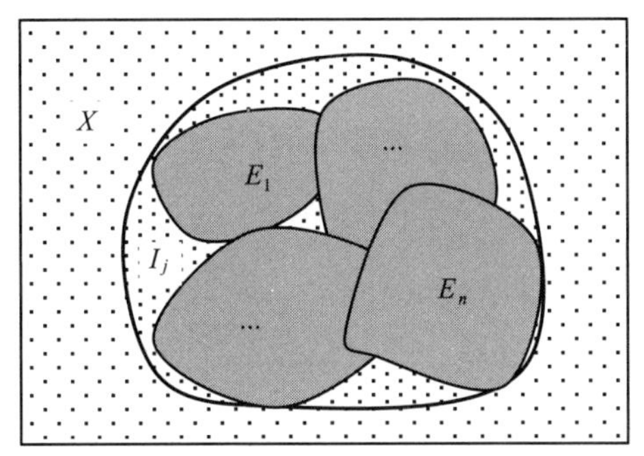

图 10－9　机构边界与制度边界变动

金融机构之间存在竞争，同理，不同的次级金融制度之间也存在竞争。体现为不同次级制度通过其治下的金融机构争夺融资需求人，使融资需求人在不同次级制度之间进行选择。如果一项制度吸引到的融资需求人越多，则其制度边界越大，否则边界缩小，当吸引不到融资需求人时，说明这个制度就消亡了。而对于整个金融制度来说，次级金融制度越多，制度之间差异越大，则整个金融制度的边界也就越大。

（四）其他因素引起的制度边界变动

除了前文所述因素外，其他一些引起融资需求人收益与成本的因素也会引起制度边界的变动。

利率作为资金的价格是需求人融资成本的最重要一项内容，在融资需求人项目收益率不变的情况下，利率升高将会使一部分需求人退出，从而缩减制度边界；而利率降低则会让一部分低风险、低收益的需求人前去融资而扩大金融制度边界。资金供给也会影响制度边界的变动，虽然资金供给与利率密切相关，但是在利率确定的情况下，资金供给也会影响制度边界，资金面宽制度边界就会扩展，而资金面紧则会出现相反的结果。与利率相关的另一个因素是通货膨胀率，和缓的通货膨胀率降低了实际利率，有助于投资，扩大制度边界。可以说助推投资因素的同时也扩张了制度边界。

从收益上来看，能够增加融资需求人收益的变化也会扩大金融边界。宏观经济状况与企业的收益密切相关，当经济处于上升期时，融资需求人预期收益会增加，融资需求增加助推制度边界扩张；当经济处于下行期时，预期收益缩减引起金融制度边界收缩。产业创新和产业技术进步也有助于提升企业的利润水平，从而扩大金融制度边界，而当产业衰落时金融制度边界会收缩。此类金融制度边界变动是一个被动过程。

其他产业的发展也会影响金融制度边界的变动。对当下金融制度边界影响最大的是信息产业的发展，电脑、互联网等技术的进步大大降低了信息收集与传递的成本，让金融服务业可以低成本地铺开，使金融服务业触角可以扩张到边远地区，从而扩大了金融制度的边界。随着信息技术的发展及金融业对这些技术的应用，这种影响还会得到更充分的挖掘。

社会文化等因素对制度边界的影响也开始进入人们研究视野。一般认为，这些制度也属于对人的行为的规范，这些规范可以影响融资活动中的交易成本，从而对金融制度边界产生影响。

二、金融制度边界约束中小微企业融资

由于金融存在脆弱性且由此引发的金融危机很容易导致经济危机，金融业在各国都受到了严格管制。随着经济全球化和金融全球化，各国金融机构纷纷跨出国境经营，为了让各国金融机构在国际竞争中有一个公平环境，也为了防止金融危机及经济危机在国际之间的传染，世界各国开始实行统一的监管制度，其标志就是制定国际金融监管规则的巴塞尔委员会的建立及巴塞尔监管协议的制定。在现有监管体制下，“金融部门的工作强调金融稳定与金融效率的重要性，但是对于如何让更多的主体获得金融服务则关注较少”①，而最缺少关注的就是中小微企业与低收入人群。金融机构要想生存发展，需要首先遵守金融监管制度然后再去追求效益，当监管制度忽略掉中小微企业时就造成了中小微企业融资困难，这使得基于需求与效率形成的供给必然受到管制制度的约束。这些约束可以来源于

① World bank. “Finance for all?”, *www. worldbank. org/INTFINFORALL/ Resources/*, 2008.

以下几个方面：

（一）巴塞尔协议的风险管理规范排斥了中小微企业

巴塞尔协议是各国商业银行遵循的经营规则，它基于风险资本对商业银行进行管理，规定风险资产对资本金不得超过一定的比例。风险资产的计量是根据资产风险状况进行计量的，风险越低则同一资产计算出来的风险资产量就越少，这意味着在资本金一定的情况下，资产的风险越低则银行可以运用的资产规模就越大，银行的资本收益率越高，故而银行会努力降低资产的风险。在巴塞尔协议中，风险的计量和管理是以资产组合理论为基础的。资产组合理论对风险的计量是以企业的历史记录为基础，这意味着那些资产规模大、经营时间长、财务状况好、信息透明度高的大公司计量出来的风险小，而资产规模小、经营时间短、财务状况不良、信息不透明的中小微企业计量的风险大。为规避风险，银行经营过程中就会舍弃掉中小微企业，向大企业靠拢。资产组合理论对风险的管理原则即是通过多元化的投资降低风险，为了实现投资多元化，银行努力实现贷款产品多元化、行业多元化及地域多元化，银行向全功能、大型化发展。即银行业发展模式越来越趋同化，不愿意向中小微企业提供融资服务。

如图 10－10 所示，一个合理的金融体系应当是大、中、小银行同时并存，各自为不同的客户群提供服务，而在巴塞尔协议的监管之下，小银行和中型银行都趋向于大银行，多层次的金融机构体系消失了。

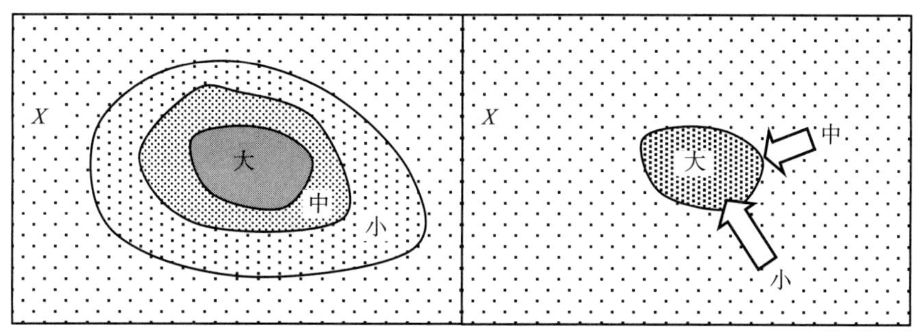

图 10－10　多层次的金融体系消失

（二）监管制度压缩了制度边界

金融机构的差异性可以扩大制度边界，但越来越严格和宽泛的监管制度减少了这种差异性。虽然金融的管制应金融危机而产生，但是金融危机并未因管制消失仍然反复出现，由于每次发生金融危机的原因都有所不同，由此总结的经验既会成为新的监管规则，中间虽有反复，但金融业的管制制度总体上是一个逐步严格化和扩大化的趋势。监管内容从外部来说包括金融机构的进入和退出、竞争及经营范围区域等，从金融机构内部来说，包括公司治理、内部机构设置、风险管理、产品策略等。为了便于监管和实现公平，所有受监管的机构遵守相同或相近的规则和指标。这些规定对于控制金融业风险起到了重要作用，但是这些规定越详细，金融机构之间的差异性就会越小，所面对的融资需求人也越来越趋同。图10－11是图10－9演变而来，当图10－9的金融机构差异性的缩小时，不同金融机构的交集增加，也让金融制度边界被压缩了。在宏观方面，机构的趋同性会产生严重的系统性风险。

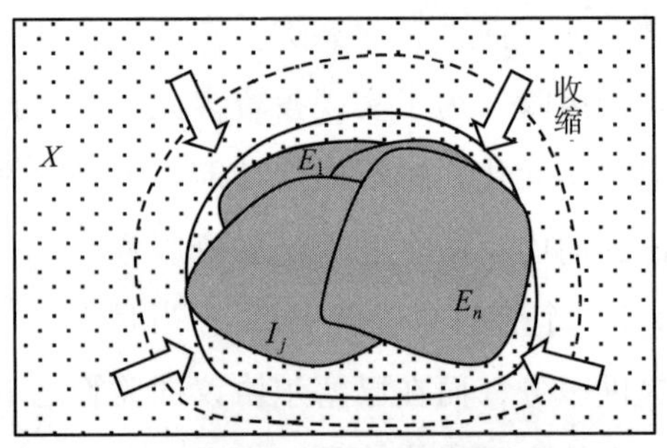

图10－11　机构差异减小压缩了制度边界

中小微企业数量众多，多样化是其特点，需要中小金融机构能够多样化、专业化为其提供服务。金融机构差异化削弱后被排除在外的是大量的中小微企业，而监管的法律法规是长期积累的结果，改变非常困难，这意味着金融机构要突破既有边界去容纳大量的中小微企业融资非常困难。意识到既有监管体系下的金融机构对中小微企业金融服务需求难以满足，巴塞尔委员会专门针对银行从事小额贷款制定了相应的建议①，但是这个建议并没有提出有实质意义的指导性意见，反而间接指出了小额贷款对银行来说存在诸多不确定性，对于商业银行经营小额贷款业务并没有多少指导意义。

① Basel Committee on Banking Supervision. “Microfiance Activities and the Core Principles for Effective Banking Supervision”, *http*: *//www. bis. org/publ/bcbs*175. *htm*, 2010.

（三）利率管制与制度边界

对利率进行管制是政府干预金融业的一种普遍做法。发展中国家一般采用法律法规的形式确定各种贷款利率，被称为金融压抑；发达国家一般不采用直接的管制手段限制利率，但是会通过财政货币手段加以调控，以免利率过高危及实体经济。市场条件下，金融机构根据成本与收益确定的利率，融资需求人则根据金融机构收取的利率确定交易对象。利率受限意味着金融机构会把那些成本高导致利率无法弥补成本的融资需求人排除在外，而这部分融资需求人以中小企业为主，迫使金融机构把资金集中于大中型成熟的企业，金融机构的边界缩小（如图 10－12 所示），其中虚线表示没有利率限制时金融机构边界，实线为利率限制后的制度集。

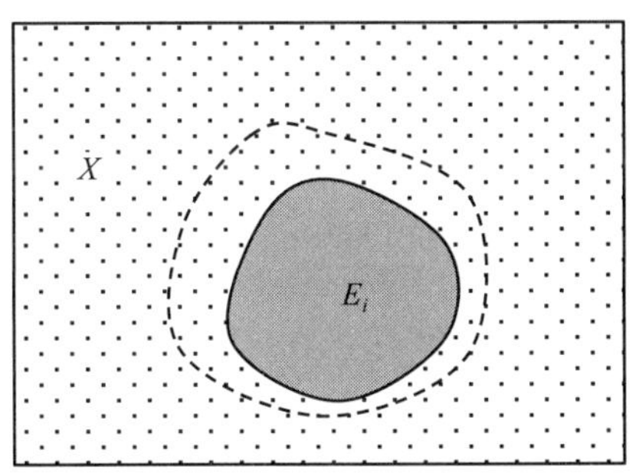

图 10－12　利率管制对机构边界的影响

利率管制会让单个金融机构的边界收缩，然而一项金融制度下可能有多个金融机构，因此利率管制造成的负面影响会降低。如图 10－13 所示，金融制度下有多家金融机构，彼此之间的差异使其机构边界不会相同，虚线是没有利率限制的机构边界，实线部分则是各机构在利率管制时的边界。由实线部分的外围组成了利率限制下的制度边界，由虚线的外围组成了不存在利率管制下的制度边界，由实线构成的外围为利率管制下的制度边界。可以看到，其中一些被某个机构排除在外的融资需求人，会被另一个机构所接纳，因此利率管制造成的负面影响不是单个机构负面影响的相加，有一部分被抵消掉了。另外可以看出，机构的多样化和数量增加对于减少利率管制带来的负面影响起到了重要作用。

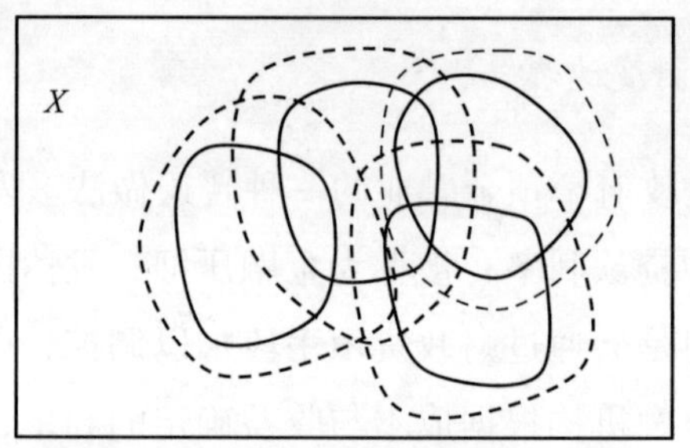

图 10－13　利率管制对制度边界影响

（四）政府干预与金融制边界

基于经济与政策导向，政府经常干预资金投向，如发展中国家经常发生为了实现产业赶超战略要求银行向着力发展的部门投入，或者资本市场倾向于为某些行业或者某种性质的企业提供更便捷的融资服务。我国的正规金融业受这种干预非常明显，如我国银行业和资本市场或明或暗地把支持国有企业的发展作为首要任务。在这种干预中，中小微企业往往是牺牲者，同时这种基于经济成分或者政治需要而对资金投向的干预政策，扭曲了正常的金融资源的配置渠道，形成了金融资源的错配，导致金融业投入产业的效率下降，也同时降低了金融业的效益。对于单个机构，行政干预后果可以用图 10－14 表示，基于成本收益决策的制度集为虚线部分，而受到干预后的制度集为实线部分，即干预偏离了金融机构的最佳制度集。

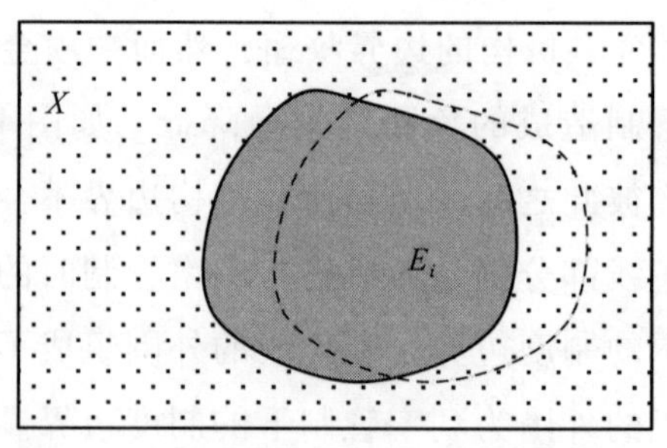

图 10－14　资金投向干预对机构边界影响

以银行业为例（如图 10－15 所示），合理的银行体系中有大、中、小银行，面对不同的融资需求人，此时若对大银行的贷款政策进行干预，其制度集就脱离了最优集（虚线部分），冲入到中型或者小型银行边界内领域，甚至冲出银行业最优制度边界，进入到其他金融业的制度边界内（图中最深色部分）。为发展中小微企业，政策要求大银行发放小额贷款，这种干预政策扭曲了银行的制度边界，使大银行进入到不属于自己最优的制度边界范围，结果使得金融资源错配。这种资金配置只能实现一时的政策干预目的，长期来看由于降低了金融资源效益，会导致银行不良资产比率上升，最终将难以维持。

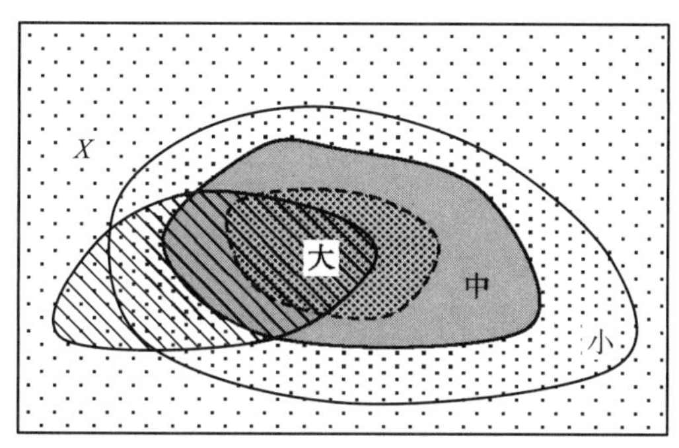

图 10－15　大银行资金投向干预后的边界

政府干预往往不会对单一机构实施，而是针对金融业中的某个次级行业。从一个行业角度来说，这样的行政干预会使整个行业的所有企业偏离了最优的制度集。资金投向干预与利率管制造成的负面影响并不相同，利率管制下不同机构造成的负面影响可以相互抵消掉一部分，而政府干预造成的负面影响却无法相互抵消，因为被一家机构排除在外的客户，也会被所有的同行业机构排除在外。当所有的金融机构因政府干预采取相同的融资需求人取向时，那些被排除在外的融资需求人就无法从金融机构中获得融资。

（五）垄断与金融制度边界

法律法规政策的干预要想实现目的离不开垄断。如前文所述，金融制度是一个制度体系，是由一系列次级制度组成，包括银行制度、证券制度、金融市场制度等，在一个完善的金融制度体系中，次级制度之间具有一定的相互替代性。当对某项次级制度干预其边界收缩时，与其具有替代性的次级制度就会覆盖空出来的空间，这一方面会引起被干预制度下金融机构的不满，另一方面干预的效果也会被抵消掉，特别是当被干预的次级制度处于强势时，就势必要求通过垄断来保护自己利益。这种情况可以用图 10－16 表示，次级制度Ⅰ与次级制度Ⅱ具有一定的相互替代性，当次级制度Ⅰ受干预边界由虚线收缩为实线，则其排斥出来的融资需求人（实线与虚线空白部分）会被次级制度Ⅱ所吸收。这意味着，当存在完善的金融制度体系时，对某个金融行业的规制和干预不会影响整个金融制度边界，只有可能使资源产生一定程度的错配，降低了金融效率。不过，这种管制和干预为制度Ⅱ的扩张提供了空间，同时也会吸引大量资金到制度Ⅱ。为了防止出现这种状况，就需要出台政策禁止制度Ⅱ的存在，或者对制度Ⅱ行为进行限制，这就产生了垄断。以对中小微企业融资为例，银行由于监管制度、利率限制或者政策对投向的干预，将资金主要用于国有大型企业时，大量中小微企业和民营企业被排除在银行制度边界之外。市场上有需求就会有供给，此时一些非银行金融机构和社会投资人就会向这些融资需求人提供资金，融资出现脱媒现象。受到限制的银行一方面失去了优质客户，发展受到限制，且培养了大量竞争者，另一方面资金来源减少，银行必然要求放松管制，如果不放松管制，那就会出台相应的规定禁止其他金融机构和个人对这类融资需求人的融资活动。这也是我国对于金融机构设立及创新实行严格的管制，对民间融资采用严厉打击的原因所在。

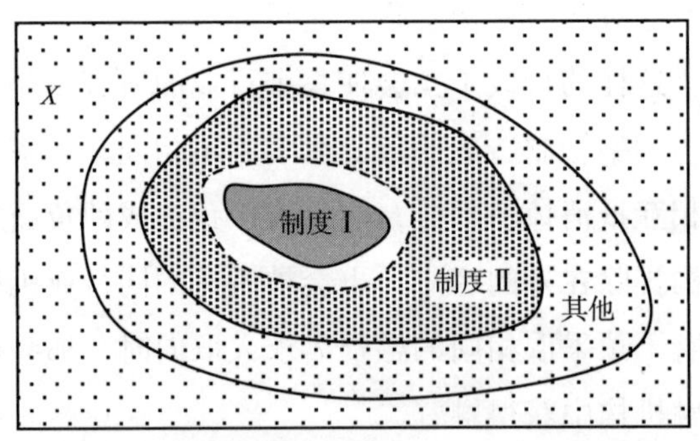

图 10－16　管制与干预为竞争制度腾出发展空间

正是因为这种管制和政府干预，以及为保护管制与干预目标得以实现并长期存在而产生的垄断，让我国难以建立起完善的金融体系，市场机制在金融领域难以发挥作用，大量的中小微企业长期缺少金融支持。图 10－17 描绘了当下我国金融体系状况，点的密集程度表示相应金融制度完善程度。服务于优质大中型企业的全国性金融机构与市场最为完善，有五大国有银行以及全国性股份制银行，有上海与深圳证券交易所。区域性金融市场基本处于空白，只有零星的影响力并不大的金融市场存在，区域性金融机构虽然有诸多商业银行成立，但其精力并没有放在区域性中小微企业身上，而是与大型金融机构争夺优质大中型企业客户。地方性金融市场基本空白，地方性的金融机构中虽有村镇银行存在，但是数量少难于发挥作用。而对于广大的民间融资市场，正向激励的法律法规都缺失，却有很多压抑其发展的法规存在。

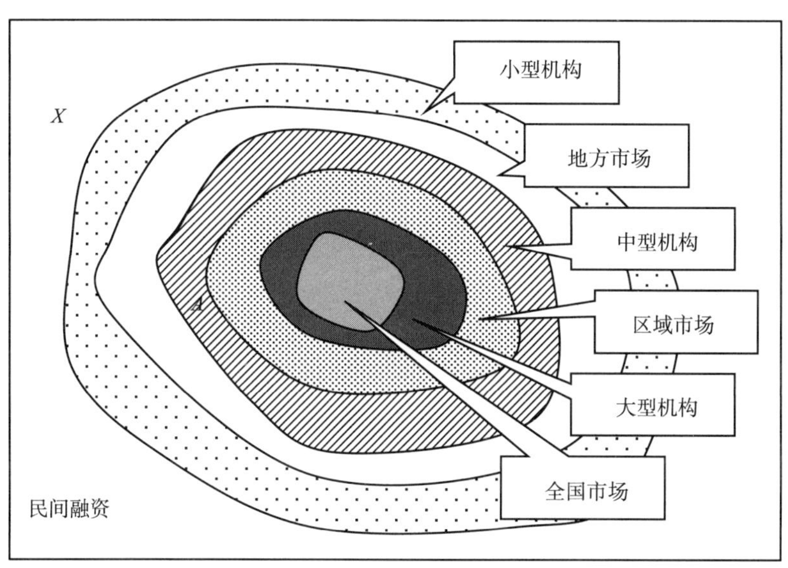

图 10 - 17　中国金融体系完善程度

第三节　一个重要结论

综合以上分析，我们得出一个重要结论：金融错配造成了中小微企业融资难的问题，而金融制度边界的约束是导致金融错配的制度性根源。因此，解决中小微企业融资难题，有“治标”和“治本”两种思路。所谓治标思路，就是在现有的金融体系内进行改良或微调，逐步扩大金融制度边界，不断提高商业金融的包容性；所谓治本思路，就是要进行制度创新，大力发展普惠金融，让所有市场主体都能享受金融服务的雨露甘霖。

一、治标措施：扩大制度边界

扩大金融制度边界就是对现行的信贷政策、利率政策、财税政策、监管制度等做出修改或是“微调”，优化小微企业金融服务，提高商业金融的包容性。可归结为四句话：放宽政策、定向宽松、区别对待、创新品种。

（1）放宽政策：包括但不限于对现有的财税政策、利率政策和信贷政策做出调整：免除中小微企业信贷业务营业税、降低所得税；减免的税收用于核销小微企业的贷款坏账；对小微企业贷款实行浮动利率，稳步推进利率市场化改革，让利率完全市场化，更大程度地发挥市场在资金配置中的关键性作用，降低小微企业贷款的成本和风险，提高收益；优化信贷政策，对中小微金融机构降低存款准备金率，中国人民银行可以用较低的再贷款利率向中小型金融机构提供再贷款用于小微企业贷款，中国人民银行可以向金融机构安排再贴现资金专项用于小微企业，从制度上确保银行贷款向小微企业倾斜，降低小微企业的融资成本，提高小微企业的贷款覆盖面。

（2）定向宽松：主要指对小微企业的信贷规模定向宽松，监管部门应鼓励商业银行加大对小微企业的信贷投入，可以考虑将小微企业贷款规模单列出来，这是解决小微企业融资与信贷紧缩之间矛盾的重要措施。

（3）区别对待：就是差异化监管，从制度上提高对小微企业贷款的不良贷款容忍度，小微企业的不良贷款容忍度可适度放宽。同时实行定向问责、区别对待的制度，对小微企业不良贷款的责任人单独问责、减少压力，调动基层人员放贷的积极性，提高追究责任的容忍度，解除银行对小微企业贷款的后顾之忧。

（4）创新品种：从制度上允许商业银行进行信贷技术创新，开发更多的适合于小微企业特点的贷款品种，针对不同行业、不同规模、不同生命周期的小微企业的具体需求，设计信贷产品，如仓单质押贷款、知识产权质押、商铺经营权质押、应收货款质押贷款等。

二、治本措施：大力发展普惠金融

所谓“治本”措施，就是大力发展普惠金融，用普惠金融理念建立一种全新的小微企业外源融资体系。

（1）直接融资体系。最关键的是进一步优化主板（中小企业板）、创业板、科创板、新三板等的制度安排，加快发展多层次资本市场体系，建立全国统一的场外交易市场。而场外交易市场的建立，关键是在法律上给场外交易市场合法定位。建议抓紧修改《证券法》及相关法律，从法律上规定场外交易市场是我国证券市场的重要组成部分，中国为小微企业融资服务的资本市场的基本形式为全国证券交易自动报价系统。有了场外交易市场，小微企业的融资就有了保证，融资难的问题就会大大缓解。

与此同时，要稳步扩大企业债、中期票据和中小企业私募债的发行规模，要进一步加快和鼓励私募股权投资基金（PE）的发展步伐。为此，需要做好两件事：一是出台全国统一的工商登记办法，就私募股权基金采用的形式、投资者资格及人数、最低出资资本、出资方式、经营范围、名称核定、行业自律等作出统一规定；二是出台全国统一的监管法律，国家应尽快出台《私募股权基金管理法》，这对发展普惠金融、缓解中小微企业融资约束至关重要。

（2）间接融资体系。最关键的就是大力发展小银行金融机构，本质上是通过小银行金融机构的技术和营销创新，降低享受金融服务的门槛。小银行金融机构的名称，在城市社区可以冠名为“社区银行”；在乡镇可冠名为“农村互助银行”。小银行金融机构的作用，不仅仅体现在发放了多少贷款、支持了多少客户，更重要的是为中国金融体制的改革，为发展普惠金融带来了新的思想、新的理念、新的手段和新的方法。从某种意义上讲，普惠金融间接融资体系的建立，在很大程度上寄希望于小银行金融机构。我们必须站在更高的层面上，来认识小银行金融机构在发展普惠金融中的特殊作用和地位。

第十一章　普惠金融与信息通信技术

第一节　普惠金融与信息通信技术

一、问题的提出

普惠金融的发展，离不开信息通信技术的支撑。中国现行的以商业银行为主导的融资体系，从金融制度边界上限制了对中小微企业、“三农”客户和其他弱势群体的融资服务。因此，利用信息通信技术逐步扩大金融制度边界，可以提高金融的包容性，可以有效地缓解中小微企业融资约束，助推普惠金融的发展。

中小微企业是中国经济发展中最为活跃的部分，对提升中国市场效率、促进技术创新、增加就业并保持经济活力起到举足轻重的作用。目前，中国中小微企业创造的 GDP 占到全国的 60%，税收超过了 50%，提供了 70% 的外贸出口和 75% 的城镇就业岗位。在技术创新方面，中国 70% 的发明专利、80% 以上的新产品开发都是由中小微企业完成的（于孟霞，2013）①。然而，多数中小企业难以获得足够的外部融资支持，融资约束成为横亘在中小微企业面前的重要难题（姚耀军、董钢锋，2014）②。中小微企业获得的融资支持与其在经济发展中的作用极不相称，融资难成为制约中小微企业发展的瓶颈。众多学者已经展开了对如何缓解中小微企业融资约束的探讨，传统的观点把中小微企业融资困难的主要原因归

① 于孟霞. 中国中小企业的发展现状分析. 管理观察，2013（17）.

② 姚耀军，董钢锋. 中小银行发展与中小企业融资约束——新结构经济学最优金融结构理论视角下的经验研究. 财经研究，2014（1）.

咎于中小微企业自身信息不透明、缺乏抵押品、融资交易成本高等（Beck & Demirguc - Kunt，2008[①]；徐忠和邹传伟，2010[②]）。伊瓦特里（Ivatury，2006）[③]认为，主流的金融机构很难将金融服务提供给中小微企业或者低收入群体，主要体现在以下几个方面：首先，中小微企业数量多且交易成本高，传统的银行很少关注小额贷款；其次，如果区域内通信设施基础较差，金融机构也很难将金融服务提供给该区域内中小微企业或者低收入群体；最后，中小微企业或者低收入群体较少的信用记录增大了金融机构提供贷款的风险。而新的观点则认为，中小微企业融资难的原因在于既有的金融制度的缺陷，即中小微企业的自身特点和融资特点，与现行的以商业银行为主导的融资体系严重不匹配。因此，在现有金融体系内的改革无法从根本上解决中小微企业的融资需求，必须对金融制度进行创新，大力发展普惠金融（邢乐成等，2013，2017，2019）[④]。

实际上，信息通信技术（*ICT*）的发展给银行等金融机构，以更低成本向更广泛的低收入群体或者中小微企业提供正规金融服务的机会（Richard Nyangosi et al.，2013）[⑤]。借助于手机、电脑等终端，可以随时随地的获得金融服务，在 *ICT* 的支持下，交易成本降低，交易边界得到拓展。大量的研究已经发现，信息技术的发展增加了银行为广大低收入群体或者中小微企业提供其高质量金融服务的机会，特别是在给距离较远或者未能提供正规金融服务的区域上具有重要作用（Claessens，2006）[⑥]。实践中，伴随着普惠金融战略的实施，基于 *ICT* 的无网点银行金融服务体系在非洲、美洲等世界发展中国家开展得如火如荼。在亚洲和非洲，无网点银行服务多数采用手机银行项目，而在拉丁美洲多数是通过代理银行实施，由银行直接控制（Mas，2009）[⑦]。目前，以 *ICT* 为基础的手机银行、互联

---

① Beck，T. and A. Demirguc - Kunt. "Access to Finance：an Unfinished Agenda"，*World Bank Economic Review*，2008，22（3）：383 - 396.

② 徐忠，邹传伟．硬信息和软信息框架下银行内部贷款审批权分配和激励机制设计——对中小企业融资问题的启示．金融研究，2010（8）.

③ Ivatury，G. "Using Technology to Build Inclusive Financial Systems"，*CGAP Focus Note*32，*Washington*，*DC*，2006.

④ 邢乐成，王廷江．中小企业融资难问题研究：基于普惠金融的视角．理论学刊，2013（8）.
邢乐成．金融错配与中小企业融资．济南，山东人民出版社，2017.
邢乐成，赵建．多维视角下的中国普惠金融：概念梳理与理论框架．清华大学学报（哲学社会科学版），2019（1）.

⑤ Richard Nyangosi and J. S. Arora. "The Evolution of E - Banking：A Study of Indian and Kenyan Technology Awareness"，*Int. J. of Electronic Finance*，2009，3（2）：149 - 165.

⑥ Claessens，S. "Access to Financial Services：A Review of the Issues and Public Policy objectives"，*World Bank Research Observer*，2006，21（2）：207 - 240.

⑦ Mas，I. "The Economics of Branchless Banking"，*Innovations*：*Technology*，*Governance*，*Globalization*，2009，4（2）：57 - 75.

网金融模式，通过移动支付、网络平台和云计算等对现有的金融制度产生了颠覆性的影响。在ICT的影响下，支付便捷、集中支付和个体移动支付相统一，信息处理和风险评估也通过网络化进行，市场信息不对称程度大大降低，资金供需双方在资金期限匹配、风险分担上成本更低（谢平、邹传伟，2012①）。市场充分有效，达到了和现有的资本市场及银行等融资机构一样高效的资金配置效率，大幅减少了交易成本。因此，基于ICT扩散，研究其是否通过降低交易成本、扩大金融制度边界及提升金融包容性，从而助推普惠金融发展、缓解中小微企业融资约束，具有非常重要的理论和现实意义。

二、相关文献梳理

在信息化时代，ICT作为促进经济增长的重要资源而受到国内外学者的广泛关注。已有的研究中，学者们重点关注了ICT影响经济增长、ICT促进金融包容性等方面（Vu，2013②；田杰等，2014③）。赛欧（Seo，2009）④提出ICT的基础设施作为一种社会资本，能便利的使人们获取并共享信息，减少交易成本，因而能提供生产效率。吴（Vu，2011）⑤利用102个国家1996～2005年的面板数据，分别采用传统的回归分析和GMM方法测度了ICT扩散对经济增长的影响，发现ICT正向促进了经济增长。沙米姆（Shamim，2007）⑥以61个国家作为研究样本，利用其1990～2002年的面板数据并采用系统GMM方法对信息通信设施建设与经济增长关系进行了研究，结果发现移动用户的增长和互联网人数的增长与金融深度呈正相关关系。安德里亚纳沃和科波达尔（Andrianaivo & Kpodar，2011）⑦采用非洲44个国家1988～2007年的面板数据并利用系统GMM方法估计了ICT扩散是否通过金融

---

① 谢平，邹传伟．互联网金融模式研究．金融研究，2012（12）．

② Vu，Khuong M. “Information and Communication Technology（ICT）and Singapore's Economic Growth”，*Information Economics and Policy*，2013，25（4）：284－300.

③ 田杰，刘勇，刘蓉．信息通信技术、金融包容与农村经济增长．中南财经政法大学学报，2014（2）．

④ Seo，H. J.，Lee，Y. S. and J. H. Oh. “Does ICT Investment Widen the Growth Gap?”，*Telecommunications Policy*，2009，33（8）：422－431.

⑤ Vu K. M. “ICT as a Source of Economic Growth in the Information Age：Empirical Evidence from the 1996－2005 PERIOD”，*Telecommunications Policy*，2011，35（4）：357－372.

⑥ Shamim，F. “The ICT Environment，Financial Sector and Economic Growth：Across－Country Analysis”，*Journal of Economic Studies*，2007，34（4）：352－370.

⑦ Andrianaivo，M. and K. Kpodar. “ICT，financial inclusion，and growth evidence from African countries”，*InternationalMonetaryFundworkingpaper*，2011.

包容性来促进经济增长，结果发现ICT对经济增长存在正向影响，移动手机的发展对高水平的金融包容性更为重要。萨希和考伊德（Seifallah Sassi & Mohamed Goaied，2013）① 以17个中东和北非国家为例，采用其1960～2009年度面板数据分析了金融发展和ICT对经济增长的影响，结果证明ICT对经济增长显著正向促进，并提出中东和北非国家应当大力发展信息通信技术的政策建议。由于ICT促进金融发展在中国还处于起步阶段，仅有少数国内学者注意到ICT在提高金融包容性及促进经济增长方面的重要作用。郭兴平（2010）② 提出电子化金融服务渠道创新是建立普惠型农村金融体系的突破口。何光辉、杨咸月（2011）③ 指出由于手机银行成本低廉，不受时空限制等特点，应该运用其来促进中国农村金融的包容性发展。田杰、陶建平（2012）④ 利用中国2006～2010年1 743个县市的数据实证研究发现，ICT可以有效地降低金融排斥，促进农村金融包容，带动农村经济增长。

在经济活动中，多数中小微企业面临着明显的融资约束问题，因而国内学者分别从中小微企业调整自身结构（王卫星等，2012）⑤、政府加强信用等级评估（郭娜，2013）⑥、发展中小型金融机构或非正规金融机构（林毅夫，2001）⑦ 等不同的角度探索如何缓解中小微企业融资约束。然而，这些策略或者方法并没有有效地改善中小微企业融资难的境况。本书认为，目前的金融制度是以金融机构自身为立足点，以控制风险为核心建立的，从根本上排斥了中小微企业融资的需求。因此，中小微企业融资难的根本原因是现有的金融制度边界过于狭窄，将低收入群体和中小微企业均排斥在外所致。要改善这种状况，必须扩大金融制度边界。ICT、互联网和金融的结合，引致了无网点银行服务的出现，使得手机银行能有效地拓展交易边界（Ahmed Dermish，2011⑧；Martin Jayo，2012⑨；刘海二，

① Seifallah Sassi and Mohamed Goaied. "Financial Development, ICT Diffusion and Economic Growth: Lessons from MENA Region", *Telecommunications Policy*, 2013, 37: 252－261.

② 郭兴平．基于电子化金融服务创新的普惠型农村金融体系重构研究．财贸经济，2010（3）．

③ 何光辉，杨咸月．手机银行模式与监管：金融包容与中国的战略转移．财贸经济，2011（4）．

④ 田杰，陶建平．社会经济特征、信息技术与农村金融排除．当代经济科学，2012（1）．

⑤ 王卫星，赵刚．长三角中小企业融资困境及其破解路径．管理世界，2012（12）．

⑥ 郭娜．政府·市场·谁更有效——中小企业融资难解决机制有效性研究．金融研究，2013（3）．

⑦ 林毅夫，李永军．中小金融机构发展与中小企业融资．经济研究，2001（1）．

⑧ Ahmed Dermish, Christoph Kneiding, Paul Leishman, Ignacio Mas. "Branchless and Mobile Banking Solutions for the Poor: A Survey of the Literature", *Innovations: Technology, Governance, Globalization*, 2011, 6 (4): 81－98.

⑨ Martin Jayo, Eduardo H. Diniz, Felipe Zambaldi, Tania P. Christopoulos. "Groups of Services Delivered by Brazilian Branchless Banking and Respective Network Integration Models", *Electronic Commerce Research and Applications*, 2012, 11 (5): 504－517.

2013[①])。然而，仅有少数文献试图从信息技术发展的角度探索其对企业融资约束的影响。如赵岳（2012）[②] 分析了银行通过电子商务平台为中小微企业贷款的新型信贷模式，认为引入电子商务平台后，其在增大企业违约成本、采集企业信息、实现风险共担等方面的优势可以在一定条件下帮助企业展示自己的信用类型，从而解决中国中小微企业的融资难题。

虽然学术界已经关注到ICT扩散，提升了银行等金融机构的包容性并促进了经济增长，也探索了发展普惠金融、缓解中小微企业融资约束的各种策略，但是从ICT的角度探索如何缓解中小微企业融资约束的研究还较为鲜见。本书基于金融制度边界的视角，提出ICT扩散可扩大金融制度边界、提升金融包容性，助推普惠金融发展，从而有助于缓解中小微企业融资约束。鉴于此，本书首先在集合的框架下分析了ICT扩散影响金融制度边界变动的理论基础并提出相关命题假设，然后以中国522家中小企业板上市公司2004～2019年面板数据实证研究了ICT扩散、金融制度边界与中小微企业融资约束的关系，最后提出发展普惠金融相应的制度设计和政策建议。

第二节　金融制度边界的再分析

金融制度是为经济发展提供金融服务的一系列规则，中国金融制度体系严重滞后于实体经济的发展，特别是政府对金融资源的实质性控制和制度性歧视，排斥了中小微企业融资（姚先国；武鑫，2010）[③]。因此，国有大中型企业容易被目前的金融制度所接纳，而大多中小微企业则被排斥在外。这样，所有的融资需求人之间就形成一条界线，界线以内融资需求得到有效满足而界线以外则无法得到满足，本书称其为金融制度边界。ICT的发展将会对金融制度边界产生影响从而使金融制度边界产生变动，将排斥在外的中小微企业纳入金融制度接纳的范畴（邢乐成，2017）[④]。本书从交易成本和竞争两个角度，分析了ICT如何影响金融制度边界的变动，进而推动普惠金融发展，缓解中小企业融资约束。

---

① 刘海二．手机银行、技术推动与金融形态［R］．西南财经大学博士论文，2013.

② 赵岳，谭之博．电子商务、银行信贷与中小企业融资——一个基于信息经济学的理论模型．经济研究，2012（7）.

③ 姚先国，武鑫．中国的金融制度转型——基于经济危机中的观察．经济学动态，2010（11）.

④ 邢乐成．金融错配与中小企业融资．济南：山东人民出版社，2017.

一、金融制度边界基本模型

假设在一个经济体中，存在诸多的金融机构或金融市场等金融组织为融资需求人提供资金，同时也存在规模、融资需求等不同的融资需求人。本书将所有的融资需求人看作一个集合 X，在这个集合中，金融组织根据融资需求人的自身条件决定向哪些融资需求人提供资金。现实中，仅有部分融资需求人获得了满足，从而构成了一个新的集合 A 且 $A \subset X$，该集合的边界就构成了金融制度边界，即图 11－1 中的不规则圆形。集合 A 以外的融资需求人，即集合 $X-A$ 则为目前的金融制度无法提供资金的融资需求人。中小微企业由于各方面的原因，普遍被排斥在金融制度边界以外，因而广泛地存在于集合 $X-A$ 中。本书的研究即是探索 ICT 扩散如何影响集合 A 的边界变动，从而将中小微企业能有效地纳入集合 A 中。

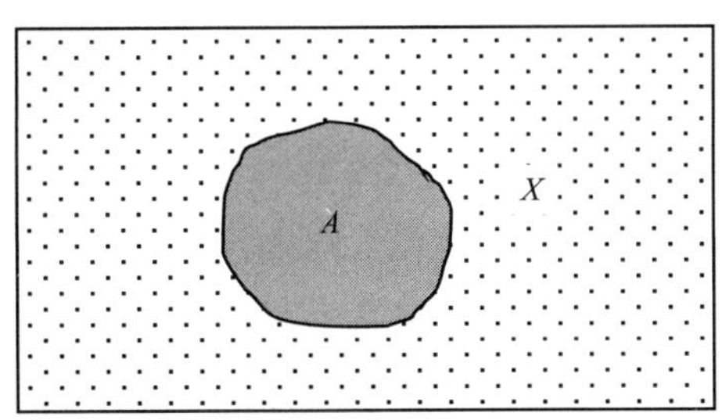

图 11－1　金融制度边界组合

在集合 A 中，融资需求人自身条件也存在着差异性，金融组织亦按照一定的规则为集合 A 中的所有融资需求人进行排序。融资需求人的排序依据是按照每个融资需求人的多维信息进行综合评估的，即 $x=(x_1, x_2, \cdots, x_s)$。按照信贷理论，融资需求人的多维信息可分为硬信息和软信息两类。硬信息容易得到第三方验证，且在传递过程中不容易扭曲和丢失，因而更容易被获取，成本较低，主要体现为财务信息；而软信息则由于难以验证且在传递过程中容易扭曲和丢失难以被获取，主要是人力资源、管理技能等信息。金融组织获取融资需求人的多维信息需要付出一定的成本，中小微企业由于硬信息较差，而软信息又难以获取，使得评价中小微企业的成本要高于国有大中型企业（宋徐徐；许丁，2012）[①]。如图11－2所示，对于集合X中的融资需求人，集合A到$X-A$集中体现了硬信息和软信息带来的排列上的差异。因此，降低评价成本或者交易成本是缓解中小微企业融资约束的重要途径。

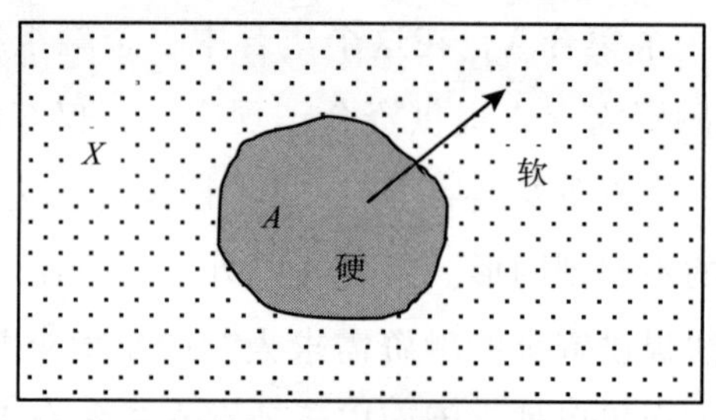

图11－2　融资需求人的排列

二、交易成本与金融制度边界的变动

张杰（2012）[②] 分析了金融制度边界的影响因素，提出采用交易成本来分析并确定金融制度边界更为合理，交易成本的变化影响着金融制度边界的扩张与收缩。实际上，金融制度边界是在一定的金融制度条件下选择的结果，如果金融制度提供的融资机会成本大于收益，需求人将选择收益最大的那项制度进行金融融资，那么金融制度边界就会扩张；反之，则会收缩。

接下来采用一个简单的模型进行阐述和说明，为简化过程，仅考虑单一的一种融资方式，如贷款（该项简化的方式并不影响研究结论）。假设r_s为金融组织愿意接受的利率，r_d为融资需求者愿意付出的利率，l_s为金融组织提供的资金供应量，l_d为融资需求者资金需求量，n为市场上金融组织的数量，m为市场上融资需求者的数量。那么，资金供求方程为式（11－1）所示：

$$\begin{cases} r_d = \alpha - \beta n l_s \\ r_s = \gamma + \lambda m l_d \end{cases} \tag{11-1}$$

其中，α，β，γ，λ，k均为参数，金融组织提供给融资需求者资金，因而

① 宋徐徐，许丁．软信息收集在中小企业贷款“信贷工厂”模式中的重要作用．经济体制改革，2012（1）．

② 张杰．交易成本、法律传统与金融制度边界的决定．财贸经济，2012（2）．

$n = km$。

融资需求者愿意支付的利率至少包括金融组织愿意获得的最低利率和产生的交易成本，所以 $r_d = r_s + t$，其中 t 为交易成本。均衡时，可得式（11－2）：

$$m = \frac{\alpha - \gamma - t}{\lambda l_d + \beta k l_s}; \qquad (11-2)$$

根据式（11－2）可知，交易成本影响着融资需求得到满足的人数。当交易成本降低时，融资需求得到满足的人数将会增多，参与交易的资金量也会增大，金融包容性增强，金融制度边界将扩大。因此，借助于 *ICT* 扩散，交易成本大大降低，使得金融制度边界得以拓展，原先无法得到融资需求的人也纳入交易集合当中（如图 11－3 所示）。因此，*ICT* 扩散给众多的中小微企业进入金融制度边界以内提供了机会，从而有效地缓解了融资约束问题。

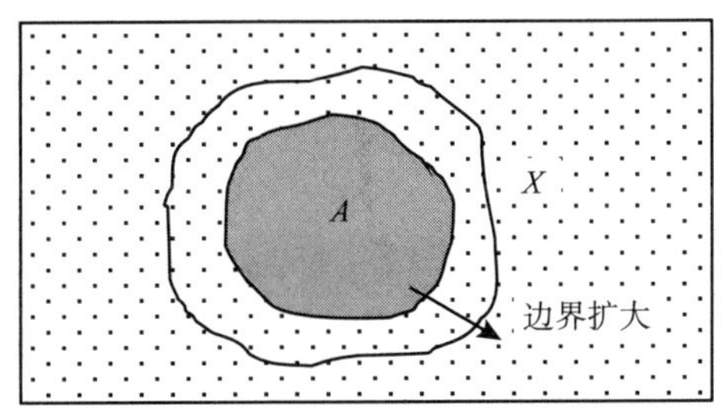

图 11－3　交易成本与金融制度边界变动

三、竞争与金融制度边界变动

金融制度提供了金融机构的行为准则，面对融资需求人，不同的金融机构为其提供金融服务。此时，融资需求人将通过比较各个不同金融机构提供的服务质量和成本选择适合的金融服务企业。在此过程中，不同的金融机构之间将产生竞争。

（1）金融机构间竞争影响单个金融机构的制度边界。在竞争过程中，提供高质量服务和更低成本的企业将会获得收益，其制度边界也将会扩大；反之，在竞争中失败的企业将不得不收缩其制度边界。在图 11－4 中，存在两个金融机构 E_i 和 E_{i+1}，$E_i \cup E_{i+1} \neq \varnothing$，两个金融机构在其交集部分产生竞争，在库诺特均衡条件下，交集中存在一条分界线（图 11－4 中虚线），在线上表示两个金融机构的服务质量和成本对融资需求人是相同的。而当某一金融机构 E_i 效率提升或者成本更低时，分界线将向 E_{i+1} 方向移动；反之，则相反。

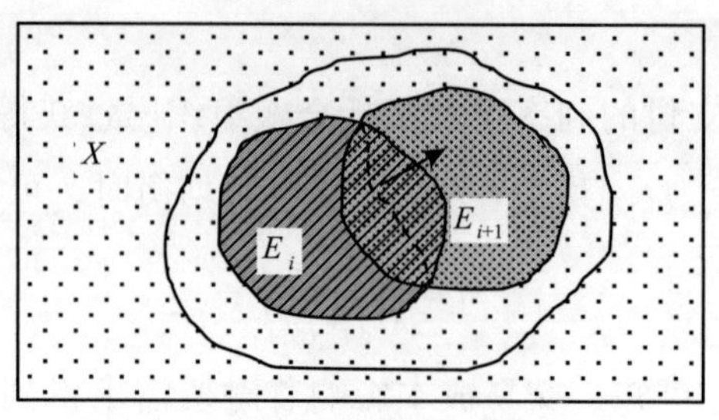

图 11－4　竞争与金融制度边界变动

（2）金融机构间竞争影响整体金融机构的制度边界。当不同金融机构竞争激烈时，利率更低，服务更优质，从而会使得整体集合的金融制度边界扩大（如图 11－4 所示）。ICT 扩散使得银行等金融机构和融资需求人的效率大大提升，同时交易成本降低，使得同样的金融机构可以有效地服务更多的客户，这样银行之间的竞争程度将加剧，有利于金融制度边界的扩大，从而缓解中小微企业的融资约束。利用前文中的模型进行解释，在金融机构竞争激烈时，各个金融机构作为资金供给方其愿意接受的利率将降低，那么根据 $r_d = r_s + t$，融资需求人愿意支付的利率也将会降低，根据公式$\begin{cases} r_d = \alpha - \beta n l_s \\ r_s = \gamma + \lambda m l_d \end{cases}$可知，参与到融资需求满足集合当中的融资需求人的数量也将会增加，从而金融制度边界将会扩大。

基于上述分析，提出以下命题：

命题 1：ICT 扩散降低交易成本、提升金融机构间竞争程度，能直接缓解中小微企业融资约束。

命题 2：ICT 扩散扩大金融制度边界，通过提升金融包容性间接缓解中小微企业融资约束。

第三节　实证研究

一、研究设计

（一）样本选择及数据来源

本书所使用的数据包括中国中小企业板上市公司财务数据、区域金融包容性数据、信息通信技术发展情况等数据。其中，信息通信技术发展状况的数据来源于2005～2019年度中国统计年鉴，区域金融包容性的数据来源于2005～2019年度中国金融年鉴，中小企业板上市公司财务数据来源于国泰安数据库。本书选取深交所中小企业板上市公司作为初始样本。为避免不必要的“噪音”对实证结果的影响，对初始样本进行了如下筛选：（1）为保证数据的稳定性，本书选取上市至少3年以上的公司作为研究样本；（2）剔除了上市公司中金融类和被特殊处理（ST）的公司；（3）资产负债率大于1即资不抵债的公司及其他可能出现异常值的情况。经过筛选，本书最终确定了522家上市公司作为研究样本，共得到了2 605个观测值。信息通信技术数据和金融包容性数据目前公布到2019年度，因而样本期间为2004～2019年度。

（二）计量模型

从国内外相关文献来看，融资约束问题的研究模型主要采用投资—现金流模型和现金—现金流模型。然而，有学者认为由于投资机会测量偏误、内生性问题等原因导致投资—现金流模型不能正确反映投资—现金流敏感性。之后，阿尔梅达（Almeida，2004）① 提出现金—现金流模型可以避免投资—现金流模型存在的问题。国内外许多学者已经利用该模型展开了相关研究（张伟斌，2012），且连玉君等（2008）② 的研究也确定利用现金—现金流敏感性来度量企业融资约束合理。本书借鉴阿尔梅达等（2004）提出的现金—现金流敏感性模型，并参照库拉纳等（Khurana et al.，2006）对其的修正，构造了以下两个计量模型：

基准模型如式（11－3）、式（11－4）所示：

$$CHAS1_{i,t}=\alpha_0+\alpha_1 CF_{i,t}+\alpha_2 ICT_{j,t}+\alpha_3 ICT_{j,t}*CF_{i,t}+\alpha_4 SIZE_{i,t}+\alpha_5 GROWTH_{i,t}+\eta_i+\xi_{i,t} \quad (11-3)$$

$$\begin{aligned}CHAS1_{i,t}=&\alpha_0+\alpha_1 CF_{i,t}+\alpha_2 ICT_{j,t}+\alpha_3 IFI_{i,t}+\alpha_4 ICT_{j,t}*IFI_{j,t}*CF_{i,t}\\&+\alpha_5 SIZE_{i,t}+\alpha_6 GROWTH_{i,t}+\eta_i+\xi_{i,t}\end{aligned} \quad (11-4)$$

扩展模型如式（11－5）、式（11－6）所示：

$$\begin{aligned}CHAS1_{i,t}=&\alpha_0+\alpha_1 CF_{i,t}+\alpha_2 ICT_{j,t}+\alpha_3 ICT_{j,t}*CF_{i,t}+\alpha_4 SIZE_{i,t}+\alpha_5 GROWTH_{i,t}\\&+\alpha_6 EXPEN_{i,t}+\alpha_7 SD_{i,t}+\alpha_8 NWC_{i,t}+\eta_i+\xi_{i,t}\end{aligned} \quad (11-5)$$

---

① Almeida, H. and M. S. Weisbach. “The Cash Flow Sensitivity of Cash”, *Journal of Finance*, 2004, 59 (4): 1777－1804.

② 连玉君，苏治，丁志国．现金—现金流敏感性能检验融资约束假说吗？统计研究，2008（10）.

$$CHAS1_{i,t} = \alpha_0 + \alpha_1 CF_{i,t} + \alpha_2 ICT_{j,t} + \alpha_3 IFI_{j,t} + \alpha_4 ICT_{j,t} * IFI_{j,t} * CF_{i,t} + \alpha_5 SIZE_{i,t} + \alpha_6 GROWTH_{i,t} + \alpha_7 EXPEN_{i,t} + \alpha_8 SD_{i,t} + \alpha_9 NWC_{i,t} + \eta_i + \xi_{i,t} \quad (11-6)$$

其中，$CHAS1_{i,t}$表示第 i 个企业第 t 期的现金及现金等价物的变动；$CF_{i,t}$表示第 i 个企业第 t 期的现金流；$ICT_{j,t}$表示第 i 个企业所在的区域 j 第 t 期的信息通信技术情况，

包括 $MOBILE_{j,t}$，$INTERNET_{j,t}$，$TEL_{j,t}$分别是移动电话、互联网和固定电话。$IFI_{j,t}$表示第 i 个企业所在的区域 j 第 t 期的金融包容性指数。其他为控制变量，包括企业规模 $SIZE_{i,t}$，主营业务收入增长率 $GROWTH_{i,t}$，资本支出 $EXPEN_{i,t}$，短期借款的变动 $SD_{i,t}$和非现金营运资本的变动 $NWC_{i,t}$。详细的各变量的情况如表 11－1 所示。

表 11－1　　变量名称及其测度

变量	变量的描述
被解释变量	
$CHAS_{i,t}$	第 i 个公司 t 期现金及现金等价物 = 货币资金/本期总资产
$CHAS1_{i,t}$	第 i 个公司 t 期现金及现金等价物的变动
解释变量	
$CF_{i,t}$	现金流测度指标：$CF_{i,t}$ = 当期经营活动产生的现金流量净额/本期总资产
$MOBILE_{j,t}$	移动电话测度指标：$MOBILE$ = 第 j 个区域中移动电话数目与总人口之比
$INTERNET_{j,t}$	互联网测度指标：$INTERNET_{j,t}$ = 第 j 个区域中互联网上网人数与总人口之比
$TEL_{j,t}$	固定电话测度指标：$TEL_{j,t}$ = 第 j 个区域中固定电话数目与总人口之比
$IFI_{j,t}$	金融包容性测度指标（计算方式参见文中公式）
控制变量	
$SIZE_{i,t}$	第 i 个公司 t 期总资产的自然对数
$EXPEN_{i,t}$	第 i 个公司 t 期资本支出
$GROWTH_{i,t}$	未来的投资机会，利用主营业务收入增长率表示
SD	短期借款的变动
NWC	非现金营运资本的变动

（三）变量测度

1. 被解释变量

本书的被解释变量是现金持有量，指现金及现金等价物的变动。

2. 解释变量

本书采用 *CF* 即经营性现金流量占上年总资产的比重来作为主要解释变量，其系数体现现金的现金流敏感性。当中小微企业存在融资约束时，该系数为正值且统计显著。*ICT* 即信息通信技术分别采用移动电话数目、互联网上网人数、固定电话数目与总人口的比值来表示。模型中 *ICT* * *CF* 表示信息通信技术与现金流的交互项，体现了信息通信技术对融资约束的影响，如果其系数为负值且统计显著，表明信息通信技术显著降低了中小企业融资约束。*ICT* * *IFI* * *CF* 表示信息通信技术、金融包容性指数与现金流的交互项，体现了信息通信技术通过影响金融包容性来缓解中小企业融资约束的作用，如果其系数为负值且统计显著，表明信息通信技术通过金融包容性显著降低了中小企业融资约束。

IFI 表示金融包容性指数，该指数的构建参考查克拉瓦蒂（Chakravarty，2013）的方法。金融包容性包括三个维度，即地理渗透性、使用效用性和产品接触性。考虑到数据的可得性，本书仅从两个维度进行度量①，地理渗透性采用金融业从业人数占总人口的比重进行度量，使用效用性采用存贷款与 GDP 之比进行测度。*IFI* 计算公式为式（11－7）：

$$IFI = \frac{1}{k}\sum_{i=1}^{k}\left(\frac{x_i - m_i}{M_i - m_i}\right)^r，其中，r = 0.5。 \qquad (11-7)$$

x_i 表示第 i 个维度的数值，m_i 表示第 i 个维度的最小值，M_i 表示第 i 个维度的最大值。

3. 控制变量

阿尔梅达等（2004）认为基本模型的控制变量为企业规模与投资机会，扩展模型的控制变量增加了短期流动负债的变动、资本支出和非现金营运资本的变动。因此，本书的控制变量包括了企业规模、投资机会、短期流动负债的变动、非现金营运资本的变动、公司的资本支出。企业规模用当年总资产的自然对数衡量；阿尔梅达等（2004）基本模型中投资机会采用托宾 Q 值进行测度，本书考虑中国资本市场的特点，采用主营业务收入增长率测度；短期流动负债的变动采用短期流动负债的变动额占上年总资产的比重衡量；非现金营运资本的变动也采用非现金营运资本的变动额与上年总资产的比重衡量；公司的资本支出采用购置固定资产、无形资产和其他长期资产所支付的现金与处置固定资产、无形资产和

① 萨尔玛在其论文 *Financial Inclusion and Development* 中遇到数据不可得的问题，也选取了以上两个维度，该方法并未影响研究结论。

其他长期资产所收入的现金净额之差与本期总资产的比重进行衡量。

二、实证结果分析

（一）描述性统计分析

表11－2报告了主要变量的描述性统计量。

表11－2　　主要变量的描述性统计

变量	均值	中值	最大值	最小值	标准差	偏度	峰度
CHAS	0.2471	0.2102	0.9283	0.0011	0.1587	1.0471	3.9369
CHAS1	－0.0093	－0.0144	0.6427	－0.5233	0.1111	0.9202	7.2137
CF	0.0482	0.0468	0.4300	－0.3934	0.0811	－0.0669	5.1049
SIZE	21.1699	21.0850	25.0561	18.8555	0.8356	0.6930	4.0076
EXPEN	0.0860	0.0711	0.3973	－0.1634	0.0655	1.1187	4.4116
GROWTH	0.2168	0.1325	5.4861	－0.6077	0.3393	4.9362	49.8154
SD	0.0105	0.0101	0.4789	－0.6270	0.0881	－0.5015	6.4708
NWC	0.0089	0.0095	0.4326	－0.2767	0.0643	－0.0022	6.7652
MOBILE	0.8207	0.8463	1.5309	0.1365	0.2605	－0.0925	2.6323
INTERNET	0.4286	0.4665	0.7045	0.0292	0.1564	－0.3845	2.2172
TEL	0.3000	0.3001	0.6136	0.1091	0.0977	0.0925	2.4890
IFI	0.4448	0.4115	0.9939	0.1524	0.1521	1.4859	5.9068

样本企业中现金及现金等价物出现明显差异，最小值仅为同期资产总额的0.11%，而最大值为同期资产总额的92.83%，最大值是最小值的近900倍。而现金及现金等价物的均值为24.71%，这种状况表明企业的现金持有率差异化非常显著，企业的现金管理需要进一步优化。现金流均值较低，仅为4.82%，最小值为－39.34%，大约有五分之一的企业现金流为负值，标准差是均值的近2倍，表明中小微企业上市公司现金流波动较小，基本都集中在4.68%附近。主营业务收入增长率最小值为－0.6077而最大值为5.4861，标准差是0.3393，相对差异较大，表明上市公司在投资机会的获得上存在异同，利用主营业务收入增

长率衡量投资机会较为合理。本书选取的样本同已有研究中选择中小微企业上市公司的样本特征较为相似。

（二）回归结果分析

ICT 扩散影响中小企业融资约束，以及 ICT 扩散通过扩大金融制度边界影响中小微企业融资约束的多元回归分析结果如表 11－3 和表 11－4 所示。通过 *F* 检验和 *Hausman* 检验，所有模型均采用固定效应模型。从总体来看，样本观测值为 2 605 个，调整后的多重判定系数 R^2 即回归方程的拟合优度较高，符合多元回归的要求。所有的模型均通过了 *F* 检验，显著性 $p<0.001$，说明构建的模型是有效的。

表 11－3　　　　基准模型回归结果

	模型 1	模型 2	模型 3	模型 4	模型 5	模型 6	模型 7
常数项	0.2553***	－0.1864*	－0.324***	－0.00423	－0.184**	－0.325***	0.0463
	(3.8570)	(－2.000)	(－3.640)	(－0.040)	(－1.970)	(－3.720)	(0.450)
CF	0.4813***	0.5756***	0.6041***	0.4554***	0.5487***	0.5622***	0.5538***
	(28.0600)	(10.3795)	(12.8915)	(8.1109)	(17.1441)	(19.5538)	(15.0619)
MOBILE		－0.09287***			－0.08676***		
		(－6.1469)			(－4.9656)		
INTERNET			－0.1731***			－0.1941***	
			(－7.9846)			(－7.7171)	
TEL				0.1825***			0.05194
				(3.6598)			(0.7510)
*MOB * CF*		－0.0939*					
		(－1.8796)					
*INT * CF*			－0.2473**				
			(－2.3790)				
*TEL * CF*				0.1026			
				(0.5924)			
IFI					－0.03140	0.06312	－0.1642**
					(－0.6372)	(1.3687)	(－2.8593)

续表

	模型 1	模型 2	模型 3	模型 4	模型 5	模型 6	模型 7
MOB * *IFI* * *CF*					−0.1359*		
					(−1.744)		
INT * *IFI* * *CF*						−0.3576**	
						(−2.9130)	
TEL * *IFI* * *CF*							−0.3880*
							(−1.7382)
SIZE	0.0128***	0.0118**	0.01842***	−0.003057	0.01213**	0.01761***	−6.93E−05
	(4.1047)	(2.4477)	(4.0564)	(−0.7151)	(2.4888)	(3.8794)	(−0.01576)
EXPEN	−0.7703***	−0.8021***	−0.8348***	−0.7880***	−0.8031***	−0.8314***	−0.8076***
	(−31.8996)	(−32.1854)	(−33.2484)	(−30.7353)	(−32.4481)	(−34.2242)	(−30.9847)
GROWTH	0.2746***	0.2694***	0.2661***	0.2734***	0.2696***	0.2652***	0.2727***
	(137.4518)	(113.4470)	(119.0507)	(127.0488)	(114.0709)	(122.0808)	(127.3045)
R^2	0.9212	0.9141	0.9208	0.9157	0.9176	0.9285	0.9159
$AdjR^2$	0.9013	0.8923	0.9007	0.8943	0.8968	0.9104	0.8946
N	2 605	2 605	2 605	2 605	2 605	2 605	2 605
F 值	46.3651	42.0433	45.9345	42.9126	43.9387	51.2138	42.9722
Hausman 值	239.0024	249.5991	253.1447	252.5877	248.7403	255.0835	236.6229

注：表中所列为标准化回归系数，括号内为该系数的 t 检验值。*** 表示 $p<0.001$，** 表示 $p<0.05$，* 表示 $p<0.1$。

表 11－4　　扩展模型回归结果

	模型 8	模型 9	模型 10	模型 11	模型 12	模型 13	模型 14
常数项	−0.2910***	−0.3481***	−0.1445**	−0.1152**	−0.3351***	−0.1267**	−0.08156
	(−7.0017)	(−5.4645)	(−2.4661)	(−2.0424)	(−4.9554)	(−2.0416)	(−1.3714)
CF	0.2652***	0.3203***	0.3288***	0.3057***	0.3010***	0.2880***	0.2712***
	(42.1634)	(12.0456)	(13.2336)	(14.8397)	(16.0081)	(15.8182)	(18.2813)
MOBILE		−0.02352			−0.05848***		
		(−0.6297)			(−7.7191)		
INTERNET			0.0610***			−0.003132	
			(4.3399)			(−0.1609)	

续表

	模型 8	模型 9	模型 10	模型 11	模型 12	模型 13	模型 14
TEL				-0.1362***			-0.05259
				(-4.6022)			(-1.3313)
MOB * *CF*		-0.0619**					
		(-2.2296)					
INT * *CF*			-0.1437**				
			(-3.0168)				
TEL * *CF*				-0.1061			
				(-1.4234)			
IFI					0.2762***	0.1747***	0.1207***
					(8.7871)	(5.6906)	(4.1099)
MOB * *IFI* * *CF*					-0.09155**		
					(-2.6468)		
INT * *IFI* * *CF*						-0.1630**	
						(-2.1231)	
TEL * *IFI* * *CF*							-0.09633
							(-0.8536)
SIZE	0.01381***	0.01669***	0.00553***	0.007345**	0.01228***	0.002343	0.002026
	(7.0127)	(5.2548)	(1.8480)	(3.0102)	(3.6291)	(0.7342)	(0.7155)
EXPEN	-0.6557***	-0.6691***	-0.6343***	-0.6357***	-0.6571***	-0.6371***	-0.6291***
	(-63.9123)	(-62.6567)	(-61.4161)	(-54.7690)	(-56.5978)	(-78.6126)	(-61.1601)
GROWTH	0.1801***	0.1797***	0.1826***	0.1789***	0.1874***	0.1834***	0.1809***
	(67.9312)	(64.4825)	(66.3018)	(73.1138)	(60.8456)	(62.6225)	(71.7422)
SD	-0.1813***	-0.1871***	-0.1828***	-0.1858***	-0.1607***	-0.1831***	-0.1815***
	(-30.0736)	(-29.3787)	(-31.9044)	(-38.1176)	(-22.7293)	(-29.0805)	(-35.6205)
NWC	-0.4596***	-0.4572***	-0.4516***	-0.4454***	-0.4752***	-0.4644***	-0.4627***
	(-67.7597)	(-69.4661)	(-73.5099)	(-75.0503)	(-53.9998)	(-62.9883)	(-68.6805)
R^2	0.9908	0.9891	0.9955	0.9967	0.9850	0.9957	0.9911
$AdjR^2$	0.9877	0.9853	0.9940	0.9956	0.9799	0.9943	0.9880
N	2 084	2 084	2 084	2 084	2 084	2 084	2 084
F 值	319.6430	266.5152	654.9291	898.2512	193.5094	693.866	326.2987
Hausman 值	58.6239	65.5679	66.3778	59.1204	74.3509	68.5592	72.8028

注：表中所列为标准化回归系数，括号内为该系数的 t 检验值。*** 表示 $p<0.001$，** 表示 $p<0.05$，* 表示 $p<0.1$。

表11-3反映了采用基本模型的多元回归结果，表11-4则反映了采用扩展模型的多元回归结果。总体来看，结果并未发生变化，表明研究结论稳健性较好。模型1和模型8是基本回归模型，仅包含需要测度的现金流变量和控制变量。模型2-7及模型9-14是分别在基本回归模型的基础上加上ICT与*CF*的交乘项，以及ICT、金融包容和*CF*的交乘项以测度ICT如何缓解中小微企业融资约束。在表11-3和表11-4中，所有的回归模型中现金流系数持续为正值，且统计显著，基本回归模型系数大小稳定在0.45~0.60，扩展回归模型系数大小基本稳定在0.26~0.32，体现了中小微企业存在显著地现金流敏感性，即中小微企业在经营过程中具有提取现金并持有的倾向，面临着明显的融资约束问题。

表11-3的模型2至模型4及表11-4的模型9至模型11反映了在基本回归模型中加入ICT扩散指标后对中小微企业融资约束的影响。在表11-3中，移动电话*MOB*与*CF*交乘项的回归系数为-0.0939，且在$p<0.1$的条件下统计显著，*INTERNET*与*CF*交乘项的回归系数为-0.2473，且在$p<0.05$的条件下统计显著，*TEL*与*CF*交乘项的回归系数为0.1026，统计并不显著。这表明，除了固定电话外，ICT显著地缓解了中小企业融资约束。固定电话不显著的原因可能是其与移动电话具有较强的替代性。在表4中，情况基本一样，移动电话*MOB*与*CF*交乘项的回归系数为-0.0619且在$p<0.05$的条件下统计显著，*INTERNET*与*CF*交乘项的回归系数为-0.1437且在$p<0.05$的条件下统计显著，*TEL*与*CF*交乘项的回归系数为-0.1061但统计并不显著，命题1得到支持。模型5-7和模型12-14是在基本回归模型的基础上加入了ICT、金融包容性以及现金流的交乘项指标，以此测度ICT是否通过提升金融包容性来缓解中小企业融资约束。在表11-3中，*MOB*、*IFI*与*CF*交乘项的回归系数为-0.1359且在$p<0.1$的条件下统计显著，*INTERNET*、*IFI*与*CF*交乘项的回归系数为-0.3576且在$p<0.05$的条件下统计显著，*TEL*、*IFI*与*CF*交乘项的回归系数为-0.3880且在$p<0.1$的条件下统计显著。这表明，ICT显著地促进区域金融包容性程度，从而有效缓解中小企业融资约束，命题2得到支持。表11-4利用扩展模型的结果与表11-3结果基本一致（*MOB*、*IFI*与*CF*交乘项的回归系数为-0.09155且在$p<0.05$的条件下统计显著，*INTERNET*、*IFI*与*CF*交乘项的回归系数为-0.1630且在$p<0.05$的条件下统计显著，*TEL*、*IFI*与*CF*交乘项的回归系数为-0.09633但统计不显著）。从表11-3和表11-4研究结果来看，交乘项系数与现金流系数绝对值之比最高为50%左右，ICT扩散缓解中小企业的融资约束作用较为明

显。特别是互联网金融模式更有效地缓解中小企业融资约束，这表明近几年互联网高速发展，大大促进了金融机构的普惠性，中小企业已经在充分利用互联网融资贷款缓解现金流困难。如近几年发展较为迅速的拍拍贷、人人贷等基于网络的*P2P* 融资模式起到了重要作用。值得注意的是，ICT、*IFI* 与 *CF* 交乘项的系数要明显高于 ICT 与 *CF* 交乘项的系数，说明 ICT 扩散通过金融包容性来缓解中小微企业融资约束比直接缓解作用更强。

另外，本书的研究结论与已有的研究文献中利用现金—现金流的基准模型和扩展模型的现金流估计系数较为接近，这在一定程度上表明本书的研究结论是有效的。

在控制变量中，主营业务收入增长率、企业规模显著影响企业现金流，多数情况下至少在 1% 的显著水平上为正。而资本支出、非现金营运资本的变动和短期借款的变动分别在 1% 的显著性水平上为负。这表明，中小企业的现金持有水平与企业规模、投资机会存在正向关系，而与资本支出、非现金营运资本的变动和短期借款的变动存在负向关系。

（三）稳健性检验

本书从以下几个方面进行了稳健性检验：首先，Khurana et al.（2006）对 Almeida 提出的现金—现金流模型进行了修正，本书利用 Khurana 修正的模型对研究假设进行了检验；其次，借鉴唐建新、陈冬（2009）[①] 的方法，由于中小企业板的上市公司持有现金具有发放现金股利的倾向，因而本书也在控制变量中加入股利分配率；最后，采用总资产增长率替换主营业务收入增长率作为控制变量对研究假设进行了检验。研究结论基本不变。

第四节　结论和建议

2005 年联合国提出世界各国应积极促进普惠金融发展，积极为低收入群体和中小微企业服务。然而，现有的金融制度边界限制了银行等金融机构的包容性程度，难以实现金融普惠。本书则基于 ICT 的视角，从理论分析的角度探索 ICT

① 唐建新，陈冬．金融发展与融资约束——来自中小企业板的证据．财贸经济，2009（5）．

如何影响金融制度边界，以及ICT如何通过提升金融包容性，来推动普惠金融发展、缓解中小微企业融资约束，并提出相应的命题假设。之后，采用中国中小企业板522家上市公司2004～2019年面板数据，利用多元回归分析的方法进行实证检验，得出如下结论：第一，中小微企业面临着明显的融资约束，而随着ICT扩散程度不断加强，可显著的直接缓解中小微企业融资约束；第二，ICT扩散扩大了金融制度边界，通过提升金融包容性显著的间接缓解了中小企业融资约束；第三，相对于移动电话和固定电话，互联网金融模式是最有效扩大金融制度边界的方式，更有效地缓解了中小微企业融资约束；第四，ICT扩散通过提升区域金融包容性来缓解中小微企业融资约束，比直接缓解中小微企业融资约束的能力更强。

根据以上研究结论，本书提出以下几个方面的政策建议：

（1）搭建科技金融服务平台，赋能普惠金融，缓解中小微企业融资约束。中小微企业特别是科技型中小微企业融资难是一个普遍性问题，笔者到山东省的济南、临沂、潍坊等地的企业调研发现，中小微企业融资难的问题不但没有缓解，反而有加剧的趋势。融资难主要有三种表现：一是融资渠道单一，主要依靠银行贷款，直接融资没有通道；二是融资成本太高，中小微企业的融资成本都在年利率15%以上；三是融资成功率太低，有融资需求而能融到资金的不到2%。中小企业融资难，既有宏观层面上金融体制的原因，也有地方政府增信融资体系缺失的因素。针对山东省的现实情况分析，中小微企业融资难，在很大程度上与没有搭建科技金融服务平台有很大关系。目前，科技与金融部门的相互了解和认知还不够深入，对科技和金融结合的共识还需要进一步强化；科技与金融结合的方式、手段等还处于无序阶段，深度不够，系统性不强；科技与金融结合工作的支撑条件、服务平台，特别是科技和金融结合的中介组织，或者说能够沟通科技企业和金融机构的服务还不够健全和稳定。因此，尽快搭建科技金融服务平台，赋能普惠金融，聚合一支既懂科技、又懂金融与企业运作的复合型科技金融人才，对于缓解中小微企业融资难问题十分必要。

（2）进一步加强信息通信技术基础设施的建设，加快ICT与金融的融合，有效地促进普惠金融战略的实施。截至2019年12月，中国网民数量达到7.18亿，互联网普及率为65.8%，其中手机上网规模达到了7亿，继续保持着第一大上网终端的地位[①]。互联网的普及率为金融普惠发展奠定了基础。因此，鼓励金融机构探索中小微企业融资技术，充分利用ICT扩散能降低交易成本、增加透明度、扩大服务规模等特点，增强金融机构的普惠性，从而更有效地服务于中小微企业。然而，中小微企业使用计算机、互联网信息化状况需要进一步加强，特别是微型企业。地域性差异存在较为明显，东部地区互联网普及率较高，而中西部地区尽管发展速度较快，但仍然和东部地区有较大差距。因此，未来政府应进一步加强中西部地区的通信基础设施建设，普及互联网设备及推进宽带网络计划，加大金融机构的信息化程度，充分利用手机银行、网络银行、短信通等提高金融空白区域的金融服务。

（3）ICT是普惠金融发展的技术支持平台。通过信息通信技术开办的支付中介，可有效地满足中小微企业或低收入群体的网络支付、小额理财等金融需求，因而ICT是实现普惠金融的重要手段。特别是在中国的中小微企业和低收入群体，银行业运用ICT可扩大银行服务的覆盖面，改善金融空白区的基础性金融服务。研究结果也表明，通过ICT降低交易成本，缓解信息不对称问题，为金融机构和中小微企业合作搭建平台，增强了金融机构为实体经济服务的职能。因此，未来传统的金融机构应当更快、更好地利用ICT，依托自身的雄厚实力、品牌效应、风控体系完善等优势，扩大自身金融制度边界，提升金融竞争力，更好地为包括低收入群体和中小微企业在内的客户服务。

（4）深化普惠金融体制改革。政府对以ICT为基础的新兴金融模式应加强管理，更好地促进金融机构利用ICT为低收入群体和中小企业服务。目前，手机银行、互联网金融模式等已经广泛兴起，如拍拍贷、人人贷等发展迅速，但也存在一些问题（2020年11月，金融监管机构宣布全国P2P平台已全面停止运营）。然而，该种模式具有简便灵活、更好满足中小微企业融资需求的特点，是对现有金融制度体系良好发展的有效补充。因此，政府对出现的问题应理性处理，不能简单地将其扼杀，这样才能更好地推动普惠金融的发展，缓解中小微企业融资难题，从而实现高质量发展。

① 数据来源于中国互联网络发展状况统计报告（2020年1月）。

第十二章　普惠金融与非正规金融

非正规金融是普惠金融业态的必要补充，对实现高质量发展起着重要作用。在我国，非正规金融主要表现为基金会、互助会、小额信贷、民间借贷等，随着互联网金融的发展，一批金融科技公司逐渐成为非正规金融的主力。由此，也带来了立法、监管等方面的风险，并构成了普惠金融发展中的新问题。

在大多数的发展中国家，普遍存在着金融抑制现象，市场失灵导致的资金配置低效率随处可见，中小微企业融资自然被金融机构所排斥。在这种情况下，非正规金融应运而生，以其信息优势、交易成本低、履约保障好等优势，服务于正规金融无法满足的中小微企业、"三农"客户和其他弱势群体。国有正规金融机构由于风险、成本等原因不愿意为弱势群体提供贷款等金融服务，而非正规金融由于其自身的特点和优势，更适合为这一群体服务。非正规金融在利率水平、贷款期限、抵押物条件等比正规金融更加宽松，且借贷双方信息彼此熟悉、手续简单、担保不严格等，使得非正规金融成为中小微企业、"三农"客户资金需求的重要来源，是发展普惠金融的必要业态。因此，认真研究普惠金融与非正规金融的关系，对推动金融服务的均等化，防范化解金融风险具有重要作用。

第一节　非正规金融

从政府金融监管部门监管的角度，金融体系可区分为正规金融和非正规金融，正规金融受到中央银行监管和金融法规约束，而非正规金融不受中央银行及监管部门监管和金融法规约束（胡金焱，2006）①。非正规金融的发展是由于发

① 胡金焱，李永平．正规金融与非正规金融：比较成本优势与制度互补．东岳论丛，2006（2）．

展中国家缺乏健全的金融体系而无法满足大众资金的需求，因此需要非正规金融来弥补正规金融的缺失（赵经纬，2020①）。非正规金融涉及范围非常广泛，且种类过于分散，包含小额贷款公司、套汇、地下钱庄、互联网金融、民间标会等。然而，各国组织对非正规金融活动有不同的定义，如地下钱庄在亚太洗钱防制组织和打击清洗黑钱财务行动特别组织等国际组织中称其为替代性汇款体系、非正规汇款体系，而在中东或南亚称为哈瓦拉，在美国叫无照货币汇款业。而中国颁布的《非法金融机构和非法金融业务取缔办法》中规定，地下钱庄为以营利为目的，未经国家有关主管部门审核、批准，以个人信用为基础，秘密从事非法金融活动和洗钱等违法犯罪活动，扰乱国家金融管理秩序的机构或组织。之后，政府发现非正规金融业存在其有价值的一面，因而将非正规金融规范化、阳光化成为金融体制改革的重要步骤。因此，以投资公司、互联网金融、小额贷款公司、典当行等为代表的民间投资开始崭露头角，主要为中小微企业进行融资服务。

各国在金融抑制环境下大多会产生非正规金融体系来满足资金缺口，特别是中国经济的快速发展，使得中国经济结构问题日益凸显。如中国多年来的金融抑制使得金融市场无法正常反映市场行情，以及为减少 2008 年金融危机给予经济的冲击而实施的宽松货币政策，但在资本市场的疯涨之下，部分企业或者个人开始设立投资公司来募集资金以赚取高额报酬，使得中国非正规金融日益茁壮。因此，非正规金融的发展离不开中国大环境的变化和正规金融提供服务能力的缺失等，本书将对非正规金融发展历程及其与中小企业发展的关系、对接模式等一一论述。

一、非正规金融的发展及形态演变

非正规金融的发展实际上经历了从最简单的民间相互借贷最简单的形式向未来专业的私募基金、私人钱庄等更为复杂的专业形态转变，而这些转变是长期以来市场交易不断选择的结果。本书对非正规金融的发展过程及在该过程中的形态演变进行深入分析，从而有助于理解民间金融的演化规律和中小微企业在非正规金融演化中的重要角色。

---

① 赵经纬．非正规金融的法律风险研究．哈尔滨商业大学硕士论文，2020.

（一）非正规金融的初级形态

人们之间进行自由借贷是民间金融最初的一种形态，也是最为古老的民间金融，借贷双方由于相互熟悉并完全掌握相互的私人信息而实现借贷。这种借贷形式是任何专业机构所不能替代的，原因在于这是人际交往中积累信息的副产品。在大量的人际交往中，民间借贷依赖于这些信息并且这些信息的获取成本几乎为零，这是任何专业机构所不能达到的。而金融专业机构必须搜集并整理每笔交易的信息，尽管专业借贷机构可以凭借规模经济降低信息搜集成本，但无论如何无法低于民间自由借贷的零成本。因此，民间借贷这种形式具有强大的生命力。类似于个人之间的借贷，企业之间的借贷也较为广泛。通常情况下，中小微企业之间由于往来较为密切，相互之间较为了解，在资金需求量较为密集的时候也会产生民间自由借贷。

这种民间借贷的初级形式缺点较为明显，具体表现为：（1）资金规模较小，企业只能用来应急而无法满足发展所需；（2）交易双方风险较大，各自承受风险能力较弱；（3）交易双方交易频率较低，信息仅限于交易双方，利用率较低。

（二）非正规金融的过渡形态

现阶段，非正规金融由最简单的初级形态已经向专业化的路径开始演化，出现了中间形态的多种形式。（1）互助会。在互助会中，组织各成员权利和义务均等，其资金来源和规模相对扩大使得每次交易的额度大大增加，克服了民间借贷资金规模小的不足。另外，互助会中风险大大分散、信息使用频率提升。实际上，每个成员的出资金额较小，因而风险就分散了，同时互助会的参与者之间形成了一个网络，信息共享，信息资源得到了充分利用；（2）民间集资。民间集资是民间借贷的变异形式，是民间金融演化过程中的一种中间形态。民间集资的优点非常明显，在一个相互熟悉的范围之内，资金规模增大，且相互之间较为熟悉，信息的利用频率大大提升。然而，其缺点同样明显，如集资者容易受到高利率的诱惑，加大运营风险；（3）民间合作金融。这种组织是由于同处于同一个行业或产业中，彼此相互熟悉和了解从而实现的合作互助。

（三）非正规金融的专业形态

专业民间金融机构同正规的金融机构相类似，在经济生活中承担着一定的职能，也是在民间自由借贷的基础上逐渐发展起来的一种形式。（1）民间借贷中介。如借贷中介人、私人钱庄、小额贷款公司等。其中，小额贷款公司是中国新兴的一种民间借贷形式。目前来看，国家对小额贷款公司管理较为严格，政策明确规定了其“只贷不存”来限制风险，但其仍然是专业化程度较高的贷款组织；（2）私募基金。私募基金是面向部分特定投资人的一种募集资金的方式。在私募基金中，运用募集资金的是一些职业的投资人，他们是以盈利为目的的专业化投资人，因而私募基金属于专业的非正规金融的形态。

二、非正规金融与正规金融的关系

（一）非正规金融文献综述

金融体系中存在的二元结构使得国内外学者对非正规金融的发展问题非常关注，特别是非正规金融在整个金融体系中的重要作用使得学者们对非正规金融与正规金融之间的关系产生了浓厚的研究兴趣（Colin C. Williams，2014）①。目前，学者们对非正规金融和正规金融之间关系的研究结论可以分为三种不同的类型：首先，部分学者认为两者之间存在着互补的关系，他们认为非正规金融在金融服务、存贷款方面具有优点，特别是在客户信息收集和满足中小微企业融资方面优势明显，但也存在规模小、产权不明晰等不足，因而需要结合正规金融和非正规金融来促进经济发展（Ghate，1992②；Duo Qin，2014③）。如瓦吉斯（Varghese，2005）④ 认为，正规金融和非正规金融之间相互合作可以产生更大的收益，正规金融向大客户或者优质客户提供贷款，同时与非正规金融相互合作，为中小微企业或

① Colin C. Williams，Alvaro Martinez – Perez. “Why do Consumers Purchase Goods and Services in The Informal Economy?”，*Journal of Business Research*，2014，67：802 – 806.

② Ghate. “Informal Finance：Some Findings from Asia”，*Oxford Univ. Press*，1992.

③ Duo Qin，Zhong Xu，Xuechun Zhang. “How Much Informal Credit Lending Responded to Monetary Policy in China? The case of Wenzhou”，*Journal of Asian Economics*，2014.

④ Varghese A. “Bank – Money Lender Linkages as an Alternative to Competition”，*Oxford Economic Papers*，2005，57（2）：315 – 335.

低收入群体提供金融服务。国内学者也有类似观点，如胡金焱、李永平（2006）① 提出正规金融与非正规金融之间并非只是简单的竞争关系，从信息成本和代理成本的角度分析，非正规金融在一定规模范围内边际贷款成本具有相对比较优势，两者存在制度互补的可能区域。崔百胜（2012）② 通过建立四部门动态随机一般均衡模型，分析了二元金融体系下正规金融与非正规金融部门之间的作用机制。研究发现，在居民消费偏好冲击和技术冲击两种情况下，正规金融与非正规金融部门之间主要是互补关系。但也有学者认为两者之间也存在竞争关系，他们认为尽管两者具有特定的比较优势和特定的服务对象，形成了互补效应，但双方业务也存在交叉重合的区域，形成了竞争关系（姜旭朝；丁昌锋，2004③；Linton，2007④）。如达斯古普塔（Dasgupta，2004）⑤ 就认为非正规金融和正规金融之间将在业务上展开竞争，包括存款和信贷业务的争夺。张博（2019）⑥ 指出，非正规金融可以反映出正规金融存在的不足，在有些领域内可以有效替代正规金融。马德斯塔姆（Andreas Madestam，2014）⑦ 提出在不完善信贷市场上建立非正规金融与正规金融共同存在的模型，他认为银行等正规金融机构具有大量资金但在信贷使用上存在不足，而非正规金融更加灵活但缺乏必要的资本，提出非正规金融和正规金融可能是替代或者互补的关系，两者之间可以相互转化。

（二）非正规金融与正规金融关系理论分析

1. 金融机构的成本分析

假设在一个区域内，有大量潜在的融资需求人，每个融资需求人都拥有合适的投资项目，除了其拥有的财产以外，还需要向金融机构借贷一部分资金用以生产。其中部分融资需求人由于具有健全的财务信息、固定资产规模大等特点而获得正规金融机构的贷款，我们假定这些企业从正规金融机构获得投资资金占所有企业获得的总借贷资金的比重为 α，而另一部分融资需求人由于规模小、固定资

① 胡金焱，李永平．正规金融与非正规金融：比较成本优势与制度互补．东岳论丛，2006（2）．

② 崔百胜．非正规金融与正规金融：互补还是替代？基于 DSGE 模型的相互作用机制研究．财经研究，2012（7）．

③ 姜旭朝，丁昌锋．民间金融理论分析：范畴、比较与制度变迁．金融研究，2004（8）．

④ Linton K. Law. "Access to Capital in China：Competitive Conditions for Foreign and Domestic Firms", *SSRN Working Paper Series*, 2007.

⑤ Dasgupyta B. "Capital Accumulation in the Presence of informal Credit Contracts：Does the Incentive Mechanism Work Better than Credit Rationing under Asymmetric Information?", *Economics Working Paper*, 2004.

⑥ 张博．非正规金融对创业的影响．西南政法大学硕士论文，2019．

⑦ Andreas Madestam. "Informal Finance：A Theory of Moneylenders", *Journal of Development Economics*, 2014, 107：157 - 174.

产少、管理信息不健全等因素无法从正规金融机构获得贷款，从而转向非正规金融机构贷款，假定这些企业从非正规金融机构获得的资金占所有企业获得的总借贷资金的比重为 $1-\alpha$。

正规金融机构通过贷款利率 r_b 获得收益，但由于受到金融监管，需要向政府纳税，税赋构成了正规金融机构的部分成本（Roubini & Sala - I Martin，1995）①。另外，企业在获得贷款后的生产及销售等活动均为私有信息，只有金融机构进行有效管理，企业才能倾向于按期还款。因此，在评价融资需求人信息时产生的成本及正规金融机构贷出款项后必须对所有贷款进行管理产生的管理成本（代理成本），这些均构成了正规金融机构的成本（胡金焱，2006）。按照戴蒙德（Diamond D.，1991）的模型，本书假定正规金融机构贷款的管理成本与贷款数量是凸函数关系。因此，正规金融机构的成本为以上两种成本的总和，借鉴罗比尼（Roubini，1995）的研究分析，建立正规金融机构成本的公式为式（12-1）：

$$c = k + \frac{B}{\gamma - 1}(\alpha\omega^{b})^{\gamma - 1} \tag{12-1}$$

其中，c 是指正规金融机构的成本；k 是指金融抑制的比率，且 $\frac{\partial k}{\partial \alpha} < 0$；$\omega^{b}$ 是指企业从正规金融机构贷款人均资本数量；$B > 0$ 和 $\gamma > 1$ 是参数，反映了正规金融机构的效率。

非正规金融机构通过贷款利率 r_i 获得收益，由于缺乏金融监管，因而不存在税赋，其成本仅为对贷款的管理成本。非正规金融机构多是通过亲缘、地缘关系、朋友等开展金融活动的，其信息成本和代理成本较小。然而，当非正规金融机构规模不断扩大，突破到一定范围时，则信息成本和代理成本均大幅升高，因而非正规金融机构大多是局域性提供金融服务。因此，当非正规金融机构在局域性开展金融服务时，其成本较小，因而不考虑非正规金融机构的成本问题。

2. 非正规金融发展对正规金融发展的影响

在式（12-1）中，非正规金融规模在某种程度上会影响正规金融机构的边际成本。通常情况下，非正规金融可通过两种渠道影响正规金融机构的成本：一是在较高的金融抑制环境下，正规金融机构成本上升，收益降低。同时，正规金融机构的贷款利率扭曲，受政府政策影响使得信贷配给更多的流向国有大型企

① Roubini N.，Sala-i Martin. "A Growth Model of Inflation，Tax Evasion，and Financial Repression"，*J MEcon*，1995，35（2）：275-301.

业。此时，大量中小微企业得不到正规金融机构的资金配给，不得不转向非正规金融机构。因此，非正规金融的规模将不断扩大，可能会进一步增强金融抑制，这对正规金融的发展是不利的。二是由于融资容量的限制，正规金融规模扩大将会增大其管理成本，部分企业将被正规金融排斥在外。这些得不到满足的企业就会转向非正规金融，而当这些企业得到一定发展，能满足正规金融信贷条件时，将转向正规金融获取资金。此时，非正规金融的发展是有利于正规金融发展的。本书从正规金融机构成本计算的角度展开分析，如式（12－2）和式（12－3）所示：

$$\frac{\partial c}{\partial \alpha}=\frac{\partial k}{\partial \alpha}+B(\alpha\omega^{b})^{\gamma-2}\left(\omega^{b}+\alpha\frac{\partial \omega}{\partial c}\frac{\partial c}{\partial \alpha}\right)$$

$$=\frac{\partial k}{\partial \alpha}+B(\alpha\omega^{b})^{\gamma-2}\omega^{b}+B(\alpha\omega^{b})^{\gamma-2}\alpha\frac{\partial \omega}{\partial c}\frac{\partial c}{\partial \alpha} \tag{12-2}$$

$$\frac{\partial c}{\partial \alpha}\left(1-B(\alpha\omega^{b})^{\gamma-2}\alpha\frac{\partial \omega}{\partial c}\right)=\frac{\partial k}{\partial \alpha}+B(\alpha\omega^{b})^{\gamma-2}\omega^{b} \tag{12-3}$$

由于$\frac{\partial \omega}{\partial c}<0$，因而$1-B(\alpha\omega^{b})^{\gamma-2}\alpha\frac{\partial \omega}{\partial c}>0$，那么$\frac{\partial k}{\partial \alpha}+B(\alpha\omega^{b})^{\gamma-2}\omega^{b}$的取值体现了正规金融的发展对其成本的影响。

当$\frac{\partial k}{\partial \alpha}+B(\alpha\omega^{b})^{\gamma-2}\omega^{b}=0$，由于$\frac{\partial k}{\partial \alpha}<0$，其取值表示为$\left|\frac{\partial k}{\partial \alpha}\right|$，那么得到式（12－4）：

$$\alpha^{*}=\left[\left|\frac{\partial k}{\partial \alpha}\right|\frac{1}{B\ (\omega^{b})^{\gamma-1}}\right]^{\frac{1}{\gamma-2}} \tag{12-4}$$

由以上公式（12－4）可知，对于正规金融机构在一定的成本水平c^{*}的要求下，存在α^{*}，使得当$0<\alpha<\alpha^{*}$时$\frac{\partial c}{\partial \alpha}<0$，则正规金融机构的成本随着其发展规模增加而逐渐下降；当$\alpha>\alpha^{*}$时$\frac{\partial c}{\partial \alpha}>0$，则正规金融机构的成本随着其发展规模增加而逐渐提高。

根据以上分析可知：当$0<\alpha<\alpha^{*}$时，即当初始正规金融规模较小（非正规金融机构的规模较大）时，正规金融规模虽然增加但是其边际成本降低，因而其能获得收益。此时，非正规金融扩大不利于正规金融的发展。而当$\alpha>\alpha^{*}$时，即当初始正规金融规模较大（非正规金融规模较小）时，正规金融机构由于融资容量的限制不得不面临较高的成本，正规金融机构很难扩大其金融制度边界，因而大量中小微企业将被排斥在边界之外。此时，非正规金融的发展补充了正规金融发展的不足，从而有效地促进了正规金融发展水平。

3. 金融机构的收益分析

正规金融机构收益来源于对借款人的利率 r_b，因而其收益可表示为式（12－5）：

$$Y_b = \alpha\omega^b r_b - c \tag{12－5}$$

利用公式（12－5）对成本求导数，可得：$\frac{\partial Y_b}{\partial c} = \alpha r_b \frac{\partial \omega^b}{\partial c} - 1$，由于$\frac{\partial \omega}{\partial c} < 0$，那么$\frac{\partial Y}{\partial c} < 0$。由此可知，正规金融机构的收益与其成本存在着单调减函数关系。也就是说，当$0 < \alpha < \alpha^*$时，正规金融随着金融发展规模的不断增加成本降低，收益增加。正规金融机构成本的降低使得原先从非正规金融获得资金的融资需求人转向正规金融，此时降低非正规金融的规模有利于正规金融的发展。当$\alpha > \alpha^*$时，正规金融机构随着金融发展规模的增加成本增加，收益降低。正规金融机构若再进一步扩大服务范围，其成本将会大幅增加，正规金融机构不得不退出某些领域，放弃部分风险高、收益低的客户，如低收入群体、中小微企业等。此时，被正规金融机构放弃的客户则转向非正规金融机构获取资金，因而就促进了非正规金融机构的发展，非正规金融成为正规金融的有益补充。

综上所述，在一定的机构发展条件下，非正规金融与正规金融之间存在着非单调关系。正规金融的规模较小时，非正规金融的发展会抑制正规金融的发展水平；而正规金融的规模较大时，非正规金融的发展会提高正规金融的发展水平。

三、非正规金融与中小微企业融资

中国地下金融活动存在已久，在正规金融体系尚未健全时期，非正规金融对中国的经济发展具有较大贡献。近年来，尽管随着正规金融体系的发展越来越成熟，但是投机风气日盛，非正规金融不仅未消失，而且其规模和金融创新产品日益多样。

通常情况下，企业取得资金的方式有直接金融、间接金融和非正规金融三种方式。直接金融是指企业在资本市场发行债券、股票等有价证券或在货币市场发行银行承兑汇票等获取资金，然而中小微企业在利用直接融资工具时遇到多方困难，如中小微企业商业本票等的单位交易成本较高、中小微企业的知名度不高及其发行的金融工具不易为投资者所接受、货币市场与资本市场有资金规模的限制等。中小微企业规模小且客观条件不足，其活力表现不如大型企业而难以刺激投资人购买意愿，因此利用有价证券筹集资金较为困难。而利用间接融资机构存在着贷款笔数少、金额少、银行成本高，贷款风险大，呆坏账责任重、贷款手续和审核过程烦琐等问题，加剧了中小微企业获取资金的难度。因而，经营较为困难的中小微企业，由于资金不多、担保品不足、信用不够，只能用其房地产或机器设备向银行抵押借取部分资金，在银行借款不能满足其资金需求时，需向民间组织市场借取高利率的民间资金。非正规金融有广义和狭义之分，狭义的非正规金融活动仅指无组织的、不公开的或者未纳入政府管理的民间资金的借贷活动，如民间互助会、地下钱庄等。广义的非正规金融活动是指所有无组织的、不公开的、或未纳入政府管理的民间金融交易，除了狭义的非正规金融活动外还包括黑市金钞买卖、套汇等。本书所研究的非正规金融是指狭义的非正规金融活动。

总体来讲，非正规金融活动对中小微企业经营各有利弊。有利的一面是：（1）非正规金融的资金具有相当大的弹性，中小微企业短期所需的资金，能迅速地从地下钱庄获得满足；（2）非正规金融借贷手续相当简便，一般可凭公司信誉借到相关款项，而且借贷金额也比金融机构更具弹性。不利的一面是：（1）利息负担沉重；（2）利率高则影响中小微企业财务结构，甚至拖垮公司；（3）由于非正规金融多寄生在公司行号、典当、事务所等，非正规金融的发展可能扰乱金融秩序，危害到正规金融体系的健全发展。

尽管非正规金融可减少如正规金融机构申贷的复杂程序，但是中小微企业利用该方式筹资所负担的利息成本却远远高于其他两种方式，不但使其活力的空间遭受压缩，也可能因此从事高风险、高收益的投资，从而陷入以债养债的恶性循环当中，加大经营风险。当然，非正规金融的产生，往往与正规金融体系无法提供企业发展所需的资金有密切关系。企业利用非正规金融的比例越高，相对也就表示正规金融体系能覆盖的产业资金流通范围越小。因此，加快正规金融机构的市场化，提高正规金融机构的覆盖面，是有效控制非正规金融带来风险的重要举措。

第二节　普惠金融业态与非正规金融

互联网金融是普惠金融的重要业态，发展普惠金融离不开互联网金融的支撑。互联网金融是传统金融同现代信息网络技术密切结合而产生的一种新型的企业融资模式，该模式建立在互联网基础上展开一系列金融活动。金融与计算机网络技术之间的深度融合，构成了普惠金融的技术范式，其关键的创新来自互联网提供的大量低成本信息，从而可以为普罗大众提供精准的、非接触式的金融服务体验。

目前，互联网金融正以交易成本低、能扩大金融服务覆盖面等新特点，支持着普惠金融的发展。相对于传统的金融机构，互联网金融业态以灵活、便捷、低成本等特征使其服务模式或产品设计，更加符合中小微弱势群体的融资需求，并成为新的非正规金融的主要形态：平台模式和网贷模式两种形态。

一、基于互联网的平台模式

平台模式是中小微企业利用互联网融资的重要模式，如电子商务企业已经建立了详细的客户信用数据库，其与非正规金融的结合将使得电子商务企业可以开展网络融资服务。非正规金融与电子商务平台结合的全新平台模式，将非正规金融的优势同电子商务企业的渠道、信息优势充分结合，大大降低了客户搜索成本和信用风险，融资更为灵活和便捷。融贯互联网理念的金融产品创新大大满足了中小微企业的融资需求，也更加符合中小微企业融资特点。企业在有资金需求时可从网上直接借款，资金使用完毕后可当即归还。这种模式匹配了中小微企业阶段性融资特点，也实现了银行等正规金融结构无法达到的灵活性。从本质上说，相比传统正规金融机构，强大的风险控制能力与互联网平台上人机交互的低成本特征，使得这种信贷业务安排的实践成为可能。资金使用成本的降低、使用效率的提高，能及时满足数量更多的小微企业的信贷需求。

当然，平台模式也蕴含着相应的风险，因而在采用该模式时应注意以下几点：（1）该模式的基础是建立在电商平台的信用基础上的，因而面临着系统性风险量化的问题。基于电子商务平台的网络融资实际上受到外部宏观经济和电子商务平台双重环境的影响。外部环境的萧条无疑会影响平台中企业的成长和发展，而电商平台的发展也与企业经营密切相关。因此，平台融资模式受到双重环境影响无疑加大了系统风险；（2）平台模式中所有的信用评级、资金融通等业务均在电子商务平台上实现，这无疑加大了风险集中度。平台虽然在一定模式上提高了交易过程中的资金流和物流的有序，但是还是缺乏其他主体的参与来分散风险。因此，进一步完善平台，引入担保机构、正规金融机构等其他主体是有效分散风险的关键。

二、基于互联网 P2P 的网贷模式

P2P 模式是一种使得投资者与资金需求人连接，投资者采用信贷的方式借款给资金需求者的模式。这种模式，可以成为普惠金融可期待的业态。网络环境下，该模式可通过网络来使得投资者和资金需求人匹配，而中介机构仅是为双方提供一个交易平台，来赚取佣金。P2P 模式的特点在于信息完全公开，投资者和融资需求人通过网络寻找合适的交易对象，双方相互了解信息并约定合适的交易利率，从而签署借贷合同。这种模式实际上给予了每个投资人和资金需求者以平等交易的机会，最大可能的将资金充分利用，开启了大众金融普惠时代。

P2P 借贷是在网络环境下的一种高效资金对接模式，中介机构的作用被大大弱化，仅为双方提供合适的交易平台即可。这种模式区别于传统的金融借贷，投资人和借款人之间直接对接，可以在网络平台上直接进行交易，决策链条短、时间快、效率高，更符合中小微企业的融资特点。一方面，银行等正规金融机构在传统的借贷形式中深度参与，融资成本较高，而网络环境下中介作用被大大降低，因而其成本自然也就显著减少；另一方面，由于大量的投资人和借款人在线上进行充分的信息披露，各种交易利率、期限、金额等均在平台上展示，借贷双方可自由选择，有效地减少了信息不对称，大大增加了中小微企业获得信贷的渠道，并成为普惠金融发展过程中非常值得期待的新型业态。

但是，P2P 模式在中国的野蛮生长，不但没能推动普惠金融的发展，反而带来了巨大风险。2020 年 11 月，金融监管机构宣布全国 P2P 平台已全面停止运营，曾经野蛮生长的网贷行业正式告一段落。投资者的数千亿的待偿资产如何挽损，或许仅仅是起点。对于监管机构而言，可谓任重而道远，毕竟 P2P 网贷在我国是一个新兴且生命周期并不长的互联网金融行业，没有太多可借鉴的经验，一旦风险集中爆发，会涉及 6 000 家网贷平台，数以千万计的出借人和借款人，稍有不慎，极容易造成严重的社会风险。

可以明确的是，未来将有更多区域的地方监管机构联合公安、司法部门联合开展行动，为出借人力挽损失。尽管各地的处理方式有所差异，但预期的措施多

数包含以下几点：（1）敦促和监督平台加快兑付进度；（2）对已立案平台进行资产追缴；（3）敦促借款人偿还贷款，打击逃废债；（4）对长期债转停滞或在清退过程中发现违法犯罪线索的平台进行立案处理。

2021 年，从宏观上来看，监管机构针对平台、借款人的敦促和打击力度在加大，速度在加快。从微观上也可略见一斑：近来某些平台开始提高兑付比例回收债权或一次性清退小额出借人本金。另外，对于一些网贷平台被立案的恶意逃废债人员，已陆续采取冻结银行卡、支付宝账号、纳入失信名单、司法起诉等方式予以催收。这些积极信号若能持续，对网贷行业的清退将发挥相当正面的推动作用。对广大出借人来说，也算是黑夜中的一线曙光。我们期待 P2P 行业能够正本清源，清理过后是新的春天。

第三节　非正规金融与中小微企业融资关系的实证研究

一、样本选择与数据来源

本书所使用的数据包括中国中小企业板上市公司财务数据、区域金融包容性数据、区域大银行（中小银行）资产总额、区域非正规金融发展情况等数据。其中，非正规金融发展情况的数据来源于 2005 ~ 2019 年度中国统计年鉴，区域金融包容性数据来源于 2005 ~ 2019 年度中国金融年鉴，银行业资产等数据来源于中国人民银行的《中国区域金融运行报告》、中小微企业上市公司财务数据来源于国泰安数据库。本书选取深交所中小企业板上市公司作为初始样本。为避免不必要的“噪音”对实证结果的影响，对初始样本进行了如下筛选：（1）为保证数据的稳定性，本书选取上市至少 3 年以上的公司作为研究样本；（2）剔除上市公司中金融类和被特别处理（ST）的公司；（3）资产负载率大于 1 即资不抵债的公司，以及其他可能出现异常值的情况。经过筛选，本书最终确定了 522 家上市公司作为研究样本，共得到了 2 607 个观测值，样本期间为 2004 ~ 2019 年度。

二、计量模型

本书试图实证研究正规金融机构扩大覆盖范围及非正规金融机构对中小微企业融资难问题的影响。由于中国目前是银行主导的金融体系，中小微企业融资的主要来源也是银行，正规金融机构扩大覆盖范围主要体现在银行服务范围的扩大。

首先，正规金融机构扩大覆盖范围的计量经济模型建立。正规金融机构扩大覆盖范围体现为银行等金融机构的包容性增强，本书采用金融包容性指标（*IFI*）进行测度。根据书中的数理模型分析，借鉴先前 Simon Gilchrist（2013）① 实证研究的标准程序，构建了以下计量经济模型，如式（12－6）所示：

$$fc_{it} = \alpha + \beta_1 ifi_{it} + \beta Controlvariables + \varepsilon_{it} \tag{12-6}$$

为进一步探索不同规模的金融机构对中小微企业融资的影响，本书将银行划分为大银行和中小银行两类，研究各区域哪种类型的金融机构集中度较高时对中小微企业融资的影响。大银行指的是中国银行、中国农业银行、中国工商银行、中国建设银行和中国交通银行五大行，而中小银行指的是除了五大行之外的银行业金融机构。基于此，本书构建了以下模型，如式（12－7）至式（12－10）所示：

$$fc_{it} = \alpha + \beta_1 lb_{it} + \beta Controlvariables + \varepsilon_{it} \tag{12-7}$$

$$fc_{it} = \alpha + \beta_1 smb_{it} + \beta Controlvariables + \varepsilon_{it} \tag{12-8}$$

$$fc_{it} = \alpha + \beta_1 lb_{it} + \beta_2 ifi_{it} + \beta_3 ifi * lb_{it} + \beta Controlvariables + \varepsilon_{it} \tag{12-9}$$

$$fc_{it} = \alpha + \beta_1 smb_{it} + \beta_2 ifi_{it} + \beta_3 ifi * smb_{it} + \beta Controlvariables + \varepsilon_{it} \tag{12-10}$$

其中，fc_{it}表示第 i 个企业第 t 年的融资成本；ifi_{it}表示第 i 个企业第 t 年所在区域的银行的金融包容性，lb_{it}表示第 i 个企业第 t 年所在区域的银行集中度，smb_{it}表示第 i 个企业第 t 年所在区域的中小银行占银行业总资产的比重。

其次，为探索非正规金融对中小微企业融资成本的影响，本书建立了计量经济模型，如式（12－11）所示：

$$fc_{it} = \alpha + \beta_1 ifd_{it} + \beta Controlvariables + \varepsilon_{it} \tag{12-11}$$

---

① Simon Gilchrist，Jae W. Sim，Egon Zakrajšek. "Misallocation and Financial Market Frictions：Some Direct Evidence from The Dispersion in Borrowing Costs"，*Review of Economic Dynamics*，2013，16：159－176.

其中，ifd_{it}表示第 i 个企业第 t 年所在区域的非正规金融发展程度。

三、变量测度

（一）被解释变量

本书的被解释变量为中小微企业融资难，采用中小微企业融资成本来进行衡量。融资成本为中小微企业的财务费用除以总负债，融资成本越高则体现为中小微企业融资越难。

（二）解释变量

现行的正规金融机构扩大覆盖范围体现为其金融包容性增强，因此本书首先采用金融包容性作为正规金融机构扩大覆盖范围的解释变量。*IFI* 表示金融包容性指数，该指数的构建参考 Chakravarty（2013）的方法。金融包容性包括三个维度，即地理渗透性、使用效用性和产品接触性。考虑到数据的可得性，本书仅从两个维度进行度量①，地理渗透性采用金融业从业人数占总人口的比重进行度量，使用效用性采用区域存贷款与 GDP 之比进行测度。*IFI* 计算公式为式（12－12）所示：

$$IFI = \frac{1}{k}\sum_{i=1}^{k}\left(\frac{x_i - m_i}{M_i - m_i}\right)^r，其中，r = 0.5。 \qquad (12-12)$$

公式（12－12）中，x_i 表示第 i 个维度的数值，m_i 表示第 i 个维度的最小值，M_i 表示第 i 个维度的最大值。

另外，本书的解释变量还包括银行集中度，是指大银行资产占银行业总资产的比重。学者们曾经指出不同的银行业结构会对经济增长或者中小微企业融资产生不同的影响②，本书采用各地区大银行占银行业资产总额的比重来分别衡量银行集中度。

另一个解释变量是非正规金融。本书采用冉光和、汤芳桦（2012）③ 提出的

---

① 萨尔玛在其论文 *Financial Inclusion and Development* 中遇到数据不可得的问题，也选取了以上两个维度，该方法并未影响研究结论。

② 姚耀军，董钢锋．中小银行发展与中小企业融资约束——新结构经济学最优金融结构理论视角下的经验研究．财经研究，2014（1）.

③ 冉光和，汤芳桦．中国非正规金融发展与城乡居民收入差距——基于省级动态面板数据模型的实证研究．经济问题探索，2011（1）.

度量非正规金融的方法进行衡量，即采用各区域全社会固定资产投资按资金来源划分中的自筹资金和其他资金占全社会固定资产投资的比例表示。

（三）控制变量

中小微企业融资成本除了受区域正规金融包容性程度、非正规金融发展程度等因素影响之外，还受到很多其他因素的影响。为了更好地完成本书的研究目的，在计量模型中适当加入一些控制变量非常必要。根据 Burak R. Uras（2014）① 的研究，本书的控制变量选择也采用了企业自身条件和财务结构等方面的指标，主要包括以下几个变量：

（1）企业规模（*SIZE*）：采用企业的总资产的自然对数表示。

（2）资产负债率（*ZF*）：采用企业总资产与负债总额的比值表示。

（3）长期债务结构（*LIA*）：采用企业长期债务总额与负债总额的比值表示。

（4）资产的流动性（*LIQ*）：采用企业流动资产减流动负债的差与流动负债的比值表示。

四、实证结果及分析

金融制度边界与中小微企业融资成本之间关系的多元回归分析结果如表 12－1 所示。本书实证结果中所有的模型均通过了 *F* 检验，显著性 $p<0.001$，表明构建模型有效。根据 *Hausman* 检验，本书所有模型均采用固定效应模型。调整后的多重判定系数 R^2 较高，表明回归方程的拟合度较好，满足了多元回归的要求。

表 12－1　　多元回归分析结果

	模型 1	模型 2	模型 3	模型 4	模型 5	模型 6	模型 7
常数项	0.0978***	0.0488***	-0.113***	-0.0321	0.481***	-0.0406**	0.137***
	(9.4373)	(4.2330)	(-7.6730)	(-1.5340)	(3.9520)	(-2.4300)	(14.4520)
IFI		-0.0558***		-0.177***		-0.163***	
		(-9.3910)		(-8.0820)		(-6.5450)	

① Burak R. Uras. "Corporate Financial Structure, Misallocation And Total Factor productivity", *Journal of Banking & Finance*, 2014, 39: 177－191.

续表

	模型 1	模型 2	模型 3	模型 4	模型 5	模型 6	模型 7
LB			0.161 ***	-0.00853			
			(26.8290)	(-0.3880)			
IFI * *LB*				0.339 ***			
				(7.7130)			
SMB					-0.161 ***	0.00853	
					(-26.8290)	(0.3880)	
IFI * *SMB*						-0.339 ***	
						(-7.7130)	
IFD							-0.0885 ***
							(-8.6710)
SIZE	-0.00359 ***	-0.000233	-0.00292 ***	0.00325 ***	-0.00292 ***	0.00325 ***	-0.00217 ***
	(-7.4831)	(-0.3850)	(-4.7950)	(4.0370)	(-4.7950)	(4.0370)	(-4.6090)
LIA	0.0256 ***	0.0317 ***	0.0278 ***	0.0258 ***	0.0278 ***	0.0258 ***	0.0289 ***
	8.9280	12.4290	8.6170	7.7610	8.6170	7.7610	(10.2140)
LIQ	-0.00128 ***	-0.00246 ***	-0.00101 ***	-0.000751 *	-0.00101 ***	-0.000751 *	-0.00144 ***
	(-2.9810)	(-7.5470)	(-2.1670)	(-1.5890)	(-2.1670)	(-1.5890)	(-3.2820)
ZF	-0.00416 ***	-0.00307 ***	-0.00494 ***	-0.005 ***	-0.00494 ***	-0.005 ***	-0.0043 ***
	(-9.365)	(-7.976)	(-10.121)	(-10.156)	(-10.121)	(-10.156)	(-9.473)
R^2	0.8770	0.8950	0.8640	0.8680	0.8640	0.8680	0.8750
$AdjR^2$	0.8460	0.8690	0.8290	0.8340	0.8290	0.8340	0.8440
N	2 607	2 607	2 572	2 572	2 572	2 572	2 607
F 值	28.4460	33.9740	24.7180	25.5670	24.7180	25.5670	27.8750
Hausman 值	142.7430	143.2290	163.9970	164.1560	163.9970	164.1560	163.9930

注：表中所列为标准化回归系数，括号内为该系数的 *t* 检验值。*** 表示 $p<0.001$，** 表示 $p<0.05$，* 表示 $p<0.1$。

在表 12-1 中，模型 1 是基本模型，仅包含控制变量。采用仅包含控制变量的模型是为了更好地与其他模型进行对比，从而更有效地说明金融制度边界的变化与中小微企业融资成本两者之间的关系。从模型 1 的回归结果可看出，所有的控制变量都显著地影响了中小微企业融资成本。长期负债结构正向影响企业融资成本，企业规模、资产流动性、资产负债率均为负向影响企业的融资成本，这与预期基本一致。由于中小微企业受到严重的融资约束，规模越小、资产流动性越差越难获得资金，成本必然提升。

模型2是在基本模型的基础上加入了反映银行等金融机构金融包容性的指标，以检验正规金融机构扩大覆盖范围是否可缓解中小微企业融资难的问题。结果显示，金融包容性（*IFI*）的回归系数为 -0.0558 且在 $p<0.001$ 的条件下统计显著，这表明正规金融机构扩大覆盖范围是有效的一种方法。为进一步探索区域银行集中度影响中小微企业融资上的差异，本书将银行划分为大银行和中小银行两种不同的类型。模型3和模型5即是在基本模型的基础上分别加入了不同银行规模的银行结构指标，试图证明现行金融体系的不同银行结构在缓解中小微企业融资上的差异性。结果显示，大银行LB的回归系数为0.161且在 $p<0.001$ 的条件下统计显著，中小银行SMB回归系数为 -0.161 且在 $p<0.001$ 的条件下统计显著，表明区域大银行比重较高时并未降低中小微企业融资成本，而中小银行比重较高则显著地降低了中小微企业融资成本。模型4和模型6又分别加入了金融包容性指标（*IFI*）和反映银行结构指标的交乘项，体现了不同银行结构的区域金融包容性增强对中小微企业融资的影响。结果表明，大银行尽管增强了其包容性但并未缓解中小微企业融资难的问题，而中小银行在提高了其金融包容性之后有效地缓解了中小微企业融资难的问题（中小银行占银行业总资产的比重与金融包容性交乘项的回归系数为 -0.339 且在 $p<0.001$ 的条件下统计显著）。这表明，政府扩大正规金融机构覆盖范围是解决中小微企业融资难问题的关键。模型7是在基本模型的基础上加入了非正规金融发展程度指标，目的是为了证明建立全新的中小微企业外源融资体系可行。结果显示，*IFD* 回归系数为 -0.0885 且在 $p<0.001$ 的条件下统计显著，这表明本书提出适当发展非正规金融是有效的。

近几年来，随着中国经济的高速发展，中小微企业融资难问题不但没有得到缓解反而有加剧的趋势，中小微企业融资难已成为影响经济发展和社会稳定的重要因素。本书在寻找中小微企业融资难根本原因的基础上，从理论的角度提出并分析了正规金融和非正规金融在解决中小微企业融资难问题的两种不同模式，并以中国中小企业板522家上市公司2004～2019年面板数据，利用多元回归分析的方法进行实证检验，得出了以下研究结论。

（1）扩大正规金融机构覆盖范围，是缓解中小微企业融资难问题的权宜治标之策。在现行的金融体系中，由于中小微企业存在信息不对称或交易成本高等问题，银行等金融机构从控制风险、节约经营成本和监管费用的“经济性”等角度考虑，将金融制度边界缩小，不愿贷款给中小微企业合乎理性经济人假设。因此，政府尽管出台各种普惠金融政策试图缓解中小微企业融资难的问题，但效果都不够理想。本书的实证研究也表明，提升银行等金融机构的金融包容性可有效地缓解中小微企业融资难问题，但由于金融体系的制度性原因，其金融制度边界扩大的范围非常有限。特别是大银行扩大覆盖范围对于缓解中小微企业融资难问题并未产生理想的效果。

（2）适当发展非正规金融值得期待。传统的扩大正规金融机构覆盖范围难以奏效，本书则提出在传统金融体系以外，根据中小微企业特点设立一套全新的非正规金融制度，即符合中小微企业融资需求的外源融资体系。该体系从根本上为中小企业融资发展提供平台，直接扎根于中小企业或低收入群体中，有效地避免了信息的不对称和交易的成本高等问题，是解决中小微企业融资难的重要措施。

五、政策启示及建议

中国的改革开放使得中国经济从20世纪80年代开始就快速成长，为稳定经济发展，国家政府实施严格的金融管制以避免经济过热而造成物价膨胀过快情形。虽然该策略起到了宏观调控的理想效果，但长期抑制下的金融体系无法健全发展，造成资金无法满足中小企业成长需求。长期控制下的低利率造成信用不合理分配，加上国有五大银行是以满足具有充裕资金、规模大、重点产业等国有企业为重点，而最需要资金的中小微企业则因为成立时间短、资金规模小、无完善财务报表而无法获得资金。

中国政府为了有效扶植中小微企业成长，开始大力发展普惠金融，并构建、改革与企业相关的融资渠道，包含国有商业银行、地方股份制商业银行、融资租赁公司、小额贷款公司、信用保证机构等。然而该类机构的经营思想是以营利为先，因此中小企业若无完善的体制或担保品，可能会要求收取高额手续费来维持高收益，甚至不愿贷款给他们。加上近年的资产泡沫让众多民营担保公司跳入这场金钱游戏，并且赚取高收益，形成另一种形式的非正规金融。

因此，要解决中小微企业融资的问题，必须进行渐进式且温和的金融改革，如印度起初是逐渐放松对金融的管制，采取混合式经济以减少对国家经济影响的，然后当金融机构逐渐丰富、金融体系健全发展时且具有足够的能力服务所有人群，中小微企业融资机会增多，可促进国家经济发展。我国台湾地区在促进中小微企业发展的方法是实施金融自由化，起初先利率自由化、汇率自由化，最后是解除设立金融机构的限制，以阶段性方式实施，可降低对出口产业的冲击，同时也让台湾金融体系健全发展，促进了台湾的经济增长。实际上，中国政府或许可以借鉴印度等地政策，建立多元化融资管道，满足中小企业融资需求。然而，仅是从正规金融体系入手是不够的，因为一些中小企业在创业初期无担保品、无完整的报表资料而难以向银行取得贷款，因此政府必须设立辅助中小企业获得资金的机制。如规范化民间投资、建立政府信用保证机制等，特别是建立以政府出资为主的政策性担保体系，更是普惠金融发展的题中之义。

第十三章　普惠金融立法与监管

普惠金融作为全新的金融理念和金融体系，其生存和发展有赖于宏观层面上的顶层设计，尤其是普惠金融的立法和监管。本章将对普惠金融的立法理念和监管原则进行讨论。

第一节　问题的提出

从金融发展史的角度看，金融市场一直陷入治乱循环的怪圈，面对金融危机的惨痛教训、强化监管的无奈之举、金融自由的市场诉求，金融立法和金融监管总是在金融安全与金融效率之间徘徊。2008 年金融危机之后，金融安全的价值目标成为各国金融立法和监管改革的重点，但历史经验告诉我们，这绝不意味着金融市场的治乱循环史已经终结（张东昌，2019）①。尤其是在大力发展普惠金融的今天，以区块链、云计算、人工智能、大数据为技术支撑的金融科技迅猛发展，给金融立法和金融监管带来了前所未有的挑战。面对金融科技（FinTech）浪潮的来势汹汹，金融立法和监管如何抉择，或许会决定下一段故事的走向。可问题的关键在于，我们不能够仅仅满足于不断重复昨天的故事，置身于金融安全和金融效率如何抉择的两难境地，金融法需要的是一场真正的“范式革命”。具体而言，金融法应当跳脱出“安全至上”或是“效率优先”的观点束缚，超越对经济功能的教条式奉守，拓展至金融法的社会功能，从而将金融法的价值目标统一于金融安全、金融效率和金融公平之上。换言之，金融法不能仅仅关注如何把“蛋糕做大”，还要重视如何把“蛋糕分好”，金融发展并不是最终目的，而

① 张东昌．面向金融公平的金融法制变革．中国金融服务法治微网，2019－8－16.

是服务于促进经济发展、增进社会福利、实现社会公平的手段。这一点，对普惠金融的立法和监管尤为重要。然而，我国金融法根深蒂固的“法律父爱主义”和“管制中心主义”观念，金融资源配置的严重失衡，金融机构“嫌贫爱富”的市场本性，都与金融公平的价值目标背道而驰，亟须金融法制变革予以回应（张东昌，2019）①。这就需要金融理论工作者和法律工作者，紧扣金融公平的时代命题，秉持实现社会公平正义、增进人民福祉的人文情怀，深入系统的研究金融公平及其法律实现路径，让普惠金融的立法和监管来一场真正的“范式革命”。

第二节　普惠金融立法

目前商业金融的法律体系较为完备，既有《中华人民共和国商业银行法》《中华人民共和国证券法》《中华人民共和国票据法》《中华人民共和国保险法》等法律，又有《金融机构撤销条例》等法规，更有中国人民银行《金融机构管理规定》《贷款通则》等规章，基本形成了以金融基本法律、行政法规和金融规章为主体，以金融司法解释为补充的法律体系框架。在立法理念上，强调金融的整体性安全和秩序稳定，尤其注重系统性风险防控。同时，商业金融的立法在法理上也特别重视“金融效率”。

普惠金融体系的建立，首先要有法律的保障，要有多层次的金融机构准入制度、审慎监管和行为监管的法律制度。普惠金融体系在法律上不能空缺或断档，必须立法先行，逐步制定和完善普惠金融相关法律法规，形成系统性的法律框架。与商业金融立法理念不同，普惠金融在法理上要更多地体现金融的包容性、伦理性和可持续性，特别需要强调金融的社会责任和法律的正向激励功能。同时，更要注重金融法制理念的更新，贯彻合理、客观、公正原则。尤其重要的是，要体现普惠金融立法的“金融公平”理念。

一、金融公平问题的缘起②

（一）金融管制

我国金融市场从产生到发展都带有强烈的政府引导、甚至政府主导的色彩，

①② 张东昌．面向金融公平的金融法制变革．中国金融服务法治微网，2019－8－16.

因而并不属于那种市场自发生成的秩序（spontaneous order）类型。通过对我国金融立法、金融监管和金融市场运行现状的观察不难发现，大到全局性的金融体制改革，小到金融市场的价格形成、市场准入和金融交易，严格的金融管制痕迹无所不在。这不仅无益于提升金融资源的配置效率，反而阻碍了金融市场化和法治化进程，抑制了金融创新的步伐，造成了金融市场的价格扭曲和结构失衡，滋生了非正规金融，进而也带来了金融市场种种的不公平问题。在金融管制思维主导下，我国金融立法具有明显的管制法色彩，充斥着调整纵向调控和监管关系的金融公法条款，而调整横向金融交易关系的金融私法条款则略显单薄；过于强调监管机构在金融市场的权力，忽略了市场主体在金融市场的权利。在“安全至上”的理念指引下，政府对金融市场创新和开放始终报以谨慎怀疑的态度，放松管制的步伐远不能满足市场发展的需要。所导致的一个直接结果就是金融资源相对于日益增长的需求显得愈发稀缺，以至于市场主体进入金融市场、参与金融活动、享受金融成果不再是其本应享有的基本权利，而是异化为了一种特权。不仅如此，在行政权力主导的金融市场，起实际作用的制度规范往往不是纸面上的法律规则，而是由监管部门施行的“隐性规则”，并成为中国金融市场法治化转型的障碍。金融市场的价格管制一直是制约我国金融市场深化发展的重要障碍，行政管制之下的价格形成机制难以反映金融市场真实的资金供求关系，从而导致金融资源配置的扭曲和错配，客观上沦为了“劫贫济富”的帮凶。就货币市场而言，虽然利率市场化和汇率市场化改革进程不断推进，但与真正意义上的市场化仍然相去甚远。以利率形成机制为例，长期以来的利率管制政策实际上剥夺了金融机构和客户对利率的定价权和议价权，存贷款利率的上下限导致了巨大的利率“剪刀差”，加剧了社会财富分配的不公，也诱发了社会闲置资金的投机和高利贷等民间金融乱象。虽然自 2015 年 10 月起已经全面放开了利率上下限管制，但是这并不意味着利率市场化已经完成，基准利率的形成、市场利率的定价及中国人民银行的利率调控仍有待完善。另外，资本市场的价格管制也依旧存在，出于对股票发行价格过高及“破发”的担忧，监管机构对 IPO 价格严格限制，市场机制难以发挥作用，资本市场成为大股东“圈钱”的工具。

金融市场还面临严格的市场准入和退出管制，市场主体进入金融市场、参与金融活动的权利缺乏法律保障，“优胜劣汰”的竞争法则更是被束之高阁。在金融“牌照”制度的严格限制之下，金融机构的市场准入门槛过高、过严，除了法律法规对注册资本、人员配置、组织机构、营业场所等明文规定外，还受到监管机构“隐性规则”的数量和规模控制，民间资本相对于国有资本，在设立金融机构方面受到了诸多不公平的差别待遇。以商业银行为例，总体规模上仍然是以国有或国有资本控股为主，民间资本所占比重极小，目前获批的民营银行也只有 17 家。另外，资本市场的证券发行也同样存在准入管制，股票和公司债券发行依然固守着核准制，注册制改革“雷声大雨点小”。这实质上是对市场主体投融资权利的行政干预和限制，用行政审核代替市场判断，使得上市资源成为一种稀缺性资源，这是造成我国资本市场种种扭曲和异化现象的根本之所在。

（二）金融垄断

金融管制的一个直接结果就是金融垄断，由于缺乏自由竞争和公平竞争的金融市场环境，金融资源在行政化分配过程中不断集中，呈现结构化失衡的格局。因此，从表现来看，我国金融市场的垄断主要是非市场化的，更多地表现为一种行政性垄断，其背后体现着政府权力的意志，是权力和资本相结合的产物。由此衍化出国有资本对我国金融体系的绝对控制，特别是大型国有金融机构占据了主导地位。以银行业金融机构数量为例，截至 2019 年出 1 月，主要包括 5 家国有商业银行、3 家政策性银行、12 家全国性股份制商业银行、134 家城商行、1 311 家农商行、1 594 家村镇银行、17 家民营银行等。截至 2019 年 1 月末，我国共有 4 588 家银行机构，资产规模达 268 万亿，约占全部金融体系总规模 300 万亿的 89%。其中，五大国有商业银行又占银行总规模的近 70%。另外，在国有金融机构间还极易形成隐秘的垄断协议，比如商业银行同时上调服务费的现象屡见不鲜，2016 年多家商业银行陆续上调 ATM 跨行取款手续费，2017 年各大商业银行相继收取或上调短信通知服务费用。事实上，早在 2010 年就有律师以商业银行陆续提高跨行 ATM 取款手续费、账单打印费、新增小额账户管理费涉嫌价格垄断为由向国务院反垄断委员会和发改委举报。如果说上述商业银行的行为还只是“涉嫌”垄断协议，那么 2015 年 6 月湖北省工商行政管理局对太平洋人寿保险湖北分公司等 12 家保险公司以共保名义实施市场划分的垄断协议行为做出行政处罚，则是金融垄断在保险业的典型表现。

金融垄断不仅排除、限制了金融市场竞争，更是对我国金融改革、结构优化和资源配置带来了一系列的负面影响。以大型国有金融机构为代表的金融利益集团占据着金融市场的半壁江山，享受着政府优惠的金融政策，缺乏推动金融改革的热情。为了维持其垄断地位，甚至利用其政治影响力裹挟金融立法和政策制定，抑制民间金融机构和外资金融机构的发展和竞争。拉詹和津加莱斯（Rajan & Zingales）曾运用“利益集团理论”分析了20世纪金融发展进程中的“大逆转”（great reversals）现象，即金融市场中的既得利益集团由于垄断地位和经济实力而获得了实实在在的政治权力，从而可以决定一国经济中金融部门的发展，当金融发展和竞争损害其既得利益时，这些利益集团会抵制金融创新、开放和发展。我国的金融市场也不外如是，居于垄断地位的大型金融机构在金融活动中“嫌贫爱富”“恃强凌弱”，无力满足中小微企业和农村地区的金融需求，中小金融机构和农村金融机构的市场准入和竞争又受到严格限制，从而形成了我国金融体系中金融垄断和金融资源配置失衡的恶性循环。

（三）金融排斥

所谓金融排斥（financial exclusion）是20世纪90年代随着金融地理学的研究而衍生出的概念，早期用于讨论和分析涉及金融产品和服务的地理排斥问题，即金融机构出于成本考虑大量关闭分支机构所产生的“金融沙漠化”（financial desertification）现象。但是，金融排斥不仅仅体现在金融机构空间资源分布不均导致的可得性困难，还包括不适当的金融产品或服务所导致的利用上的困难。因此，帕尼拉奇斯（Panigyrakis）等将金融排斥定义为“部分群体缺乏适当的获取金融资源的渠道，导致该群体很难利用金融机构所提供的服务的状态”；谢尔曼·陈（Sherman Chan）认为金融排斥是指“在金融体系中人们缺少分享金融服务的一种状态，主要指弱势群体缺少足够的途径和方式接触金融机构，或者在利用金融产品和服务方面存在诸多困难和障碍”。在金融管制和金融垄断的共同作用下，我国金融市场呈现出二元结构特征，突出表现为正规金融和非正规金融、城市金融和农村金融、区域金融的结构性失衡和断裂。金融二元结构与经济二元结构的互动，导致金融资源配置的结构性失衡，产生了国有企业与民营企业、城市与农村之间的金融排斥现象。

首先，在国有企业和民营企业之间，受到所有制性质、经济实力、监管政策等因素的影响，金融资源主要流向国有企业，国有企业享受着融资的便利性和低成本，而民营企业则长期面临着融资难、融资贵问题，民营企业申请贷款中间环节多、收费高、难度大，一些银行惜贷、压贷、抽贷、断贷行为时有发生。2016年国务院促进民间投资健康发展的专项督查显示，在“重公轻私”的观念下，民营企业融资遭遇差别待遇，银行对中小民企的贷款利率普遍会在基准利率基础上再上浮超过30%，加上担保费、保证金等，中小民企贷款综合成本均在10%以上。另外，金融市场的结构性缺陷，融资渠道狭窄，直接融资门槛过高、过严，也是加剧民营企业金融排斥的重要推手，并滋生了非法集资、高利贷等金融乱象。

其次，在城乡二元结构中，金融资源配置呈现明显的城市化倾向，农村地区遭受到严重的金融排斥。一方面，在金融机构网点分布上主要集中在城市地区，一些农村地区尚处于“金融盲区”。虽然近年来农村商业银行、村镇银行等农村金融机构在很大程度上填补了金融空白，但是银监会2016年年报显示仍有5%的行政村尚未覆盖基础金融服务。另一方面，城市和农村地区存在巨大的存贷款“剪刀差”，农业银行、农业发展银行、农村商业银行等“涉农”金融机构表现出很强的“非农倾向”，实际上充当了农村地区的“抽血机”，将信贷资金由农村输向城市，农村地区“失血”严重。笔者曾根据银监会发布的《中国银行业农村金融服务分布图集》的数据统计发现，2006～2010年农村地区的贷款与存款比例一直在54%～59%左右，农村地区贷款比重在21%～23%左右。虽然2016年银监会年报显示涉农贷款余额为28.2万亿元，占银行业金融机构贷款余额比重为25%，但是如果排除城市地区企业和各类组织的涉农贷款，这一比重会进一步下降。

二、金融公平的实现①

金融公平的实现首先有赖于金融立法的完善，不仅是将金融公平作为一项基本原则加以倡导和宣示，更是要将其内化至金融法律制度中。首先，应当完善金融公平的法律体系，在《中华人民共和国商业银行法》《中华人民共和国证券法》《中华人民共和国保险法》等基础性金融法律之外，将涉及金融服务的“三农”、扶贫、中小微企业、保障性住房等领域，以及农村金融、小微金融、民间金融、互联网金融、绿色金融、普惠金融等方面的规范性文件进行清理和整合，必要时可上升至法律、行政法规或部门规章，以提高其立法层级和效力。其次，应当将金融公平的原则和理念贯穿至金融立法的始终，体现在具体的金融法律制度中，以实现金融公平的法律化和制度化。至少可以包括：

① 张东昌．面向金融公平的金融法制变革．中国金融服务法治微网，2019－8－16.

（1）金融消费者权利的法律化。一方面，要实现金融消费者公平获得金融服务权利的法律化，使其免受金融排斥和金融歧视，如比利时在2003年3月的一项立法中将提供基本银行服务作为银行的义务，而获得基本银行服务则被表述为所有居住在比利时的消费者的一项权利，只要他们没有银行账户或者从信贷机构中获得其他相关产品。2003年初芬兰修订的《信用机构法》也加入了公民获取基本银行服务权利的条款。另一方面，要实现金融消费者在金融交易中权利的法律化，防止金融市场中的“店大欺客”现象。除了在消费者保护法层面对金融消费者的一般保护外，还应在金融法层面对金融消费者加以特别保护，如对金融消费者适当性原则、金融机构信息披露和说明义务、金融消费者教育、金融消费者保护机构等内容的特殊规定，尤其是在大数据时代，还应重视对金融消费者信息权利的法律保护。

（2）金融机构社会责任的法律化。公司的社会责任已经在《公司法》中作了原则性规定，金融机构作为具有准公共机构性质的公司，在承担社会责任方面理应比一般的公司有更高的要求。虽然金融机构社会责任法律化尚未在《商业银行法》等金融立法中得以落实，但银监会《关于加强银行业金融机构社会责任的意见》（2007）、银行业协会《中国银行业金融机构企业社会责任指引》（2009）已经率先就银行业金融机构社会责任作了规定。笔者认为，作为实现金融公平的重要环节，金融机构社会责任有必要在《商业银行法》《证券法》《保险法》等金融法律层面进行规定。并且应当根据社会责任的不同类型，对触及底线公平的社会责任通过强制性规范对金融机构课以法律义务，其他社会责任通过倡导性规范予以鼓励和引导。也可借鉴美国《社区再投资法》的立法经验，将金融机构履行社会责任情况进行考核和评级，作为审查金融机构申请设立分支机构、兼并和收购等业务时的重要考量因素。例如，1992年戈尔·布朗松·班克普公司（一家银行控股公司）在申请收购水塔银行股权时，即被审查委员会以其旗下控制的欧文银行和布朗松—戈尔银行受到联邦存款保险公司对履行《社区再投资法》情况“不够满意”的评级为由，予以否决。

三、普惠金融立法

目前，金融业的经营理念仍过分强调商业利益，过分强调金融风险，且未建立发展普惠金融的激励机制，法律层面尚未将普惠金融权利确定为“人”

发展的基本权利，也未明确将其规定为金融机构必须履行的社会责任，还未将其纳入金融消费者法律法规保障体系。[①] 当务之急，是以立法的形式加快普惠金融的实施。

为加快推进普惠金融的立法，让每个人拥有并实际获得金融服务的权利，应当从直接融资和间接融资两个层次上建立完善的普惠金融法律体系。

一是将普惠金融发展的顶层设计纳入法治化轨道，确保普惠金融发展有法可依、有章可循。建议加大普惠金融法律制度创新的力度，重点在建立普惠金融促进法律制度上下功夫。目前急需制定的法律制度包括但不限于：《普惠金融促进法》，对普惠金融促进制度的基本含义、基本原则、指导思想等基本性内容予以明确规范；并制定《地区金融促进法》《社区银行法》《农村信用合作社法》《小额贷款公司法》《农村金融互助条例》《放贷人条例》《场外交易管理办法》等，从直接融资和间接融资两个层次上建立完善的普惠金融法律体系。

二是将普惠金融确定为“人”发展的基本权利，深化全社会对普惠金融的认识。建议在修订《中华人民共和国中国人民银行法》《中华人民共和国商业银行法》《中华人民共和国证券法》《中华人民共和国保险法》等金融基础法律，以及出台专门的普惠金融法律法规时，将普惠金融确定为“人”发展的基本权利内容，并将普惠金融权利界定为同等条件下平等获取储蓄、信贷、结算、证券买卖、商业保险、融资投资和金融信息咨询服务的权利。

三是明确普惠金融服务的供给主体范围，依法加强对普惠金融市场的治理。建议通过立法明确各金融机构都是服务普惠金融的主体，明确银行业、证券业、保险业金融机构及互联网金融等新型金融服务机构的性质。特别是要让小微企业、农民、城镇低收入群体、贫困人群等及时获取价格合理、便捷安全的金融服务。同时，要依法加强对普惠金融市场的治理，严禁不法机构打着数字金融、普惠金融的幌子，从事非法集资等违法金融活动。

四是明确普惠金融的扶持政策，有效地解决普惠金融发展的内生动力不足、金融排斥等问题。适时修订《中华人民共和国物权法》《中华人民共和国担保法》《贷款通则》等基础法律，从法律上将农村宅基地使用权、农民住房财产权等财产权益增设为可抵押的资产，切实保障弱势群体平等获取金融服务的机会和

---

① 徐诺金．推动普惠金融立法．大河网，2018－3－14.

权利。将知识产权等纳入抵押质押的范畴，将普惠金融发展纳入地方国民经济、社会发展规划和政府绩效考核。

五是进一步完善与普惠金融相关的金融消费权益保护的法律法规。金融消费权益保护法律法规，在保护金融消费者免受金融欺诈等非法金融行为侵害的同时，有效地保护全体公民基础性金融服务的获得权利，适度加大了对县域、农村等重点地区和小微企业、城镇低收入人群、贫困人群等重点人群的保护力度[①]。

第三节　普惠金融监管

中华人民共和国国民经济和社会发展第十三个五年规划期间，中国的金融监管体制进行了大幅调整：中央层面，成立了国务院金融发展稳定委员会（下称金融委），金融委不仅承担“一行两会”之间的沟通协调职能，也承担中央和地方之间的沟通协调职能；银监会与保监会合并，形成了“一行两会”的局面。地方层面，组建地方金融监督管理局同时加挂金融办的牌子，与“一行两会”形成错位监管和补充，金融监管取得了明显成效。

一、金融监管的分类

金融监管，根据监管的原则和目的不同，可以分为审慎监管和行为监管，审慎监管又分为宏观审慎和微观审慎监管。宏观审慎监管是指从宏观、逆周期的角度采取措施，防范由金融体系周期波动和跨部门传染导致的系统风险，维护货币和金融体系的稳定。目的是防范系统性风险，维护金融体系的整体稳定，防止经济增长受到影响。微观审慎监管，是指从机构层面对每个金融机构进行的监管，目的在于控制个体金融机构或行业的风险，保护投资者利益。行为监管是指通过制定公平的市场规则，对金融机构的经营活动及交易行为实施监督管理，来降低信息的不对称，实现市场的有序竞争，有效地保护金融消费者权益[②]。上述三类监管类型，都需要关注普惠金融，只不过，监管的侧重点有所不同。

---

① 徐诺金．推动普惠金融立法．大河网，2018－3－14.

② 焦瑾璞．普惠金融导论．北京：中国金融出版社，2019：229.

（一）宏观审慎监管

在普惠金融的宏观审慎管理中，中国人民银行发挥着十分重要的作用。近年来，中国人民银行综合运用差别化准备金率、再贷款、再贴现、抵押补充贷款等政策工具，合理调整宏观审慎政策参数，创设扶贫再贷款，引导金融机构加大对“三农”客户、小微企业的金融支持力度，对促进普惠金融的发展，取得了十分明显的成效。

2017 年，中国人民银行正式开始对普惠金融领域贷款达到一定标准的金融机构实施定向降准政策。当年 9 月首次提出，2018 年开始全面实施，聚焦单户授信 500 万元以下的小微企业贷款、个体工商户和小微企业主经营性贷款。从 2019 年起，中国人民银行又进一步降低了定向降准的门槛，将普惠金融定向降准小型和微型企业贷款考核标准由“单户授信小于 500 万元”调整为“单户授信小于 1 000 万元”。2020 年 3 月，国务院常务会议要求，抓紧出台普惠金融定向降准措施，并额外加大对股份制银行的降准力度，进一步降低实体经济融资成本。

在区域性试点政策方面，为探索可持续、可复制的普惠金融发展经验，从 2015 年起，中国人民银行先后批准在浙江省宁波市、陕西省宜君县和青海省开展普惠金融试点，三个地区的试点分别以移动金融、农村金融、精准扶贫为特色。2016 年底，经国务院同意，中国人民银行等十部委正式批复《河南省兰考县普惠金融改革试验区总体方案》，设立了首个国家级普惠金融改革试验区，探索县域普惠金融发展路径。2020 年 9 月 14 日，中国人民银行宣布，《江西省赣州市、吉安市普惠金融改革试验区总体方案》和《山东省临沂市普惠金融服务乡村振兴改革试验区总体方案》已经正式印发。

江西省赣州市和吉安市是原中央苏区的核心区，山东省临沂市是山东省人口最多、面积最大的地级市。中国人民银行表示，在三市开展普惠金融改革试验有助于推动革命老区脱贫攻坚和振兴发展，有利于形成错位发展、各具特色的区域金融改革格局，为全国普惠金融发展进一步积累了可复制、可推广的经验。

《江西省赣州市、吉安市普惠金融改革试验区总体方案》提出健全多层次多元化普惠金融体系、创新发展数字普惠金融、强化对乡村振兴和小微企业的金融支持、加强风险管理和金融生态环境建设等五个方面 21 项任务措施，力争用 3 年左右时间，在试验区基本建成与高质量发展要求相匹配的普惠金融服务体系、激励相容的政策体系、持续优化的金融基础设施。《山东省临沂市普惠金融服务乡村振兴改革试验区总体方案》提出推动农村金融服务下沉、完善县域抵押担保体系、拓宽涉农企业直接融资渠道、提升农村保险综合保障水平、加强乡村振兴重点领域金融支持和优化农村金融生态环境等七个方面 26 项任务措施，力争用 3 年左右时间，打造普惠金融支持乡村振兴齐鲁样板的“沂蒙高地”。目前，各试点地区围绕自己的中心任务，稳妥有序地推进各项工作，取得了积极成效。

宏观审慎监管，其具体的目标可以分解为两个部分：一是限制金融风险的累积，降低金融危机的可能性或强度；二是强化金融体系对经济下滑和其他负面冲击的恢复能力。限制风险累积可以理解为对系统风险的事前预防，强化恢复能力是对系统风险爆发后的事后补救。

宏观审慎监管包括三个方面：一是识别系统风险，即发现、监测和计量系统风险及其潜在影响；二是降低系统风险的发生概率，即通过提高监管标准和采取针对性监管措施等，预防系统风险爆发；三是缓解对金融体系和实体经济的溢出效应，即在系统风险爆发后，限制破坏的程度和范围，尽可能降低经济损失。

宏观审慎监管框架分为宏观审慎监测框架和宏观审慎监管工具两个部分。前者通过指标体系识别和监测系统风险，后者侧重于研发干预系统风险的政策工具。作为二者的基础，还应确立宏观审慎监管的制度安排，建立监管主体之间的分工合作机制。

（二）微观审慎监管

在微观审慎监管政策方面，银保监会根据商业银行小微企业贷款的风险、成本和核销等具体情况，对小微企业不良贷款比率实行差异化考核，适当提高小微企业不良贷款比率容忍度。2019 年 3 月银保监会印发的《关于 2019 年进一步提升小微企业金融服务质效的通知》中明确提出，将小微企业贷款不良率容忍度放宽至不高于各项贷款不良率的 3 个百分点。银保监会也表示，允许银行进一步提高不良贷款容忍度，对受疫情影响比较大的地区和行业的小微企业，不良容忍度可以再提高一些。把不良贷款容忍度政策融合到普惠金融监管，对助推普惠金融的发展具有重要作用。

对于开发性金融、政策性金融机构，中国人民银行、银保监会鼓励其以批发资金转贷形式与其他银行业金融机构合作，降低小微企业贷款成本。鼓励开发型金融机构支持棚户区改造，发放助学贷款，强化民生领域的普惠金融服务。

对于大中型商业银行，中国人民银行、银保监会鼓励其设立普惠金融事业部。截至2017年底，五大国有商业银行（中国工商银行、中国农业银行、中国银行、中国建设银行、交通银行）全部在总、分行层面设立了普惠金融事业部。普惠金融事业部亮点主要体现在“条线化”管理体制和“五专”经营机制。通过构建“条线化”管理体制，提高普惠金融服务效率和能力。中国人民银行、银保监会要求相关银行从总行到分支机构、自上而下搭建普惠金融垂直管理体系，总行设立普惠金融事业部，分支机构科学合理设置普惠金融事业部的前台业务部门和专业化的经营机构，下沉业务重心，下放审批权限，以便更好地服务普惠金融客户。

通过建立“五专”经营机制，筑牢普惠金融业务发展基础。中国人民银行、银保监会要求相关银行按照商业可持续原则，建立专门经营机制，实施专项信贷评审、下放审批权限，实行划专业化经营管理。一是建立专门的综合服务机制，拓展普惠金融服务的广度和深度，开发多元化、全方位金融服务。制定专门的信贷管理政策，建立专项信贷评审机制；二是建立专门的统计核算机制，真实反映普惠金融事业部的成本、收益和风险状况；三是建立专门的风险管理机制，足额计提减值准备金，覆盖资产减值风险，对普惠金融业务确定合理的风险容忍度，落实授信尽职免责制度；四是建立专门的资源配置机制，专门下达信贷、经济资本、费用、固定资产、用工等资源计划，为普惠金融服务提供强有力的资源保障；五是建立专门的考核评价机制，逐步建立符合普惠金融业务特点的专项绩效考核制度，完善差异化考核指标体系，构建有效的绩效薪酬管理和激励约束机制。

（三）行为监管

我国在2017年召开的第五次全国金融工作会议上指出，要“加强功能监管，更加重视行为监管”，首次引入了“行为监管”的概念，并将其作为监管强化和补短板的重点方向。

金融监管有三个核心目标：第一是保证金融体系的稳定，就是防范系统性金融风险，体现为宏观审慎政策；第二是金融机构安全稳定，体现为微观审慎监管，主要关注金融市场的供给方；第三是保护金融消费者，特别是金融知识较少的消费者，体现为行为监管。行为监管其对象是从事金融活动的机构和人。监管部门对金融机构经营行为实施的监督管理包括禁止误导销售及欺诈行为、充分信息披露、个人金融信息保护等。在过往的监管实践中，行为监管已经逐渐形成了自身的逻辑体系：行为监管的前提，是对所涉金融行为或活动的属性识别、行为主体资质的认定。监管不以金融机构类型为依据，而是主要依据金融产品的基本功能；通过识别、分析金融产品和服务的属性与实际功能，以及这些功能的实现程度与金融消费者需求之间的差距，对提供相关金融产品与服务的主体行为进行调节与规范，以实现保护金融消费者权益的监管目标。

（四）普惠金融更适合行为监管

在普惠金融的实现路径中，有两大路径依赖问题非常重要：一是金融科技（数字普惠金融）；二是金融监管。对于前者，大家的争议不多，都认同数字普惠金融是发展普惠金融的必由之路。而对于后者，对普惠金融的监管是采取审慎监管还是行为监管，当前的认识不能统一。前文已有论述，传统的金融监管是审慎监管，包括宏观审慎和微观审慎，监管的工具主要是资本充足率、资产质量、风险集中度、流动性、偿债能力等，金融监管的对象直接是金融机构。对于普惠金融业态，采取审慎监管不一定对路，行为监管可能更适合普惠金融。行为监管主要是保护消费者权益，保护私人信息、反不正当竞争、提高消费者诚信意识等。通过保护消费者权益而对金融机构实施行为监管，从而维护金融秩序的稳定更加符合普惠金融的内涵。更为重要的是，行为监管的作用在于增加金融市场的信心，提高风险防范意识。在审慎监管适应性的基础上，对普惠金融实施行为监管更为必要。这是普惠金融实现路径中必须正视的问题，它关乎金融行为能力的提高。

二、金融监管制度

对于普惠金融监管而言，构建面向金融公平的监管制度十分必要①。

首先，应当建立市场化、法治化的金融市场准入制度，扭转市场准入的行政化管制困局，通过建立竞争性、多层次的金融体系，从金融机构、产品和服务等供给层面为金融公平的实现提供保障。在金融机构的市场准入方面，应逐步放宽规模和数量限制、降低市场准入门槛，推动中小金融机构、农村金融机构的发展，明确民间金融、互联网金融等非正规金融机构和新型金融机构的法律地位，

① 张东昌．面向金融公平的金融法制变革．中国金融服务法治微网，2019－8－16.

鼓励民间资本设立、并购、参股金融机构，从而消除金融垄断，优化金融市场结构。另外，在金融产品和服务的市场准入方面，同样需要放松行政管制，由市场主体做出判断和选择。一方面，股票和债券等融资工具的发行应当逐步由核准制向注册制改革，建立以信息披露为核心的发行监管制度，使得发行证券融资真正成为市场主体的权利，而非大企业、国有企业的特权；另一方面，要在风险可控的前提下鼓励和保障金融产品和服务创新，在金融创新过程中丰富金融产品和服务供给，优化金融产品和服务结构，既要“做大蛋糕”，也要“做好蛋糕”。以互联网金融为例，在金融科技的驱动下正如火如荼开展，以互联网第三方支付、P2P 网络借贷、互联网理财、股权众筹为代表的金融产品、服务和模式层出不穷，在缺乏法律规定的情形下，金融监管的立场在很大程度上决定了互联网金融的生存和发展。对此，监管机构应当对互联网金融创新保持一种谦抑、包容的态度，可以借鉴英国的“监管沙盒”（regulatory sandbox）模式，在保护金融消费者和防范风险外溢的基础上，为互联网金融提供一个“试错”的制度空间。

其次，在放宽金融市场准入的同时，要求监管重心由事前监管向事中、事后监管转移，特别是在金融交易监管中维护金融公平。金融交易过程的公平既包括金融机构和金融消费者之间的交易公平，也包括金融机构之间的竞争公平，二者的实现除了金融立法的规则公平之外，也离不开金融监管的保驾护航。对于前者，虽然我们强调要像一般消费者一样保护金融消费者，但是基于金融行业的特殊性，对金融消费者的保护显然无法依靠市场监督管理机关，而是需要金融监管机构发挥作用。具体而言，金融监管机构应当依申请或者依职权对于金融交易中存在的违背交易公平、损害金融消费者利益的行为进行调查和处理，包括基础金融服务中存在的金融排斥、霸王条款、信息侵权等问题，也包括理财产品销售中存在的风险揭示不到位、误导消费者等乱象，以及证券交易中存在的欺诈、内幕交易、操纵市场等违法违规行为。对于金融机构间的竞争公平，在我国金融市场结构性失衡的语境下，尤其需要关注对金融垄断行为的规制。虽然《反垄断法》规定反垄断执法权集中在反垄断执法机构，但是也有学者指出金融监管权与反垄断执法权之间存在事实上的重叠和冲突，从而造成金融反垄断的管辖困境。不可否认的是，金融监管机构相对于反垄断执法机构，在金融反垄断领域具有天然的专业和信息优势。因此，袁康博士在其书中也提出了赋予金融监管机构适当的反垄断执法权，明确其规制金融垄断和维护市场公平竞争的职责，形成以反垄断执法机构为主导，金融监管机构为辅助的合作型金融反垄断体制。

三、持续完善现代金融监管体系

“十四五”时期我国金融监管改革任务更加艰巨。必须以习近平新时代中国特色社会主义思想为指导，坚守以人民为中心的根本立场，强化底线思维，提高金融监管透明度和法治化水平。在此基础上，健全风险预防、预警、处置、问责制度体系，持续完善权责一致、全面覆盖、统筹协调、有力有效的现代金融监管体系。银保监会主席郭树清对“十四五”时期我国持续完善现代金融监管体系，从九个方面作了高屋建瓴的论述①。

一是全面加强党对金融工作的集中统一领导。由于历史和文化等原因，我国金融事权主要集中于中央，地方金融事权比较有限，这就更凸显了党中央对于金融监管工作领导的极端重要性。金融监管的大政方针，必须由党中央制定并领导贯彻。国家金融管理部门要更加自觉地增强“四个意识”，坚定“四个自信”，做到“两个维护”，切实担当起监管主体责任。同时，地方党委政府在金融监管中也发挥了非常重要的作用。事实上绝大多数金融机构都是地方法人，地方党委和政府负责加强这些机构党的领导和党的建设，承担国有金融资本管理和风险处置属地责任。特别是对于各种“无照驾驶”的非法金融活动，管理和整治的主体责任都在地方。中央金融管理部门必须与地方党委和政府密切联系，相互支持，协同发力；都要坚持全面从严治党，与金融腐败做坚决斗争，对违法违规行为零容忍。

二是促进经济社会发展开创新局。金融监管要坚持主动作为，防范和化解各类金融风险，维护金融体系稳健运行，以此保障社会主义现代化国家建设进程。在支持金融创新的同时，严防垄断、严守底线，维护市场秩序，促进公平竞争。要发挥监管引领作用，推动金融业着力抑虚强实，履行社会责任，强化普惠金融、绿色金融，规范发展商业养老金融，更好地实现市场价值和社会价值的统一。全力保护消费者合法权益，坚决打击非法集资、非法吸储和金融诈骗，对各种违规变相投融资活动保持高度警惕，切实维护人民群众财产安全和社会稳定。

三是建立高效的监管决策协调沟通机制。进一步强化国务院金融稳定发展委

① 郭树清．完善现代金融监管体系．经济日报，2020－12－31.

员会的决策议事、统筹协调和监督问责职能。健全监管协调机制，各金融管理部门既要各司其职、各尽其责，又要充分沟通、强化协同。金融政策要与财政、产业、就业、区域等经济社会政策密切配合，推动形成以国内大循环为主体、国内国际双循环相互促进的新发展格局。对地方金融发展改革与风险防控加强指导、协调和监督，有效发挥中央和地方两个积极性，形成全国“一盘棋”。

四是提高金融监管透明度和法治化水平。监管制度要覆盖所有金融机构、业务和产品，对各类金融活动依法实施全面监管。借鉴金融稳定理事会和巴塞尔委员会改革成果，强化资本充足、监督检查和市场约束等要求，抓紧补齐制度短板。根据不同领域、机构和市场特点，制定差异化、针对性制度，细化监管标准，提升监管精准度。更重要的是，要不断增强制度实施的有效性。要以法律法规为准绳，大幅提高违法成本，将监管工作纳入法治轨道。

五是健全宏观审慎、微观审慎、行为监管三支柱。健全宏观审慎管理架构和政策工具，完善逆周期调节和系统重要性金融机构监管，注重防范跨市场、跨区域、跨国境风险传染。提高微观审慎监管能力，健全以资本约束为核心的审慎监管体系，加快完善存款保险制度，努力做到对风险的早发现、早预警、早介入、早处置。强化行为监管，严厉打击侵害金融消费者合法权益的违法违规行为。金融监管作为整体，应当始终具备宏观审慎视野，以微观审慎为基础，以行为监管为支撑，实现三者既独立又协同的有机统一。

六是构建权威高效的风险处置制度安排。加快确定系统重要性金融机构名单，科学设定评估标准和程序，提出更高监管要求。抓紧建立恢复与处置计划，引导金融机构设立“生前遗嘱”，确保危机时得到快速有效的处置。与此同时，要完善风险处置方式，在防范系统性风险的同时，努力减少道德风险。落实金融机构主体责任，尽量采取“自救”，能自行化解风险或市场出清的，政府不介入。动用公共资金的，必须符合严格的条件和标准。尤为关键的是，要健全损失分担制度。全面做实股权吸收损失机制，首先由股东特别是大股东承担损失，其他资本工具和特定债权依法转股、减记。高管层要通过延迟支付抵扣、降薪及事后追偿等承担相应责任。涉嫌违法犯罪的，要及时依法移送司法机关。

七是强化金融基础设施对监管的支持保障。持续推动金融市场和基础设施互联互通，不断提升清算、结算、登记、托管等系统专业化水平。强化监管科技运用，加快金融业综合统计和信息标准化立法。抓紧建设监管大数据平台，全力推动监管工作向信息化、智能化转型。稳步推进金融业关键信息基础设施国产化，防范金融网络技术和信息安全风险。强化基础设施监管和中介服务机构管理，对金融科技巨头，在把握包容审慎原则的基础上，采取特殊的创新监管办法，在促发展中防风险、防垄断。

八是积极参与国际金融治理框架重塑。深入推动国际金融规则制定和调整，增强国际影响力。立足国情实施国际监管标准，遵循简单、透明、有效原则，避免教条主义、文牍主义和烦琐哲学。加强与国际金融组织的沟通交流，推动多边和双边监管合作，营造有利于“走出去”的良好外部环境，坚决维护国家金融主权、安全和发展利益。

九是培育忠诚干净担当的监管干部队伍。加强干部思想政治教育，弘扬清廉文化，锻造政治过硬、作风优良、业务精通的“监管铁军”。树立重实干、重实绩的用人导向，大力培养优秀年轻干部。优化监管资源配置，充实监管部门和基层监管力量。强化教育培训、人才引进、交流轮岗、基层锻炼，全面提升干部能力素质。

第十四章　结论与展望

第一节　研究的主要结论

本书是笔者对普惠金融问题论述的总纲，所以将书名确定为《普惠金融论纲》，在有关章节中初步形成了如下主要结论：

一、普惠金融概念的界定有两个层面

一是基本概念的界定，主要是从实践层面上、以金融服务或金融模式等为视角进行的技术性、业务性的描述；二是理论概念的界定，是以金融发展和金融福祉分配为视角的理论界定。仅有基本概念的界定，我们难以准确把握实践中的某一经济行为是否属于普惠金融。因此，普惠金融理论概念的界定非常必要。普惠金融理论概念是一个研究金融发展与金融福祉的经济理论范畴。具体而言，它是以金融福祉分配的公平合理为原则，对金融发展的演化路径及其“优劣”予以分析和评价的经济理论。同时，普惠金融的理论概念也是对基本概念的延伸和深化，基本概念局限于普惠金融服务本身的特征，因受限于发展中国家较为明显的金融排斥，可得性成为基本概念考察的核心指标。而理论概念则跳出了仅仅分析金融服务的局限，金融福祉分配的合理性成为理论概念考察的核心指标。

二、普惠金融的理论渊源划分为三个阶段

从 20 世纪 60 年代到 21 世纪初，是普惠金融理论萌芽阶段。在这一阶段，

普惠金融还没有形成独立的概念和研究框架，也没有被纳入官方语境，只是作为金融排斥理论的一个镜像进行反思和分析，这实际上就是金融排斥理论的引申。这一阶段的代表性理论，主要是农业信贷补贴理论和微型金融理论。随着主流金融学对农村金融发展理论、中小微企业融资理论和微型金融理论研究的深化，普惠金融研究进入了理论觉醒阶段。此阶段的明显标志是：普惠金融形成了独立的概念并逐步纳入了官方语境，国际学术界也开始将其纳入研究范畴。一大批理论工作者和实际工作者，开始就普惠金融基本概念、内涵及实现路径进行广泛探讨。从 2016 年开始，普惠金融研究进入第三个阶段：理论自觉阶段。这一阶段在中国有三大突出标志：一是党中央国务院印发了《推进普惠金融发展规划（2016～2020 年）》，明确将普惠金融发展上升为国家战略；二是 2016 年 9 月召开的 G20 杭州峰会上，正式通过了《G20 数字普惠金融高级原则》，提出了 8 项原则和 66 条行动建议，成为数字普惠金融领域首个国际纲领；三是 2017 年 7 月召开的全国金融工作会议上，习近平总书记发表了重要讲话，提出“要建设普惠金融体系，加强对小微企业、三农和偏远地区的金融服务”，为中国深化金融改革、发展普惠金融指明了方向。

三、普惠金融具有丰富的内涵和外延

普惠金融是一个多维的概念。由此，本书从语义学、功能主义、社会学、金融学、伦理学等多个维度，对普惠金融的内涵和外延进行了解构和剖析。也正如多个学者所认同的，不能单纯地从金融学这个单一理论去理解普惠金融，普惠金融当然要实现服务普惠群体的金融功能，但是如果认识不到普惠金融内涵的包容性增长要求，认识不到普惠金融的普及需要包容情怀、大同理念和和谐思想，也就不能真正认识普惠金融的独特之处，在实践过程中也就很难避免出现使命漂移和模式异化等问题。本书基于中国普惠金融的现实，对其文化底蕴、根本目的、技术基础和实践指引提出了自己的观点，认为：中国发展普惠金融具有得天独厚的伦理文化基础，中国传统儒家和道家文化中蕴藏着深厚的大同、和谐和包容的文化底蕴。必须构建基于这些价值观体系上的普惠金融伦理体系，才能更好地推动普惠金融在全社会的真正普及。构建普惠文化价值体系，是普惠金融非常重要的基础设施建设。还要明确发展普惠金融的根本目的，从宏观层面上看，经济社会实现包容性发展，通过金融手段让大多数人享受到经济发展的成果而不是相反。而从微观层面上，国内外的实践已经证明商业金融机构能够实现商业价值和社会责任的统一。在中国当前的监管环境下，社会价值更加有助于实现商业价值。从技术层面来看，金融机构具体实施过程中，需要尊重金融的基本规律，基于信息经济学的风险管控技术（微贷技术）至关重要。

四、普惠金融是全新的金融理念

传统金融理念的价值取向是高端客户和富人，先天含有阶层差异和身份歧视，认为金融是贵族和富人的游戏，或者至少要具有一定的财富门槛和身份认定，低收入阶层和弱势群体被排斥在金融服务的边界之外，甚至出现了穷人储蓄借给富人使用的错配现象。最为典型的就是商业银行，它本质上就是“嫌贫爱富、傍大款”，只能“锦上添花”不能“雪中送炭”，最形象的比喻就是“晴天打伞、雨中收伞”，这就是它的本质。传统的金融理念是为高端客户和富人服务的，金融制度的边界先天具有排斥性和歧视性，并固化为严格的法律和制度约束。而普惠金融的理念是包容，价值取向是追求金融服务的均等化，它强调金融伦理和社会道义，事关弱势群体的生存与发展。所以，普惠金融概念的提出，在很大程度上颠覆了金融只为富人服务的理念，是对商业金融的反思和扬弃。

五、普惠金融是全新的金融范式

普惠金融虽然基于传统的商业金融范式，但是又是对传统金融范式的反思和扬弃。我们说普惠金融是全新的金融范式，就在于普惠金融范式，具有完全不同于传统金融范式的要素内容。普惠金融的出现是金融深化的重大事件，它超越、改变了传统商业金融原有的信念、价值取向和技术标准。从信念要素看：普惠金融体系中所有参与者共享的信念是大同、和谐与包容，它强调公平与正义，体现了“共享性”，超越了传统商业金融信仰“赚钱”和单一商业化的诉求；从价值要素看：普惠金融的价值取向是金融服务的均等化，它强调金融伦理和社会道义，体现了“普惠性”，超越了传统商业金融只为高端客户和富人服务的价值取向；从技术要素看：普惠金融的技术范式，是基于“大数据、金融科技和赋能平台”的微贷技术生态，体现了“科技性”，改变了传统商业金融以资本资产定价模型为核心的技术范式。

六、普惠金融“五位一体”体系

“五位一体”体系是：一是构建和完善普惠金融法律法规体系，逐步制定和完善普惠金融相关法律法规，形成系统性的法律框架，在法理上更多的体现金融的包容性、伦理性和正向激励功能；二是构建普惠金融支撑体系，包括基于互联网的技术支持、基于征信系统的数据支持、基于政府背景的担保支持和社会信用环境支持；三是建立健全多元化、广覆盖的普惠金融机构体系，解决普惠金融供给不足问题，不仅要激励现有各金融机构向弱势群体延伸业务，而且还要放宽市场准入，合理引导社会资本和民间资本进入普惠金融领域，当务之急是要大力发展小银行金融机构，只有建立起各种金融机构并存、功能互补的金融机构体系，才能将金融服务延伸到弱势群体，四是构建普惠金融客户体系，重点服务中小微企业、“三农”客户和低收入群体。中小微企业、“三农”客户、低收入群体都是实体经济中的“弱质部门”，理应成为普惠金融服务的主体；五是构建普惠金融监管体系，在强化监管的前提下，延伸和下沉金融服务，逐步构建起分层监管的金融监管体系。

七、普惠金融的实现路径

从理论上讲，普惠金融的实现路径可分为两种：一种是内生式实现路径，是指提供普惠金融服务的机构或产品由市场自主产生和实现；另一种是外生式路径，是指由政府主导的普惠金融发展模式。在全面梳理普惠金融理论演进的基础上，本书结合理论与实践，提出了一种“平台 + 产品”的实现模式，主要包括两个部分的内容：一是创新“普惠金融超市”商业模式；二是创新“普惠贷”金融服务产品。“普惠金融超市”商业模式，实现了构成要素、动力机制和要素间关系的创新。“普惠贷”金融服务产品，通过政府增信、市场化运作、银行放贷及营销和技术手段的创新，降低了享受金融服务的门槛，打通了普惠金融落地的“最后一公里”。在此基础上，本书也提出了金融生态圈理论模式，作为普惠金融实现路径的另一种模式。上述两种模式是基于金融基础功能主义原则和生态系统理论设计的，以期作为普惠金融的实践指引。

八、中小微企业融资难现象在不断加剧

中国金融体系没有很好地为实体经济服务，“金融空转”现象仍然突出，中小微企业融资难不但没有缓解，反而有加剧的趋势。商业银行作为中小微企业融资的主渠道，对中小微企业贷款比重提升不足。中国人民银行发布的《2020 金融机构贷款投向统计报告》显示，截至 2020 年年底，主要金融机构和小型农村金融机构小微企业贷款余额 21. 53 万亿，增速比上年底只提高 1. 1 个百分点。直接融资市场也不是面向中小微企业的，无论是主板市场、中小板市场、创业板市场，还是债券市场的制度安排都先天排斥中小微企业，使中小微企业直接融资的比重太低，进一步加剧了中小微企业的融资约束。民间融资作为正规金融的重要补充，由于立法滞后、监管不到位、秩序混乱等问题存在，使民间融资出现了融资成本高、风险大、无序发展的乱象，非正规金融的作用难以发挥到位。以上多种因素的“叠加”，使中小微企业融资难现象在不断加剧。

九、金融错配问题严重

中小微企业为什么存在融资约束？而且这种融资约束还在不断加剧，这与中国金融体系存在金融错配有直接关系。目前中国金融资产的存量十分庞大，但由于结构错配和流向错配，造成了金融资源配置的扭曲，降低了金融服务的效率。这突出反映在两大方面：一是资金流向扭曲，金融资源主要配置到了国有企业、大型企业（或行业）、政府融资平台和政府项目、房地产市场、银行间市场套利，甚至通过表外业务流向了一些重复建设和产能过剩的项目，而广大中小微企业、“三农”客户等弱势群体，却得不到资金支持，不得不转向非正规金融融资；二是融资市场结构扭曲，中国的融资市场还是以商业银行主导的间接融资市场，直接融资比重太低，进一步加剧了中小微企业融资约束。发展普惠金融、缓解中小微企业融资约束，必须从纠正金融错配入手。

十、中小微企业融资难的根源是制度性因素

中小微企业融资难的原因是信息不对称、规模不经济、企业自身素质差等因

素造成的，但它的根本性因素是金融制度决定的，即现行的以商业银行为主导的融资体系与中小微企业自身的特点和融资特点严重不匹配。目前，中国金融体制的主要特点是以间接融资为主导的、高度垄断的金融体系。在这一体系中，银行具有制度优势下的垄断地位，间接融资成为金融体系的主导，而与之对应的直接融资市场发育滞后，还没有形成多层次的资本市场体系。这样的金融体系，从一开始设立的时候就没有给中小微企业融资留下空间，从金融制度边界上限制了中小微企业的融资供给，导致资金问题成为困扰中小微企业发展的瓶颈。因此，在现行金融体制内的改革，无法从根本上解决中小微企业融资需求，必须寻找新的路径才能解决问题。

十一、扩大金融制度边界可以缓解融资约束

金融制度边界的扩大或收缩，对中小微企业融资约束具有决定性作用。扩大金融制度边界，可以有效地缓解中小微企业融资约束。所谓扩大金融制度边界，就是对现行的信贷政策、利率政策、财税政策、监管制度等做出修改或“微调”，提高商业金融的包容性。一是放宽政策，免除中小微企业信贷业务营业税、降低所得税；对小微企业贷款实行浮动利率，推进利率市场化改革；优化信贷政策，对中小微金融机构降低存款准备金率，中国人民银行可以向金融机构安排再贴现资金专项用于中小微企业，提高中小微企业贷款覆盖面。二是定向宽松，鼓励银行加大对中小微企业的信贷投放。三是区别对待，从制度上提高中小微企业不良贷款容忍度。四是创新品种，允许商业银行进行信贷技术的创新，开发出更多适合于中小微企业自身特点和融资特点的信贷品种。

十二、普惠金融运行要抓好两大要点

普惠金融体系的构建是一个庞大的系统工程，既需要从宏观上进行顶层设计，也需要抓好现实中的运行要点。一是间接融资体系的构建，最关键的是大力发展小银行金融机构，本质上是通过小银行金融机构的技术和营销创新，降低享受金融服务的门槛。小银行金融机构的作用，不仅体现在发放了多少贷款，更重要的是为深化金融改革，为发展普惠金融带来了新的理念、手段和方法。二是直接融资体系的构建，需要进一步优化主板、中小板、创业板的制度安排，加快发

展多层次资本市场体系的当务之急是要建立全国统一的场外交易市场。而场外交易市场的建立，既需要从法律上给场外交易市场定位，也需要对场外交易的制度安排作出明确规定。有了全国统一的场外交易市场，就能扩大直接融资的比重，极大地缓解中小微企业的融资约束。

第二节　主要贡献

本书可能的贡献，主要体现在以下几方面：

一、提出了普惠金融“范式革命”的分析框架

本书在既有研究的基础上，全面梳理了范式、社会科学范式、金融分析范式的理论渊源，基于新的哲学“求助”，提出了普惠金融“范式革命”的分析框架。所谓范式革命，是指普惠金融的出现是金融深化的重大事件，它超越、改变了传统商业金融原有的信念、价值取向和技术标准。第一，从范式的信念要素看，普惠金融体系中所有参与者共享的信念是大同、和谐与包容理念，它超越了传统商业金融信仰“赚钱”和单一商业化的诉求；第二，从范式的价值要素看，普惠金融的价值取向是金融服务的均等化，它强调金融伦理和社会道义，超越了传统商业金融只为高端客户和富人服务的价值取向；第三，从范式的技术要素看，普惠金融的技术范式，是基于“大数据、金融科技和赋能平台”的微贷技术生态，它改变了传统商业金融以资本资产定价模型为核心的技术范式；第四，从哲学思想的检验过程来看，传统商业金融的“三性”原则，即安全性、流动性、盈利性，在普惠金融体系中则体现为“反常”的“三性”，即共享性、普惠性和科技性，并固化为普惠金融实践指引的“三可”原则（可获得、可负担、可持续）；第五，从金融哲学的方法论上看，普惠金融是基于买方（客户）的立场为出发点，研究如何针对客户提供金融产品和服务，而传统商业金融是基于卖方（金融机构）角度，研究既有金融制度下金融能提供什么产品和服务，以及金融服务的客户如何满足金融的标准和要求。凡此种种，普惠金融范式无论从世界观还是方法论上看，都是对传统商业金融的反思和扬弃。对于这种变化，只有站在一定的金融哲学观高度，才能领悟和洞察。

二、提出了金融错配的分析框架

从分析金融错配入手，来研究普惠金融和中小微企业融资约束问题，是本书的贡献之一。中国现有的金融体系存在严重的金融错配，这种错配的本质是在货币供应总量充足、流动性相对宽松的情况下，金融资源配置出现了结构和流向的扭曲，并从宏观上对中国金融体系的稳定性、货币政策的有效性和金融整体效率产生了巨大的不利影响，微观上造成了中小微企业的融资约束问题。这突出表现在两大方面：

一是资金流向扭曲。首先，金融资源没有按照效率原则进行配置，而是优先分配给了国有企业和政府，国有企业和政府项目（包括政府融资平台）很容易获得信贷支持和直接融资的帮助；其次，资金流向了房地产市场，中国人民银行《2020 金融机构贷款投向统计报告》显示，2020 年年底房地产贷款余额 49.58 万亿元，同比增长 11.7%，全年增加 5.17 万亿元，占同期各项贷款增量的 26.1%。最后，资金在银行间市场套利，金融机构对实体经济部门产生了“挤出效应”。不断攀升的社会融资总量和表外融资的巨量增长，与持续下行的经济增速产生了巨大反差。“金融热”“实体冷”所导致的“金融空转”现象十分突出。但是中小微企业等弱势群体却得不到资金的支持，融资难、融资贵成为中小微企业发展的最大瓶颈。据中国人民银行《2020 金融机构贷款投向统计报告》显示，2020 年年底，普惠金融领域贷款余额 21.53 万亿元，增速比上年底仅提高 1.1 个百分点，中小微企业贷款形势很不乐观，融资难现象仍很严重。

二是融资结构失衡。间接融资属于债务性融资，它不能改变企业的资本构成，直接融资属于权益性融资，它能改变或影响企业的股本构成。从优化融资结构的角度来讲，提高直接融资的比重十分重要。同时，提高直接融资比重，也是衡量经济市场化程度及成熟度的标志。目前，中国融资市场结构严重失衡，主要表现是间接融资比重过高，直接融资占比太低。尽管从 2003 年到 2019 年直接融资的比重在逐步变化和提高，但融资市场仍具有商业银行主导的特征，融资结构的变化不但没有带来融资市场品质的提升，反而出现了三种怪现象：一是间接融资的比例虽然降低了，但是企业融资成本反而上升了；二是货币流动性宽松了，但是企业融资状况反倒紧张了；三是融资方式和手段多元化了，但是企业的融资渠道反而单一了。更为可怕的是，中国的融资市场出现了间接融资操纵下的直接融资假象。很多直接融资的交易完全被间接融资所控制，导致了直接融资市场效应的异化和品质的降低。金融错配造成了中小微企业的融资约束，只有从分析金融错配入手，才能找到中小微企业融资难的决定因素，并为寻找解决路径奠定基础。

三、提出了金融制度边界的理论解释

金融制度边界的决定是普惠金融理论的重大问题。本书在已有研究的基础上，基于集合的分析框架，提出了金融制度边界决定的理论解释。基本观点是：把全体融资需求人看作一个集合 X，金融制度供给只能覆盖一部分称为集合 A，它为集合 X 的一个子集。集合 A 称为制度集，其边界称为金融制度边界，集合 A 外边的融资需求人，即集合 $X-A$ 为制度无法提供资金的融资需求人。用映射来表示，集合 X 可以视为定义域，存在一个映射 f：$X\to\{0,1\}$，其中 $f_A(A)=1$ 表示融资需求人得到资金；$f_A(X-A)=0$ 表示融资需求人得不到资金。中小微企业融资难指的就是中小微企业作为融资需求人被排斥在集合 A 之外。解决中小微企业融资难就是要缩小集合 $X-A$，其路径包括两个层面：一是改革和完善现有的金融体系以扩大金融制度的边界，提高商业金融的包容性，下沉和延伸对中小微企业的金融服务；二是进行金融制度创新，在集合 A 之外构建新的中小微企业融资体系，方向是发展普惠金融，用普惠金融理念构建中小微企业融资的直接和间接体系，从根本上解决中小微企业的融资约束。第一个层面是治标措施，第二个层面才是解决中小微企业融资难的治本之策。金融制度边界理论的提出，虽然只是描述性的，但它基本上给出了一个决定金融制度边界扩大或缩小的理论解释，不仅丰富了普惠金融理论和中小微企业融资理论，更为解决中小微企业融资约束找到了理论渊源和逻辑起点。

四、提出了普惠金融体系的构建设想

普惠金融体系是对现有商业金融体系的扬弃和反思，它对解决中小微企业融资约束、实现金融服务的均等化、维护社会的公平正义都具有重大意义。构建普惠金融体系，应以体现公平价值和发展权为理念，以包容和广覆盖为核心，以可持续发展为基本原则，以审慎监管为出发点。为此，本书提出了“五位一体”的构建设想：一是构建普惠金融法律体系。做到立法先行，在法理上从强调金融的整体安全性和秩序稳定，向强调金融的社会责任、伦理性和可持续性转变，尤其需要重视法律的正向激励功能；二是构建普惠金融支撑体系。主要包括基于互联网的技术支撑、基于征信系统的数据支撑、基于社会信用的环境支撑和基于政府背景的担保体系支撑；三是构建普惠金融机构体系。建立起包括商业银行、政策性银行、小银行金融机构和互联网金融等各种金融机构并存、功能互补的金融机构体系。这其中尤其以发展小银行金融机构最为重要，从某种意义上讲，普惠金融机构体系的建立，除了大力发展小银行金融机构，其他途径都不可能真正解决问题；四是构建普惠金融客户体系。普惠金融的实质就是为传统金融或正规金融服务体系之外的广大中小微企业、“三农”客户和低收入群体提供可得性金融服务；五是构建普惠金融监管体系。要正视审慎监管的适用性，强调差异化监管的灵活性，注重多层监管的可行性，认清行业自律的必要性。特别需要强调，应从法律上把各级政府确立为普惠金融的监管主体，赋予其相应的监管职责，真正在审慎监管的原则下，实行中央和地方分层的监管体制。

五、提出了金融生态圈理论模式

本书在既有研究的基础上，基于 LB 集团黄金珠宝行业生态，提出了金融生态圈理论模式。其理论解释是：从梳理产业链入手，以区块链、云计算、人工智能、大数据为技术支撑，通过赋能平台、金融机构、政府部门和核心企业的互联互通，建立一个完整的产业生态圈，针对生态圈所有共同特质的企业去做金融解决方案。金融生态圈理论模式的提出，虽然只是描述性的，但它基本上给出了一个可复制性产生小微金融解决方案的理论解释，不仅丰富了普惠金融理论和中小微企业融资理论，更为解决中小微企业融资约束找到了逻辑起点。在此理论模式的基础上，本书以“普惠贷”“融金贷”专属金融产品为分析案例，详细解构了“普惠贷”“融金贷”全流程操作过程和应用场景，得到了小微客户、核心企业、合作银行、赋能平台和地方政府的多方认可，有效地解决了普惠金融落地的“最后一公里”。该模式是基于生态系统理论和金融基础功能主义原则设计的，以期作为普惠金融的实践指引。

第三节 研究展望

普惠金融是全新的金融理念，是对传统商业金融的反思和扬弃。普惠金融研究虽然取得了重大进展，在很多方面也达成了研究共识，但是普惠金融的研究还有许多问题仍未觅见真谛。本书提出如下继续研究的建议：

一、普惠金融范式专题研究

金融分析范式的确定，本身是一个哲学问题。没有哲学观的重新思考，新范式的确定将难以想象。可以说，无新的哲学“求助”，便无新的分析范式；无新的分析范式，自认为深奥复杂的理论探索和学术成果，都只不过是由一些看似精致的概念和模型纠集而成的“乌合之众”。所以，哲学“求助”的过程，是一个思想实验的过程。归根到底，思想实验可以超越工具、技术甚至制度与时空局限。只有空洞浅薄的所谓科学研究，才会单方面依赖分析技术。

纵观已有的“金融范式”研究成果，有的是从经济学范式的概念出发，直接进行金融分析范式的研究；有的没有界定“金融分析范式”概念，只是对现代金融理论、行为金融理论、系统金融理论等进行“范式”的比较研究；有的虽然给出了“金融分析范式”的定义，但是与普遍认同的“社会科学范式”概念相抵触；还有的从制度金融学入手，就金融分析制度范式进行理论解释。毫无疑问，以哲学“求助”为基础的“金融范式”研究，目前还处于初级阶段，对金融分析范式还没有形成统一的基本概念，更缺少基本的分析框架；对金融分析范式的基本要素和演化规律也缺乏整体性认识与前瞻性思考。这就需要理论工作者不断探索，努力实现对哲学的新的“求助”。

二、金融制度边界专题研究

金融制度边界的决定问题，不仅是经济学的一个基本命题，也是普惠金融的基本命题，更是制度金融学急需解决的重大理论问题。已有研究对金融制度边界的决定提出了很多有价值的观点，如诺斯的“规则”和“低交易费用”观点，张杰的交易成本变化观点等。

金融制度边界的决定到底取决于哪些因素？法律、法规还是交易成本，抑或是产权、制度？这都需要进行深入的专题研究，才能找到正确答案。本书对金融制度边界的研究只是初步的、描述性的理论解释，对很多问题还未能觅见真谛，由此构成了本书继续研究的建议。

三、普惠金融体系深入研究

普惠金融体系的建立需要顶层设计，因为它不仅是金融本身的问题，更是政治上的重大命题。普惠金融强调社会道义和金融伦理，事关中小微企业融资约束，事关新型城镇化、农业现代化和两个百年奋斗目标的实现。因此，普惠金融体系的建立是一项庞大的系统工程。本书虽然提出了“五位一体”的构建设想，但是还只是初步的构想，每一部分内容都需更进一步的深化。如普惠金融法律体系的构成要素；基于互联网的数据如何支持，如何实现金融与互联网的深度融合；小银行金融机构如何实现技术和营销手段的创新；全国统一的场外交易市场如何建立；中小微企业自身特点和融资特点如何与普惠金融体系匹配；中央和地方如何实现普惠金融的分层监管等。这些问题构成了本书继续深入研究的建议。

四、普惠金融“微贷技术”研究

普惠金融是对传统商业金融的反思和扬弃。传统金融体系的构建，是以金融供给方（卖方）为基础，以“商业利润”为核心，以巴塞尔协议为原则，以控制风险为出发点而形成的金融体系；而普惠金融体系的构建，是以金融需求方（买方）为基础，以体现公平价值和发展权为理念，以包容和广覆盖为核心，以可持续发展为基本原则，以审慎监管为出发点而形成的一种全新的金融体系，本质上是通过技术和营销手段的创新，扩大金融制度边界，降低享受金融服务的门槛。因此，有别于传统经典金融学的研究框架，对普惠金融语境下的“微贷技术”研究，就成为普惠金融健康发展的根本所在，也是需要深入研究的方向之一。

五、金融救济与伦理道德

普惠金融概念的提出，是现代金融理论的一大突破，一定程度上颠覆了金融主要为高端客户和富人服务的传统理念。对于金融这一主要以信息不对称下的信用为主要资源的行业，伦理道德的问题更加突出。从这个层面出发，普惠金融是对传统金融在道德伦理层面的扬弃，是金融家和银行家面对社会道德审判的一种自我救赎。因此，研究、探寻普惠金融的伦理基础就显得尤为重要。以上问题，构成了普惠金融深化研究的主题和方向。

附录一：国务院关于印发推进普惠金融发展规划（2016～2020年）的通知

国务院关于印发推进普惠金融发展规划（2016～2020年）的通知

国发〔2015〕74号

各省、自治区、直辖市人民政府，国务院各部委、各直属机构：

《推进普惠金融发展规划（2016～2020）》已经党中央、国务院同意，现印发给你们，请认真贯彻执行。

国务院

2015年12月31日

推进普惠金融发展规划（2016～2020年）

普惠金融是指立足机会平等要求和商业可持续原则，以可负担的成本为有金融服务需求的社会各阶层和群体提供适当、有效的金融服务。小微企业、农民、城镇低收入人群、贫困人群和残疾人、老年人等特殊群体是当前我国普惠金融重点服务对象。大力发展普惠金融，是我国全面建成小康社会的必然要求，有利于促进金融业可持续均衡发展，推动大众创业、万众创新，助推经济发展方式转型升级，增进社会公平和社会和谐。

党中央、国务院高度重视发展普惠金融。党的十八届三中全会明确提出发展普惠金融。2015 年《政府工作报告》提出，要大力发展普惠金融，让所有市场主体都能分享金融服务的雨露甘霖。为推进普惠金融发展，提高金融服务的覆盖率、可得性和满意度，增强所有市场主体和广大人民群众对金融服务的获得感，特制订本规划。

一、总体思路

（一）发展现状

近年来，我国普惠金融发展呈现出服务主体多元、服务覆盖面较广、移动互联网支付使用率较高的特点，人均持有银行账户数量、银行网点密度等基础金融服务水平已达到国际中上游水平，但仍面临诸多问题与挑战：普惠金融服务不均衡，普惠金融体系不健全，法律法规体系不完善，金融基础设施建设有待加强，商业可持续性有待提升。

（二）指导思想

全面贯彻党的十八大和十八届三中、四中、五中全会精神，按照党中央、国务院决策部署，坚持借鉴国际经验与体现中国特色相结合、政府引导与市场主导相结合、完善基础金融服务与改进重点领域金融服务相结合，不断提高金融服务的覆盖率、可得性和满意度，使最广大人民群众公平分享金融改革发展的成果。

（三）基本原则

健全机制、持续发展。建立有利于普惠金融发展的体制机制，进一步加大对薄弱环节金融服务的政策支持，提高精准性与有效性，调节市场失灵，确保普惠金融业务持续发展和服务持续改善，实现社会效益与经济效益的有机统一。

机会平等、惠及民生。以增进民生福祉为目的，让所有阶层和群体能够以平等的机会、合理的价格享受到符合自身需求特点的金融服务。

市场主导、政府引导。正确处理政府与市场的关系，尊重市场规律，使市场在金融资源配置中发挥决定性作用。更好发挥政府在统筹规划、组织协调、均衡布局、政策扶持等方面的引导作用。

防范风险、推进创新。加强风险监管，保障金融安全，维护金融稳定。坚持监管和创新并行，加快建立适应普惠金融发展要求的法制规范和监管体系，提高金融监管有效性。在有效防范风险基础上，鼓励金融机构推进金融产品和服务方式创新，适度降低服务成本。对难点问题要坚持先试点，试点成熟后再推广。

统筹规划、因地制宜。从促进我国经济社会发展、城乡和区域平衡出发，加强顶层设计、统筹协调，优先解决欠发达地区、薄弱环节和特殊群体的金融服务问题，鼓励各部门、各地区结合实际，积极探索，先行先试，扎实推进，做到服水土、接地气、益大众。

（四）总体目标

到2020年，建立与全面建成小康社会相适应的普惠金融服务和保障体系，有效提高金融服务可得性，明显增强人民群众对金融服务的获得感，显著提升金融服务满意度，满足人民群众日益增长的金融服务需求，特别是要让小微企业、农民、城镇低收入人群、贫困人群和残疾人、老年人等及时获取价格合理、便捷安全的金融服务，使我国普惠金融发展水平居于国际中上游水平。

提高金融服务覆盖率。要基本实现乡乡有机构，村村有服务，乡镇一级基本实现银行物理网点和保险服务全覆盖，巩固助农取款服务村级覆盖网络，提高利用效率，推动行政村一级实现更多基础金融服务全覆盖。拓展城市社区金融服务广度和深度，显著改善城镇企业和居民金融服务的便利性。

提高金融服务可得性。大幅改善对城镇低收入人群、困难人群以及农村贫困人口、创业农民、创业大中专学生、残疾劳动者等初始创业者的金融支持，完善对特殊群体的无障碍金融服务。加大对新业态、新模式、新主体的金融支持。提高小微企业和农户贷款覆盖率。提高小微企业信用保险和贷款保证保险覆盖率，力争使农业保险参保农户覆盖率提升至95%以上。

提高金融服务满意度。有效提高各类金融工具的使用效率。进一步提高小微企业和农户申贷获得率和贷款满意度。提高小微企业、农户信用档案建档率。明显降低金融服务投诉率。

二、健全多元化广覆盖的机构体系

充分调动、发挥传统金融机构和新型业态主体的积极性、能动性，引导各类型机构和组织结合自身特点，找准市场定位，完善机制建设，发挥各自优势，为所有市场主体和广大人民群众提供多层次全覆盖的金融服务。

（一）发挥各类银行机构的作用

鼓励开发性政策性银行以批发资金转贷形式与其他银行业金融机构合作，降低小微企业贷款成本。强化农业发展银行政策性功能定位，加大对农业开发和水利、贫困地区公路等农业农村基础设施建设的贷款力度。

鼓励大型银行加快建设小微企业专营机构。继续完善农业银行“三农金融事业部”管理体制和运行机制，进一步提升“三农”金融服务水平。引导邮政储蓄银行稳步发展小额涉农贷款业务，逐步扩大涉农业务范围。鼓励全国性股份制商业银行、城市商业银行和民营银行扎根基层、服务社区，为小微企业、“三农”和城镇居民提供更有针对性、更加便利的金融服务。

推动省联社加快职能转换，提高农村商业银行、农村合作银行、农村信用联社服务小微企业和“三农”的能力。加快在县（市、旗）集约化发起设立村镇银行步伐，重点布局中西部和老少边穷地区、粮食主产区、小微企业聚集地区。

（二）规范发展各类新型机构

拓宽小额贷款公司和典当行融资渠道，加快接入征信系统，研究建立风险补偿机制和激励机制，努力提升小微企业融资服务水平。鼓励金融租赁公司和融资租赁公司更好地满足小微企业和涉农企业设备投入与技术改造的融资需求。促进消费金融公司和汽车金融公司发展，激发消费潜力，促进消费升级。

积极探索新型农村合作金融发展的有效途径，稳妥开展农民合作社内部资金互助试点。注重建立风险损失吸收机制，加强开展与业务相适应的资本约束，规范发展新型农村合作金融。支持农村小额信贷组织发展，持续向农村贫困人群提供融资服务。

大力发展一批以政府出资为主的融资担保机构或基金，推进建立重点支持小微企业和“三农”的省级再担保机构，研究论证设立国家融资担保基金。

促进互联网金融组织规范健康发展，加快制定行业准入标准和从业行为规范，建立信息披露制度，提高普惠金融服务水平，降低市场风险和道德风险。

（三）积极发挥保险公司保障优势

保持县域内农业保险经营主体的相对稳定，引导保险机构持续加大对农村保险服务网点的资金、人力和技术投入。支持保险机构与基层农林技术推广机构、银行业金融机构、各类农业服务组织和农民合作社合作，促进农业技术推广、生产管理、森林保护、动物保护、防灾防损、家庭经济安全等与农业保险、农村小额人身保险相结合。发挥农村集体组织、农民合作社、农业社会化服务组织等基层机构的作用，组织开展农业保险和农村小额人身保险业务。完善农业保险协办机制。

三、创新金融产品和服务手段

积极引导各类普惠金融服务主体借助互联网等现代信息技术手段，降低金融交易成本，延伸服务半径，拓展普惠金融服务的广度和深度。

（一）鼓励金融机构创新产品和服务方式

推广创新针对小微企业、高校毕业生、农户、特殊群体及精准扶贫对象的小额贷款。开展动产质押贷款业务，建立以互联网为基础的集中统一的自助式动产、权利抵质押登记平台。研究创新对社会办医的金融支持方式。开发适合残疾人特点的金融产品。加强对网上银行、手机银行的开发和推广，完善电子支付手段。引导有条件的银行业金融机构设立无障碍银行服务网点，完善电子服务渠道，为残疾人和老年人等特殊群体提供无障碍金融服务。

在全国中小企业股份转让系统增加适合小微企业的融资品种。进一步扩大中小企业债券融资规模，逐步扩大小微企业增信集合债券发行规模。发展并购投资基金、私募股权投资基金、创业投资基金。支持符合条件的涉农企业在多层次资本市场融资。支持农产品期货市场发展，丰富农产品期货品种，拓展农产品期货及期权市场服务范围。完善期货交易机制，为规避农产品价格波动风险提供有效手段。

鼓励地方各级人民政府建立小微企业信用保证保险基金，用于小微企业信用保证保险的保费补贴和贷款本金损失补偿。引导银行业金融机构对购买信用保险和贷款保证保险的小微企业给予贷款优惠政策。鼓励保险公司投资符合条件的小微企业专项债券。扩大农业保险覆盖面，发展农作物保险、主要畜产品保险、重要“菜篮子”品种保险和森林保险，推广农房、农机具、设施农业、渔业、制种保险等业务。支持保险公司开发适合低收入人群、残疾人等特殊群体的小额人身保险及相关产品。

（二）提升金融机构科技运用水平

鼓励金融机构运用大数据、云计算等新兴信息技术，打造互联网金融服务平台，为客户提供信息、资金、产品等全方位金融服务。鼓励银行业金融机构成立互联网金融专营事业部或独立法人机构。引导金融机构积极发展电子支付手段，逐步构筑电子支付渠道与固定网点相互补充的业务渠道体系，加快以电子银行和自助设备补充、替代固定网点的进度。推广保险移动展业，提高特殊群体金融服务可得性。

（三）发挥互联网促进普惠金融发展的有益作用

积极鼓励网络支付机构服务电子商务发展，为社会提供小额、快捷、便民支付服务，提升支付效率。发挥网络借贷平台融资便捷、对象广泛的特点，引导其缓解小微企业、农户和各类低收入人群的融资难问题。发挥股权众筹融资平台对大众创业、万众创新的支持作用。发挥网络金融产品销售平台门槛低、变现快的特点，满足各消费群体多层次的投资理财需求。

四、加快推进金融基础设施建设

金融基础设施是提高金融机构运行效率和服务质量的重要支柱和平台，有助于改善普惠金融发展环境，促进金融资源均衡分布，引导各类金融服务主体开展普惠金融服务。

（一）推进农村支付环境建设

鼓励银行机构和非银行支付机构面向农村地区提供安全、可靠的网上支付、手机支付等服务，拓展银行卡助农取款服务广度和深度。支持有关银行机构在乡村布放POS机、自动柜员机等各类机具，进一步向乡村延伸银行卡受理网络。支持农村金融服务机构和网点采取灵活、便捷的方式接入人民银行支付系统或其他专业化支付清算系统。鼓励商业银行代理农村地区金融服务机构支付结算业务。支持农村支付服务市场主体多元化发展。鼓励各地人民政府和国务院有关部门通过财政补贴、降低电信资费等方式扶持偏远、特困地区的支付服务网络建设。

（二）建立健全普惠金融信用信息体系

加快建立多层级的小微企业和农民信用档案平台，实现企业主个人、农户家庭等多维度信用数据可应用。扩充金融信用信息基础数据库接入机构，降低普惠金融服务对象征信成本。积极培育从事小微企业和农民征信业务的征信机构，构建多元化信用信息收集渠道。依法采集户籍所在地、违法犯罪记录、工商登记、税收登记、出入境、扶贫人口、农业土地、居住状况等政务信息，采集对象覆盖全部农民、城镇低收入人群及小微企业，通过全国统一的信用信息共享交换平台及地方各级信用信息共享平台，推动政务信息与金融信息互联互通。

（三）建立普惠金融统计体系

建立健全普惠金融指标体系。在整合、甄选目前有关部门涉及普惠金融管理数据基础上，设计形成包括普惠金融可得情况、使用情况、服务质量的统计指标体系，用于统计、分析和反映各地区、各机构普惠金融发展状况。建立跨部门工作组，开展普惠金融专项调查和统计，全面掌握普惠金融服务基础数据和信息。建立评估考核体系，形成动态评估机制。从区域和机构两个维度，对普惠金融发展情况进行评价，督促各地区、各金融机构根据评价情况改进服务工作。

五、完善普惠金融法律法规体系

逐步制定和完善普惠金融相关法律法规，形成系统性的法律框架，明确普惠金融服务供给、需求主体的权利义务，确保普惠金融服务有法可依、有章可循。

（一）加快建立发展普惠金融基本制度

在健全完善现有“三农”金融政策基础上，研究论证相关综合性法律制度，满足“三农”金融服务诉求。对土地经营权、宅基地使用权、技术专利权、设备财产使用权和场地使用权等财产权益，积极开展确权、登记、颁证、流转等方面的规章制度建设。研究完善推进普惠金融工作相关制度，明确对各类新型机构的管理责任。

（二）确立各类普惠金融服务主体法律规范

研究探索规范民间借贷行为的有关制度。推动制定非存款类放贷组织条例、典当业管理条例等法规。配套出台小额贷款公司管理办法、网络借贷管理办法等规定。通过法律法规明确从事扶贫小额信贷业务的组织或机构的定位。加快出台融资担保公司管理条例。推动修订农民专业合作社法，明确将农民合作社信用合作纳入法律调整范围。推动修订证券法，夯实股权众筹的法律基础。

（三）健全普惠金融消费者权益保护法律体系

修订完善现有法律法规和部门规章制度，建立健全普惠金融消费者权益保护制度体系，明确金融机构在客户权益保护方面的义务与责任。制定针对农民和城镇低收入人群的金融服务最低标准，制定贫困、低收入人口金融服务费用减免办法，保障并改善特殊消费者群体金融服务权益。完善普惠金融消费者权益保护监管工作体系，进一步明确监管部门相关执法权限与责任标准。

六、发挥政策引导和激励作用

根据薄弱领域、特殊群体金融服务需求变化趋势，调整完善管理政策，促进金融资源向普惠金融倾斜。

（一）完善货币信贷政策

积极运用差别化存款准备金等货币政策工具，鼓励和引导金融机构更多地将新增或者盘活的信贷资源配置到小微企业和“三农”等领域。进一步增强支农支小再贷款、再贴现支持力度，引导金融机构扩大涉农、小微企业信贷投放，降低社会融资成本。

（二）健全金融监管差异化激励机制

以正向激励为导向，从业务和机构两方面采取差异化监管政策，引导银行业金融机构将信贷资源更多投向小微企业、“三农”、特殊群体等普惠金融薄弱群体和领域。推进小微企业专营机构和网点建设。有序开展小微企业金融债券、

“三农”金融债券的申报和发行工作。进一步研究加强对小微企业和“三农”贷款服务、考核和核销方式的创新。推进落实有关提升小微企业和“三农”不良贷款容忍度的监管要求，完善尽职免责相关制度。

积极发挥全国中小企业股份转让系统、区域性股权市场、债券市场和期货市场的作用，引导证券投资基金、私募股权投资基金、创业投资基金增加有效供给，进一步丰富中小企业和“三农”的融资方式。

加强农业保险统筹规划，完善农业保险管理制度，建立全国农业保险管理信息平台，进一步完善中国农业保险再保险共同体运行机制。扶持小额人身保险发展，支持保险公司开拓县域市场，对其在中西部设立省级分公司和各类分支机构适度放宽条件、优先审批。

（三）发挥财税政策作用

立足公共财政职能，完善、用好普惠金融发展专项资金，重点针对普惠金融服务市场失灵的领域，遵循保基本、有重点、可持续的原则，对普惠金融相关业务或机构给予适度支持。发挥财政资金杠杆作用，支持和引导地方各级人民政府、金融机构及社会资本支持普惠金融发展，更好地保障困难人群的基础金融服务可得性和适用性。落实小微企业和“三农”贷款的相关税收扶持政策。推动落实支持农民合作社和小微企业发展的各项税收优惠政策。

（四）强化地方配套支持

地方各级人民政府要加强政策衔接与配合，共筑政策支撑合力。鼓励地方财政通过贴息、补贴、奖励等政策措施，激励和引导各类机构加大对小微企业、“三农”和民生尤其是精准扶贫等领域的支持力度。对金融机构注册登记、房产确权评估等给予政策支持。省级人民政府要切实承担起防范和处置非法集资第一责任人的责任。排查和化解各类风险隐患，提高地方金融监管有效性，严守不发生系统性、区域性金融风险的底线。

七、加强普惠金融教育与金融消费者权益保护

结合国情深入推进金融知识普及教育，培育公众的金融风险意识，提高金融消费者维权意识和能力，引导公众关心、支持、参与普惠金融实践活动。

（一）加强金融知识普及教育

广泛利用电视广播、书刊杂志、数字媒体等渠道，多层面、广角度长期有效普及金融基础知识。针对城镇低收入人群、困难人群，以及农村贫困人口、创业农民、创业大中专学生、残疾劳动者等初始创业者开展专项教育活动，使其掌握符合其需求的金融知识。注重培养社会公众的信用意识和契约精神。建立金融知识教育发展长效机制，推动部分大中小学积极开展金融知识普及教育，鼓励有条件的高校开设金融基础知识相关公共课。

（二）培育公众金融风险意识

以金融创新业务为重点，针对金融案件高发领域，运用各种新闻信息媒介开展金融风险宣传教育，促进公众强化金融风险防范意识，树立“收益自享、风险自担”观念。重点加强与金融消费者权益有关的信息披露和风险提示，引导金融消费者根据自身风险承受能力和金融产品风险特征理性投资与消费。

（三）加大金融消费者权益保护力度

加强金融消费者权益保护监督检查，及时查处侵害金融消费者合法权益行为，维护金融市场有序运行。金融机构要担负起受理、处理金融消费纠纷的主要责任，不断完善工作机制，改进服务质量。畅通金融机构、行业协会、监管部门、仲裁、诉讼等金融消费争议解决渠道，试点建立非诉第三方纠纷解决机制，逐步建立适合我国国情的多元化金融消费纠纷解决机制。

（四）强化普惠金融宣传

加大对普惠金融的宣传力度。建立普惠金融发展信息公开机制，定期发布中国普惠金融指数和普惠金融白皮书。

八、组织保障和推进实施

（一）加强组织保障

由银监会、人民银行牵头，发展改革委、工业和信息化部、民政部、财政部、农业部、商务部、林业局、证监会、保监会、中国残联等部门和单位参加，建立推进普惠金融发展工作协调机制，加强人员保障和理论研究，制订促进普惠金融发展的重大政策措施，协调解决重大问题，推进规划实施和相关政策落实，切实防范金融风险。国务院各有关部门要加强沟通，密切配合，根据职责分工完善各项配套政策措施。地方各级人民政府要加强组织领导，完善协调机制，结合本地实际抓紧制定具体落实方案，及时将实施过程中出现的新情况、新问题报送银监会、人民银行等有关部门。

（二）开展试点示范

规划实施应全面推进、突出重点、分步开展、防范风险。对需要深入研究解决的难点问题，可在小范围内分类开展试点示范，待试点成熟后，再加以总结推广。各地区要在风险可控、依法合规的条件下，开展推进普惠金融发展试点，推动改革创新，加强实践验证。积极探索发挥基层组织在推进普惠金融发展中的作用。

（三）加强国际交流

深化与其他国家和地区，以及世界银行、全球普惠金融合作伙伴组织等国际组织的交流，开展多形式、多领域的务实合作，探索双边、多边的示范性项目合作，提升我国普惠金融国际化水平。

（四）实施专项工程

围绕普惠金融发展重点领域、重点人群，集合资源，大力推进金融知识扫盲工程、移动金融工程、就业创业金融服务工程、扶贫信贷工程、大学生助学贷款工程等专项工程，促进实现规划目标。

（五）健全监测评估

加快建立推进普惠金融发展监测评估体系，实施动态监测与跟踪分析，开展规划中期评估和专项监测，注重金融风险的监测与评估，及时发现问题并提出改进措施。引导和规范互联网金融有序发展，有效防范和处置互联网金融风险。要切实落实监督管理部门对非法集资的防范、监测和预警等职责。加强督查，强化考核，把推进普惠金融发展工作作为目标责任考核和政绩考核的重要内容。

附录二：大中型商业银行设立普惠金融事业部实施方案的通知

大中型商业银行设立普惠金融事业部实施方案的通知

各银监局，各省、自治区、直辖市及计划单列市发展改革委、中小企业主管部门、财政厅（局）、农业（农牧、农村经济）厅（局、委、办），中国人民银行上海总部、各分行、营业管理部、省会（首府）城市中心支行、副省级城市中心支行，各省、自治区、直辖市及计划单列市审计厅（局）、国家税务局、地方税务局、工商行政管理局、市场监督管理部门，各证监局，各保监局，各大型银行、股份制银行、财产保险公司：

为落实2017年《政府工作报告》要求，推动大中型商业银行设立普惠金融事业部，提高金融服务覆盖率和可得性，有效支持实体经济，现将大中型商业银行设立普惠金融事业部实施方案印发给你们，请认真组织实施。

各有关部门要按照实施方案要求，高度重视，加强协调配合，认真落实责任，扎实推进各项工作，确保相关要求落到实处。对实施过程中遇到的新情况、新问题要及时处理、反馈。

银监会　发展改革委　工业和信息化部
财政部　农业部　人民银行
审计署　税务总局　工商总局
证监会　保监会
2017年5月23日

大中型商业银行设立普惠金融事业部实施方案

普惠金融事关发展和公平，有利于促进创业创新，改善民生，保障就业，增进社会公平感、获得感，为实体经济提供有效支持，防止脱实向虚。党中央、国务院高度重视普惠金融服务，要求银行业金融机构建立健全普惠金融服务体制机制，大力发展普惠金融，提高普惠金融服务能力。2015 年，国务院印发《推进普惠金融发展规划（2016～2020 年）》（以下简称《发展规划》），明确了银行业金融机构开展普惠金融业务的原则、目标和要求等。2017 年《政府工作报告》提出，鼓励大中型商业银行设立普惠金融事业部，国有大型银行要率先做到，实行差别化考核评价办法和支持政策，有效缓解中小微企业融资难、融资贵问题。为有效推进大中型商业银行设立普惠金融事业部，弥补金融服务短板，增加有效金融供给，促进金融业可持续均衡发展，制定本实施方案。

一、总体要求

《发展规划》提出，普惠金融是指立足机会平等要求和商业可持续原则，以可负担的成本为有金融服务需求的各阶层和群体提供适当、有效的金融服务。小微企业、农民、城镇低收入人群、贫困人群和残疾人、老年人等特殊群体是当前我国普惠金融重点服务对象。从当前实际出发，商业银行设立普惠金融事业部，要在《发展规划》要求基础上，聚焦小微企业、“三农”、创业创新群体和脱贫攻坚等领域。

（一）指导思想

全面贯彻党的十八大和十八届三中、四中、五中、六中全会以及中央经济工作会议精神，按照党中央、国务院决策部署，坚持政府引导与市场主导相结合，以回归服务实体经济本源为导向，推动大中型商业银行建立健全事业部制普惠金融组织管理体制，创新服务模式，加强对普惠金融事业部的考核评价，充分调动商业银行积极性，弥补金融服务短板，提高服务实体经济的能力。

（二）基本原则

1. 商业化运作。按照成本可算、风险可控、保本微利的总体要求，加大信贷投入，倾斜资源配置，加强金融产品和服务模式创新，实现普惠金融事业部长期可持续发展。

2. 条线化管理。建立普惠金融条线型垂直管理体系，按照贴近市场和客户的原则自上而下搭建垂直的经营管理机构，下放审批权限，提高市场反应能力和审批效率，实现经营战略的有效传导和落实。

3. 专业化经营。建立专门的综合服务、统计核算、风险管理、资源配置、考核评价机制，将内部资源、政策向普惠金融服务领域倾斜，下沉经营重心，建立健全权、责、利相结合的激励约束机制。

4. 差异化发展。以提升重点薄弱行业、人群、地区金融服务水平为导向，发挥资金、网络、产品等方面优势，立足现有客户基础、业务特点、服务优势，突出重点，提高服务精准性和有效性，形成各具特色的普惠金融服务模式。

5. 分步骤实施。科学制定发展规划，明晰业务边界，循序渐进，逐步优化，有计划、分步骤、高效率地推进普惠金融事业部改革。可先在部分地区试点，取得经验后再推开。优化普惠金融前、中、后台业务管理，分阶段推进组织架构完善、业务流程改造、信息系统优化和产品服务创新。

6. 配套政策支持。监管机构和有关部门要加强统筹协调，充分整合、利用现有资源和政策，针对普惠金融业务成本收益特点进一步研究完善配套政策，实施正向激励，提高大中型商业银行开展普惠金融服务的积极性。

（三）总体目标

通过在大中型商业银行建立适应普惠金融服务需要的事业部管理体制，构建科学的普惠金融事业部治理机制和组织架构，健全普惠金融专业化服务体系，提高普惠金融服务能力，增加市场主体和人民群众对金融服务的获得感，缓解小微企业、“三农”、创业创新、脱贫攻坚等领域的融资难、融资贵问题，体现普惠金融服务的普及性、便利性和优惠性，提高金融服务覆盖率、可得性和满意度，用普惠便捷的金融服务促进就业扩大、经济升级和民生改善。

二、组织架构

大中型商业银行普惠金融事业部是为实施普惠金融服务专业化经营采取的一种内部组织管理模式。大中型商业银行应明确事业部业务边界，建立普惠金融条线型垂直管理体系。

大中型商业银行可在董事会设立普惠金融发展委员会或指定现有专门委员会，负责制定普惠金融业务的发展战略规划、基本管理制度，审议普惠金融事业部年度经营计划、考核评价办法等。可在管理层设立普惠金融管理委员会或指定现有专门委员会，负责落实董事会相关决议，协调、推进全行普惠金融业务的管理和发展，并开展普惠金融事业部的考评激励等工作。

银行总行应当设立普惠金融事业部，按照风险管理相关要求，合理界定划分普惠金融事业部与其他内设部门之间的职责边界。普惠金融事业部承担全行普惠金融业务的政策研究、规则制定、产品研发、风险管理等职责。按照利于管理、体现特色的原则，分支机构科学合理设置普惠金融事业部的前台业务部门和专业化经营机构，合理界定职责范围，按照贴近市场和客户的原则，下沉经营重心，下放审批权限。普惠金融事业部中后台服务职责可由全行统一的中后台部门承担。

三、经营机制

（一）建立专门的综合服务机制。拓展普惠金融服务广度和深度，开发多元化、全方位金融服务。除融资、支付结算等基础金融服务外，综合运用多种方式和手段，满足多层次、多样化普惠金融需求。制定符合普惠金融需要的信贷管理政策，细化准入政策和标准，建立专项信贷评审机制。根据各地经济金融发展状况和普惠金融事业部风险管理能力，区分业务种类下放信贷审批权限，简化业务流程，缩短决策链条。借助互联网等现代信息技术手段，延伸服务半径，拓宽服务渠道，提高服务效率和质量。

（二）建立专门的统计核算机制。明确普惠金融事业部与其他部门之间成本分摊、收益分享的办法，合理确定内部资金转移价格，真实反映普惠金融事业部的成本、收益和风险状况，定期生成事业部统计核算报表。

（三）建立专门的风险管理机制。根据全行风险管理战略和政策，构建科学的普惠金融事业部风险管理制度和体系，足额计提减值准备金，覆盖资产减值风险。强化内部审计功能，防范普惠金融业务风险。对普惠金融业务确定合理的风险容忍度，落实授信尽职免责制度。

（四）建立专门的资源配置机制。专门配置普惠金融事业部各项资源，专门下达信贷、经济资本、费用、固定资产、用工等资源计划，为普惠金融服务提供强有力的资源保障，有效控制成本，合理定价。

（五）建立专门的考核评价机制。逐步建立符合普惠金融业务特点的专项绩效考核制度，完善差异化考核指标体系，构建有效的绩效薪酬管理和激励约束机制。

四、监督管理

在鼓励和支持普惠金融事业部设立的同时，有关部门要协同发力，加强监管，防止借普惠金融名义从事违法违规活动。银监会依法对大中型商业银行普惠金融事业部经营情况进行监测与考核，督促相关银行严格落实小微企业贷款增速不低于各项贷款平均增速、户数不低于上年同期户数、申贷获得率不低于上年同期水平的要求。银监会派出机构分别对其辖内大中型商业银行普惠金融事业部业务开展情况进行监测评估，重点关注基础金融服务、信贷投放，以及服务的覆盖率、可得性、满意度等。财政部依法对大中型商业银行普惠金融事业部进行财务监管，重点关注财税优惠政策落实、财务管理合规等。审计署要发挥好职能作用，协同监管，及时提示风险。有关部门要加大对涉众型金融犯罪的打击力度，净化金融生态环境，促进普惠金融健康发展。大中型商业银行要按照本方案要求，建立健全普惠金融事业部经营管理的各项规章制度，将普惠金融事业部改革、发展和服务情况定期向银监会、财政部、人民银行报告，银监会适时将有关情况向社会公开。各相关部门根据自身职责，对大中型商业银行普惠金融事业部运行情况进行指导和评估，并实施差异化支持政策。

五、配套政策及分工

结合各银行差异化市场定位，支持符合条件的银行设立小微企业特色支行等专营机构，支持银行完善服务网络。引导银行机构适度提高、合理把握小微企业、“三农”、扶贫等业务不良贷款容忍度，落实尽职免责的监管要求。（银监会）

继续做好金融企业绩效评价对普惠金融的支持和引导。用好普惠金融专项资金，完善涉农和中小微企业贷款核销处置政策。按现行税收规定实行农户小额贷款增值税、企业所得税优惠政策，继续落实金融企业涉农贷款和中小企业贷款损失准备金税前扣除政策，继续执行金融机构与小微企业签订的借款合同免征印花税的优惠政策。（财政部、税务总局）

完善当前对“三农”和小微企业等普惠金融主要领域实施的定向降准政策，将普惠金融业务中的其他领域纳入政策覆盖范围，统一对普惠金融业务达到一定标准的金融机构在存款准备金政策方面给予一定激励。发挥好信贷政策支持再贷款对普惠金融业务的正向激励和引导作用，加大对“三农”、小微、扶贫、“双创”等领域支持力度。在宏观审慎评估（MPA）政策参数方面，对支持“三农”、小微企业等普惠金融工作执行较好的商业银行予以适当倾斜，引导金融机构加大对普惠金融的信贷支持。加强普惠金融事业部“三农”、小微企业、扶贫等领域的信贷政策导向评估，强化结果运用。扩大中小企业不良资产支持证券市场的投资主体范围。（人民银行、银监会、证监会）

鼓励有条件的地方结合实际设立普惠金融贷款风险补偿基金。发挥政府性担保体系对发展普惠金融的支持作用，探索多种形式的担保增信方式。推广面向小微企业和“三农”客户群体的小微企业信用担保代偿补偿、小额贷款保证保险、农业保险保单质押贷款等银保、银担合作模式，强化普惠金融业务风险分担。加强新型农业经营主体规范化建设。（财政部、工业和信息化部、农业部、银监会、保监会）

加强小微企业信息数据整合。依托全国信用信息共享平台、国家企业信用信息公示系统和小微企业名录系统，实现信息共享共用，有效缓解银企信息不对称，进一步提高服务小微企业发展的能力，降低小微企业违约风险，营造良好信用环境。（发展改革委、工业和信息化部、人民银行、工商总局）

六、组织实施

各相关部门要按照职责分工，密切协作配合，建立工作协调机制，加强对大中型商业银行设立普惠金融事业部的工作指导，及时研究解决实际困难和问题，抓紧梳理完善配套政策措施，与促进“双创”等政策相衔接，强化支持保障，共同推动普惠金融事业部建设。银监会要督促大中型商业银行成立普惠金融工作专班，抓紧推进相关工作。

各大中型商业银行要成立普惠金融事业部工作领导小组，加强统筹协调，推动普惠金融事业部相关工作有序开展。2017 年 6 月底前，大型银行要形成设立普惠金融事业部具体方案，并抓好落实，2017 年内完成普惠金融事业部设立，尽快开展工作，成为发展普惠金融的骨干力量。鼓励中型商业银行设立普惠金融事业部，结合各自特色和优势，探索创新更加灵活的普惠金融服务方式，提升普惠金融服务质效。

附录三：G20 数字普惠金融八项高级原则

G20 数字普惠金融八项高级原则

（以下简称《原则》）

原则一：倡导利用数字技术推动普惠金融发展

1. 根据具体国情，确保相关国家战略和行动计划能够反映实现数字普惠金融政策目标的新型数字商业模式，能够推广使用这些战略和行动计划，能够以证据为基础，目标具体、结果可测和责任明确。

2. 有效加强政策制定者、中央银行、金融监管者、相关监管机构、金融纠纷处理专员和其他负有数字金融服务方面职责的机构（如通信、竞争和消费者保护等管理机构）的合作。

3. 积极促进所有重要利益相关者（包括政府、私人部门和民间团体）之间有关数字普惠金融方面的对话和合作，确保他们对数字普惠金融目标和市场行为预期的理解一致。

4. 在可行条件下，政府机构向消费者和小型企业做出的大额经常性支付应数字化，进一步促进和激励以非现金数字方式（如以更低的手续费为激励）与政府进行款项收付。

5. 鼓励和加强私人部门营利或非营利组织大额经常性支出的非现金化和数字化（比如，与薪金、转移支付和人道主义援助，以及汇款等方面有关的大额经常性支出）。

6. 倡导金融行业：（1）接受以客户为中心的产品设计理念，该理念关注客户的需求、偏好、行为并且促进无法获得和缺乏金融服务的群体获取和使用数字金融服务；（2）为无法获得金融服务的群体提供低成本的基础性交易账户，此账户能够用于数字支付并提供安全存储。这种倡导应当包括为缺乏金融服务的群体（如年轻人）提供针对此类账户所具有的法律灵活性和可适用性方面的清晰指引。

7. 消除数字金融服务发展与数字金融服务获取的障碍，包括：让无法获得金融服务的群体（尤其是贫困人口、女性和年轻人）易于获得和使用移动电话和网络装置；改革阻碍广泛获取新技术的税收制度和进口限制。

8. 为促进数字普惠金融，与其他国家监管机构合作消除跨境金融服务障碍，促进跨境金融服务顺利提供。

促进政府部门和业界的有效对话和合作是本条原则讨论过程中的重点之一。对数字技术在促进普惠金融发展方面的作用，得到了各相关方面的认同与支持，但是有的国家代表也指出，不宜过于强调“数字”普惠金融，导致喧宾夺主，“遮”住了“普惠金融”这个更大的主题、更大的核心。

原则二：平衡好数字普惠金融发展中的创新与风险

1. 通过以市场为导向的激励和公私部门的合作，鼓励数字创新，特别是以此惠及无法获得正规金融服务和缺乏金融服务的群体。

2. 鼓励金融行业为数字金融服务研发安全简单的使用界面，使其更易于使用，降低错误交易和冒用的风险，特别是要考虑到弱势群体的需求。

3. 与行业和风险管理专家合作，研究、识别和评估在使用新数字技术过程中出现的风险，并且确保有效地监测和管理这些风险。

4. 在监管者和服务提供商之间建立常规的信息分享机制及畅通的交流渠道。

5. 鼓励监管者与行业制定风险管理战略，该战略需反映不同的司法辖区的特定条件和法律框架，如符合当地情况的“了解你的客户”规则，通过该手段可有效管理和减轻已经识别的风险，而不是规避此类消费者与账户。监管指引也应强调普惠金融作为反洗钱和反恐融资监管中有利因素的重要性，并包含对相关监管规则灵活性的明确建议，包括以运用风险导向监管方法为目的的建议。

6. 鼓励服务提供商更好地使用数字数据中的多种资源，在适当的安全保障下评估消费者和中小企业信用状况，同时促进完善此类数据并且公平、非歧视地使用此类数据。这些可供选择的数据资源包括移动电话的使用、公用事业缴费、企业注册数据信息和其他能够对传统贷款偿还数据或者保险相关数据进行补充的数据。

7. 与金融行业合作，探索发行数字法定货币对普惠金融的益处。

8. 探索识别新兴技术风险的新方法，如针对潜在网络犯罪的压力测试。

本条原则讨论过程中，去风险（de-risking）或者代理行（correspondent banking）是一个焦点问题，也是部长会层面关注的主要问题之一。这个问题的背景是近几年以美国为代表的很多国家对反洗钱、反恐融资（AML/CFT）监管要求极端严格，违者重罚。金融机构合规成本大幅提高，了解你的客户的客户在一些国家比如非洲国家目前很难符合要求，很多国际大银行就一刀切，停止了和非洲很多银行的代理行关系，停止了与非洲汇款公司的业务合作关系，以达到“去风险”的目的，导致很多非洲普通百姓享受不到金融服务（因为非洲很多国家普通百姓生产生活对侨汇依赖很大），发生金融排斥。相关国家对此非常有意见。金融稳健理事会等机构都在关注这个问题，倡导风险为本的方法，通过使用全球法人实体识别体系等，以及使用数字技术、区块链技术等新技术，更好地识别客户，而不能一刀切地停掉一个地区所有人的业务。

原则三：构建恰当的数字普惠金融法律和监管框架

1. 构建一个数字普惠金融法律框架，规定市场参与门槛（包括准入要求），合适的审慎性条件（如资本和流动性），市场行为和诚信，消费者保护、反洗钱/反恐融资保障机制和破产机制等。该框架应该是技术中性并且足够灵活，能够覆盖新的和现有的服务提供商和产品创新（例如，对受监管的数字金融提供商及其服务进行宽泛定义，随着时间推移，可以对这一定义进行修改）。

2. 此框架应该允许尝试创新性的服务提供渠道、产品、服务和商业模式，在试验性项目开展早期不需完全遵守所有的监管要求，但必须确保公平、均衡的监督机制和与国际标准接轨的反洗钱/反恐融资的义务要求，并确保没有参与者在试点中获得不当的优势。此框架还应平衡好数字普惠金融风险和监管合规成本。

3. 确保不论何种机构使用何种技术，同样类型的数字金融服务供应商应拥有同等的权利和义务；对于市场参与门槛（包括新准入机构和外国准入机构）和特定类型数字金融服务的提供都有明确一致的标准；并且确保对同类风险采用相同的监管方法；完善以风险为导向的适当的监管方法，以此促进竞争并促成公平、开放、平衡的竞争环境，实现普惠金融。

4. 评估国际国内法律中有关数字普惠金融的所有内容，辨别和处理重叠或矛盾的部分及准入过程中的差距，阻碍或其他障碍。这些部分可能包括：金融服务；支付系统；通信；竞争；歧视；身份；无法获得正规金融服务的群体获取数字金融服务的障碍；代理商和雇员的义务等。

5. 确保在有关数字金融服务和总体的数字普惠金融的法律和监管框架中，对监管者的职责有清晰描述。

6. 提升数字普惠金融法律和监管框架中的监管者能力，使其能更好地理解数字技术（如通过国内或国际培训和同业学习项目），并且鼓励根据需要利用数字技术改进他们的监管流程和能力。

7. 制定简单易懂的数字普惠金融法律、法规和指引，同时使金融行业和消费者易于获得这些法律法规（如通过可公开访问的网站和其他可获得的交流渠道）。

8. 在 G20 成员之间建立可持续的关于数字普惠金融法律和监管框架、监管方法的定期交流和信息交换机制，包括与风险管理策略和经验相关的内容。

数字环境下金融监管能力是否跟得上和监管资源的充足性是讨论过程中的一个重点，包括对数字金融的监管和运用数字技术改进现有监管体系两个方面。

原则四：扩展数字金融服务基础设施生态系统

1. 在有需要的地方，各政府机构通力合作，保障支持数字普惠金融的基础设施，包括电信和电力设施。

2. 通过政策机制，如创新性公私伙伴关系、共享基础设施项目的激励机制和有针对性的采购政策，使宽带网络/数据覆盖延伸到金融服务匮乏的地区。

3. 推动零售支付系统基础设施的现代化，并扩展该基础设施，建立开放的支付平台。该平台与国家支付清算系统相连接，并向银行、非银行金融机构和新兴支付服务提供商开放，通过采取适当的风险管理和保障措施，使上述主体能够安全、高效地进行访问。

4. 鼓励服务提供商推动服务网点及渠道的互通性，并进一步扩大消费者服务网点的覆盖范围、提高使用交易账户的整体便利性。

5. 利用广泛的政府渠道（如在合适情况下可通过邮局）协助提供数字金融服务。

6. 在充分考虑适当的风险缓释措施和安全保障的前提下，与行业合作探索分布式账本技术在提高批发和零售金融基础设施透明度、有效性、安全性和可得性方面的潜力。

7. 在考虑多种抵押物类型的基础上推动完善动产抵押登记系统，更好地反映用户的日常生活，更好地拓宽稳健的中小企业融资部门的基础。

8. 根据国际信用记录报告委员会（ICCR）提出的最佳方案，推动建立和负责任的使用灵活的、动态的信用记录报告机制模型，模型应包括相关的、准确的、及时的和丰富的数据，采用系统性的方法从所有可靠、正当、可获得的资源中搜集数据，并且长时间地保存这些数据。针对信用记录报告的整个法律和监管框架应该是清楚的、可预测的、非歧视性的、适当的，并支持消费者数据保护和隐私规则。

9. 支持消费者数据保护和隐私规则，鼓励在信用记录报告机制中使用创新性数据来源，如公用事业缴费、手机话费充值，以及电子钱包或者电子货币账户和电子商务交易数据等。此项原则可以由原则七中提及的客户身份识别系统协助实施。

“高级原则”草稿中，建议信用记录报告使用创新性的数据来源更广一点，比如包括社交媒体信息，但是最后一轮征求意见的时候被删除，因为部分代表担忧个人隐私的保护目前还跟不上。

原则五：采取负责任的数字金融措施保护消费者

1. 设计数字金融服务消费者保护框架。该框架可以解决数字环境的特定风险，并可以反映统计和行为证据，以及直接的消费者信息（如来自免费消费者热线、网上论坛和投诉的数据）。

2. 构建稳定的法律框架以保障不受审慎监管的服务提供商所持有的客户资金的安全（如通过信托账户、引入存款保险机制和追加保险要求）。同时，结合针对弱势群体的项目，进一步严格执行反数字金融服务欺诈行为的有关规则并建立合理的追索机制。

3. 确保投诉解决机制便于消费者使用。该机制应易于理解、高效、免费且能远程访问和操作（如通过呼叫中心、网站或互联网社交平台），并由服务提供商和专门处理纠纷的第三方（如金融纠纷处理专员）负责提供。

4. 针对数字金融服务，对服务提供商提出适当的要求。例如：（1）披露条款、费用和佣金等信息，且表述明晰、简洁，内容具有可比性；（2）定期提交反映交易和费用明细的账户报表；（3）开通免费客服热线；（4）明确未经授权交易、错误交易和系统中断的处理流程和责任；（5）规范贷款和债务催收行为；（6）引导消费者正确使用数字金融服务，有效防止个人数据被滥用、泄露、篡改和损毁；（7）提供用于消费者咨询的官方联系方式（如电话号码和网站）。所有消费者信息都能以数字方式提供（包括通过移动电话）并被保存。

5. 要求数字金融服务提供商对其代理商及雇员进行培训，培训内容应涉及产品特征、监管职责、公平对待缺乏金融服务的群体和弱势群体、追索流程及应客户要求或在语言障碍情形下对信息披露文件进行解释。

6. 鼓励服务提供商定期提交有关数字金融服务投诉数据的报告，数据应按主要目标群体划分。

7. 鼓励数字金融服务提供商采用高于通行法律要求的自律标准（如通过可执行的行业行为准则）。

8. 明确“个人数据”的定义，该定义需对综合各类信息以进行个体识别的能力加以考虑。

9. 确保数字金融服务消费者能够对个人数据进行有意识的选择和控制，包括通过基于相应语言文本的，明晰、简洁、全面、与年龄相符且简短的隐私政策披露的知情同意权；透明、可负担和便利的访问权和更正权，这些权利可通过远程和互联网访问实施，如移动电话、网站或24小时呼叫中心。

10. 禁止以不公平歧视性方式使用数字金融服务相关数据，例如：在通过数字服务提供信贷或保险时歧视女性。

11. 制定指引以保障数据的准确性和安全性，其中，数据涉及：账户和交易、销售中的数字金融服务及针对无法获得金融服务或缺乏金融服务的消费者开展的信用评分。该指引应包括传统数据形式和创新性数据形式，如公用事业缴费、手机话费充值、数字钱包或电子账户使用及互联网社交平台或电子商务交易数据。

原则六：重视消费者数字技术基础知识和金融知识的普及

1. 明确因金融服务数字化和多元化所带来的金融素养方面的新要求（例如：小额信贷和小额保险能通过移动电话获取，使用创新数据源进行信用评分，以及将保险和信贷产品加以组合）。

2. 鼓励开发、评估实用度高、可得性强并着重于数字化的金融素养和金融意识项目，尤其是针对无法获得金融服务或缺乏金融服务的群体的项目，需要帮助消费者理解数字金融服务的特征、好处、风险和成本，以及保护个人账户和信息安全的必要性。此外，鼓励业界将这些项目的详情、结果及适用数据分享给监管者。

3. 利用新兴的高质量数字工具开发数字技术基础知识和金融知识普及项目，为消费者提供使用数字金融服务所需的知识，使消费者能够理解数字金融服务并对其产生信心。例如：在消费者需要做决定或需要向消费者提示其储蓄目标时及时发送的短信问题和信息；线上工具（如帮助家长教育孩子理财的各类游戏）；监测收入和花销的数字工具包；小企业在线财务管理项目以及互动教育项目。在“可教育时刻”，进行金融知识普及的有效性更高。如消费者在开始新工作，退休或孩子出生等人生重大时刻，往往需要做出具有重大财务影响的决策，此时进行金融知识普及，消费者特别易于接收信息和建议。

4. 促使小企业充分意识到通过数字方式进行支付和转账的好处，以及当前可获得的数字金融服务的特性。

5. 推进由雇主和服务提供商赞助的公正的数字金融能力评估。该评估针对当前无法获得金融服务或缺乏金融服务的群体。随着数字化的推进，这些群体可能成为金融服务的首次使用者。

6. 鼓励通过支持开发相关工具（如价格比对网站），使消费者能够对比相似的数字金融产品和服务，从而做出明智选择。

高级原则讨论过程中，代表们担心数字环境下，由于“数字鸿沟”的存在，可能会使弱势群体获得的金融服务与高收入群体的差距反而扩大。

原则七：促进数字金融服务的客户身份识别

“高级原则”共 8 条，身份识别独立为一条，足显其重要性。技术小组在华盛顿讨论时取得的一致是，数字身份证和数字身份识别是数字金融服务的起点，不论“高级原则”最终确定为几条，数字身份识别必须是独立的一条。

1. 确保出生登记及其他基础身份系统的普适性和可负担性。同时，对禁止或阻碍金融服务不足群体（如已婚妇女）进行数字身份识别登记的法律法规进行修订。

2. 确保政府身份数据库（如出生登记和税务登记号码）在经过客户同意的前提下（如果数据保护法有相关要求）能够被政府其他部门合理、安全地访问。

3. 在必要且可行的情形下，建立一个互通的、技术中性的国家数据库系统，与相关民事登记和身份系统关联，并在经客户同意的前提下向被授权方开放，被授权方（如金融服务提供商）可以合理、安全地进行访问。

4. 必要时，开发和推进新的身份登记和验证方式（如数字生物身份识别产品和在线身份验证服务），尤其针对那些目前还无法通过任何方式进行身份识别的人。同时，设立可被接受的开放性标准以管理身份、交易和账户风险。

5. 执行基于风险的客户身份识别和验证要求，促进低风险数字金融服务的获取以实现普惠金融目标。例如：通过客户尽职调查分层框架，授权从一个或多个状态验证源进行身份识别；同时，清楚地说明可以用于身份验证的数据来源，并满足反洗钱金融行动特别工作组（FATF）对“可靠、独立的源文件、数据或信息”的相关要求。

6. 构建保护身份数据隐私和安全的法律框架，明确只有在知情同意的前提下才能使用、披露该数据。同时，建立稳定的追索机制，使个体在知情权等权利或隐私被侵犯时能够获得救济。

7. 加强与非政府利益相关者，如人道主义机构和其他相关非政府组织的合作，推进针对被金融排斥群体的身份识别项目及有关普惠金融和其他目标的身份识别项目。

8. 针对公共机构和私人机构在身份管理中担任的角色和承担的责任，建立明确的问责机制并保障其透明度。

9. 鼓励开发安全可靠的数字签名系统，它有利于推进身份验证，尤其是针对缺乏金融服务的群体的身份验证。

原则八：监测数字普惠金融发展进程

1. 与关键利益相关者（包括私营部门）进行磋商，设立国家核心绩效指标，并在适当情况下设立获取、使用数字金融产品和服务的目标。

2. 建立健全普惠金融数据采集系统以覆盖新的数字金融提供商和产品。例如，可以使用个人和公司金融服务需求方调查、金融服务供应方报告（如通过非现场监管报告模板）及新的数字化数据源。

3. 与数字金融服务提供商通力合作，使数据采集系统适于提供按人口统计主要标准进行分解的数据，如按性别、收入、年龄和地域进行分类。

4. 在收集数字金融服务提供商数据的各监管当局之间建立谅解备忘录，以确保高效、开放的信息交换。

5. 建立在线数据门户和（或）发布定期报告，提供有关获取和使用数字金融服务的公开数据，以及进一步向国际机构提供有关获取和使用数字金融服务的报告，在合理可行范围内监测普惠金融数据。

6. 资助有关数字普惠金融的核心项目和改革，并鼓励对其影响力进行评估。

7. 监测《原则》各个方面的实施进展情况。

参考文献

[1] Adams D. and J. D. Pischke. "Microenterprise Credit Programs: 'Déja Vu'", *World Development*, 1992, 20: 1463 -1470.

[2] Ahmed Dermish, Christoph Kneiding, Paul Leishman and Ignacio Mas. "Branchless and Mobile Banking Solutions for the Poor: A Survey of the Literature", *Innovations: Technology, Governance, Globalization*, 2011, 6 (4): 81 -98.

[3] Aghion A. and C. Gollier. "Peer Group Formation in an Adverse Selection Model", *The Economic Journal*, 2000, 110 (465): 632 -643.

[4] Aizcorbe A. M., Kennickell, A. B. and K. B. Moore. "Recent Changes in U. S. Family Finances: Evidence from the 1998 and 2001 Survey of Consumer Finance", *the Federal Reserve Bulletin*, 2003.

[5] Allen N. Berger, Kayshap A. and J. Scalise. "The Transformation of the U. S. Banking Industry: What a Long Strange Trip It's Been. Brookings", *Brookings Paper on Economic Activity*, 1995, 2: 155 -219.

[6] Allen N. Berger and Gregory F. Udell. "A More Complete Conceptual Framework for SME Finance", *Journal of Banking and Finance*, 2006, 30 (11): 2945 -66.

[7] Allen N. Berger and Gregory F. Udell. "Small Business Credit Availability and Relationship Lending: The Importance of Bank Organisational Structure", *The Economic Journal*, 2002, 112 (477): 32 -53.

[8] Allen N. Berger and Lamont K. Black. "Bank Size, Lending Technologies, and Small Business Finance", *Journal of Banking & Finance*, 2011, 35 (3): 724 -735.

[9] Allen N. Berger and W. Scott Frame. "Small Business Credit Scoring and Credit Availability", *Small Business Management*, 2006, 45 (1): 5 -22.

[10] Almeida H., Campello M. and M. S. Weisbach. "The Cash Flow Sensitivity

of Cash", *Journal of Finance*, 2004, 59 (4): 1777 -1804.

[11] Amaral P. S. and E. Quintin. "Limited Enforcement, Financial Intermediation, and Economic Development: A Quantitative Assessment", *International Economic Review*, 2010, 51 (3): 785 -811.

[12] Andreas Madestam. "Informal Finance: A Theory of Moneylenders", *Journal of Development Economics*, 2014, 107: 157 -174.

[13] Andrianaivo M. and K. Kpodar. "ICT, Financial Inclusion and Growth Evidence from African Countries", *International Monetary Fund*, 2011, workingpaper11/73.

[14] Aoki Shuhei. "A Simple Accounting Framework for the Effect of Resource Misallocation on Aggregate Productivity", 2008, *MPRApaper* No. 11511.

[15] Banerjee A. and E. Duflo. "Growth Theory through the Lens of Development Economics. In: Aghion, P., Durlauf, S. N. (Eds.), Handbook of Economic Growth", *Elsevier*, *Amsterdam*, 2005, 7: 473 -552.

[16] Banerjee A. and E. Duflo. "Growth Theory through the Lens of Development Economics", *Handbook of Economic Growth*, 2005, Vol. 1A, P. Aghion and S. Durlauf, eds. (Amsterdam: Elsevier, Chap. 7).

[17] Banerjee, A. and A. Newman. "Occupational Choice and Process of Development", *Journanl of Political Economy*, 1993, 101 (2): 274 -298.

[18] Banerjee, A. V. and Benjamin Moll. "Why Does Misallocation Persist?", *American Economic Journal Macroeconomics*, 2010, 2 (1): 189 -206.

[19] Beck, T. and A. Demirguc - Kunt. "Access to Finance: an Unfinished Agenda", *World BankEconomic Review*, 2008, 22 (3): 383 -396.

[20] Benjamin Moll. "Productivity Losses from Financial Frictions: Can Self-financing Undo Capital Misallocation?", *American Economic Review*, 2014, 104 (10): 3186 -3221.

[21] Brickley J. A., Link J. S. and C. W. Smith. "Boundaries of the Firm: Evidence from the Banking Industry", *Journal of Financial Economics*, 2003, 70: 351 -383.

[22] Berger A. N. and G. F. Udell. "The Economics of Small Business Finance: The Roles of Private Equity and Debt Markets in the Financial Growth Cycle", *Journal*

of Banking & Finance, 1998, 22: 613 - 673.

[23] Berger A. N. and G. F. Udell. "Small Business Credit Availability and Relationship Lending: The Importance of Bank Organisational Structure", *Economic Journal*, 2002, 112: 32 - 53.

[24] Bennardo A., Pagano M. and S. Piccolo. "Multiple - Bank Lending, Creditor Rights and Information Sharing", *Working Paper*, 2009.

[25] Berger A. N. and G. F. Udell "Relationship Lending and Lines of Credit in Small Firm Finance", *Journal of Business*, 1995, 68 (3): 351 - 382.

[26] Berger A. N., Clarke G. R., Cull R., Klapper L. and G. F. Udell. "Corporate Governance and Bank Performance: A Joint Analysis of the Static, Selection and Dynamic Effects of Domestic, Foreign and State Ownership", *Journal of Banking and Finance*, 2005, 29: 2179 - 2221.

[27] Berger A. N., Miller N. H., Petersen M. A., Rajan R. G.. and J. C. Stein. "Does Function Follow Organizational Form? Evidence from the Lending Practices of Large and Small Banks", *Journal of Financial Economics*, 2005, 76: 237 - 269.

[28] Berger A. N., Rosen R. J. and G. F. Udell. "Does Market Size Structure Affect Competition? The Case of Small Business Lending", *Journal of Banking and Finance*, 2007, 31 (1): 11 - 33.

[29] Berger A. N., Saunders A., Scalise J. M. and G. F. Udell. "The Effects of Bank Mergers and Acquisitions on Small Business Lending", *Journal of Financial Economics*, 1998, 50: 187 - 229.

[30] Berger A. N. and G. F. Udell. "A More Complete Conceptual Framework for SME Finance", *Journal of Banking and Finance*, 2006, 30: 2945 - 2966.

[31] Berlin M. and L. Mester. "Debt Covenants and Renegotiation", *Journal of Financial Intermediation*, 1992, 2: 95 - 133.

[32] Besley T. and S. Coate. "Group Lending, Repayment Incentives and Social Collateral", *Journal of Development Economics*, 1995, 46 (1): 1 - 18.

[33] Bester Helmut. "Screening vs. Rationing in Credit Markets with Imperfect Information", *American Economic Review*, 1985, 75 (4): 850 - 855.

[34] Bhattacharaya S. and G. Chiesa. "Proprietary Information, Financial Intermediation and Research Incentives", *Journal of Financial Intermediation*, 1995, 4:

328 -357.

[35] Bhole B. and S. Ogden. "Group Lending and Individual Lending with Strategic Default", *Journal of Development Economics*, 2010, 91: 348 -363.

[36] Bolton P. and M. Dewatripont. "The Firm as a Communication Network", *Quarterly Journal of Economics*, 1994, 109: 809 -839.

[37] Bolton Patrick and D. S. Scharfstein. "A Theory of Predation Based on Agency Problems in Financial Contracting", *The American Economic Review*, 1990, 80: 93 -106.

[38] Boot A. W., Greenbaum S. I. and A. V. Thakor. "Reputation and Discretion in Financial Contracting", *American Economic Review*, 1993, 83: 1165 -1183.

[39] Boot A. W. "Relationship Banking: What do We Know?", *Journal of Financial Intermediation*, 2000, 9: 7 -25.

[40] Boot Arnoud, Thakor A. V. and G. F. Udell. "Secured Lending and Default Risk: Equilibrium Analysis, Policy Implications and Empirical Results", *The Economic Journal*, 1991, 101: 458 -472.

[41] Buera F. J., Kaboski J. P. and Y. Shin. "Finance and Development: a Tale of Two Sectors", *American Economic Review*, 2011, 101: 19. 64 -2002.

[42] Buera, Francisco J. and Yongseok Shin. "Financial Frictions and the Persistence of History: A Quantitative Exploration", *NBER Working Paper No.* 16400, 2010.

[43] Burak R. Uras. "Corporate Financial Structure, Misallocation and Total Factor Productivity", *Journal of Banking & Finance*, 2014, 39: 177 -191.

[44] Chong T. L., Liping Lu and Steven Ongena. "Does Banking Competition Alleviate or Worsen Credit Constraints Faced by Small and Medium Enterprises? Evidence from China", *Journal of Banking and Finance*, 2013, 37 (9): 3412 -3424.

[45] Calomiris C. and S. Haber. "Fragile Banks, Durable Bargains: Why Banking is All about Politics and Always Had Been", *Mimeo*, *Stanford University*, 2011.

[46] Ceyhun Elgina and Burak R. Uras. "Homeownership, Informality and the Transmission of Monetary Policy", *Journal of Banking & Finance*, 2014, 49 (12): 160 -168.

[47] Claessens. "Chant Link & Asscociates. A Report on Financial Exclusion in

Australia", *Nov www. anz. com/resources/*, 2004.

[48] Christian Ahlin and Neville Jiang. "Can Micro – Credit Bring Development?", *Journal of Development Economics*, 2008, 86 (1).

[49] Claessens S. "Access to Financial Services: A Review of the Issues and Public Policyobjectives", *World Bank Research Observer*, 2006, 21 (2): 207 – 240.

[50] Colin C. Williams and Alvaro Martinez – Perez. "Why Do Consumers Purchase Goods and Services in the Informal Economy?", *Journal of Business Research*, 2014, 67: 802 – 806.

[51] Carbo S., Humphrey D., Maudos J. and P. Molyneux. "Cross-country Com pari sons of Competition and Pricing Power in European Banking", *Journal of Inter national Money and Finance*, 2009, 28: 115 – 134.

[52] Cole R. A., Goldberg L. G. and L. J. White. "Cookie – Cutter Versus Character: The Micro Structure of Small Business Lending by Large and Small Banks", *Journal of Financial and Quantitative Analysis*, 2004, 39: 227 – 251.

[53] Djankov S., Glaeser E., La Porta S. R., Lopez de Silanes and A. Shleifer. "The New Comparative Economics", *Journal of Comparative Economics*, 2003, 31: 595 – 619.

[54] Diamond D. W. and P. H. Dybvig. "Bank Runs, Deposit Insurance, and Liquidity", *Journal of Political Economy*, 1983, 91: 401 – 419.

[55] Dasgupyta B. "Capital Accumulation in the Presence of Informal Credit Contracts: Does the Incentive Mechanism Work Better Than Credit Rationing Under Asymmetric Information?", *Economics Working Paper*, 2004.

[56] Demirguc – Kunt A. and V. Maksimovic. "Funding Growth in Bankbased and Market – Based Financial System: Evidence from Firm Level Data", *Journal of Financial Economics*, 2002, 65: 337 – 363.

[57] Dewatripont M. and E. Maskin. "Credit and Efficiency in Centralized and Decentralized Economies", *Review of Economy Study*, 1995, 62: 541 – 555.

[58] Diamond D. W. "Monitoring and Reputation: the Choice between Bank Loans and Directly Placed Debt", *Journal of Political Economy*, 1991, 99: 689 – 721.

[59] Diamond W. Douglas. "Financial Intermediation and Delegated Monitoring",

The Review of Economic Studies, 1984, 51 (3): 393 -414.

[60] Djankov Simeon, Oliver Hart, Caralee Mcliesh and Andrei Shleifer. "Debt Enforcement Around the World", *Journal of Political Economy*, 2008, 116 (6): 1105 -1149.

[61] Duo Qin, Zhong Xu and Xuechun Zhang. "How Much Informal Credit Lending Responded to Monetary Policy in China? The Case of Wenzhou", *Journal of Asian Economics*, 2014.

[62] Eddie Caseya and Conor M. O'Toole. "Bank Lending Constraints, Trade Credit and Alternative Financing during the Financial Crisis: Evidence from European SMEs", *Journal of Corporate Finance*, 2014, 27 (8): 173 -193.

[63] Eduardo Diniz, Rene Birochi and Marlei Pozzebon. "Triggers and Barriers to Financial Inclusion: The Use of ICT - based Branchless Banking in An Amazon County", *Electronic Commerce Research and Applications*, 2012, 11 (5): 484 -494.

[64] Eric J. Bartelsman, John C. Haltiwanger and Stefano Scarpetta. "Cross - Country Difference in Productivity: The Role of Allocation and Selec tion", *NBER Working Paper No.* 15490, 2009.

[65] European Commission. "Financial Services Provision and Prevention of Financial Exlusion", *www. pfrc. bris. ac. uk/ completed_ research/ Reports/*, 2008.

[66] Ewa Lechman and Adam Marszk. "ICT Technologies and Financial Innovations: The Case of Exchange Traded Funds in Brazil, Japan, Mexico, South Korea and the United States", *Technol. Forecast. Soc. Change*, 2015, http: // dx. doi. org/ 10. 1016/j. techfore. 2015. 01. 006.

[67] Fama E. "What's Different About The Bank?", *Journal of Monetary Economics*, 1985, 15: 29 -40.

[68] Francesca Bartoli, Giovanni Ferri, Pierluigi Murro and Zeno Rotondi. "SME Financing and the Choice of Lending Technology in Italy: Complementarity or Substitutability?", *Journal of Banking & Finance*, 2013, 37: 5476 -5485.

[69] Francisco J. Buera, Joseph P. Kaboski and Yongseok Shin. "Finance and Development: A Tale of Two Sectors", *American Economic Review*, 2011, 101 (5): 1964 -2002.

[70] Franklin Allen, Jun Qian and Meijun Qian. "Law, Finance and Economic

Growth in China", *Journal of Financial Economics*, 2005, 77 (1): 57 –116.

[71] Gale D. and M. Hellwig. "Centive – Compatible Debt Contracts: The One – Period Problem", *the Review of Economic Study*, 1985, LII: 647 –663.

[72] Ghatak M. "Group Lending, Local Information, and Peer Selection", *Journal of Development Economic* , 1999, 60: 27 –50.

[73] Ghatak M. "Screening by the Company You Keep: Joint Liability Credit Contracts and the Peer Selection Effect", *The Economic Journal*, 2000, 110: 601 – 631.

[74] Ghate. "Informal Finance: Some Findings From Asia", *Oxford Univ, Press*, 1992.

[75] Goldsmith R. W. "Financeial Structure and Development", *Yale University Press*, 1969.

[76] Guttman J. M. "Assortative Matching, Adverse Selection, and Group Lending", *Journal of Development Economics*, 2008, 87: 51 –56.

[77] Greenwood, J. and B. Jovanovic. "Financial Development, Growth, and the Distribution of Income", *Journal of Political Economy*, 1990, 98: 1076 –1107.

[78] Uchida H. , Udell G. and W. Watanabe. "Bank Size and Lending Relationships in Japan", *The Japanese and international economics*, 2008, 22: 242 –267.

[79] Uchida H. , Udell G. and Nobuyoshi Yamori. "Loan Officers and Relationship Lending to SMEs", *Journal of Banking and Financial Inter-mediation*, 2012, 21 (1): 97 –122.

[80] Hall R. E. and C. I. Jones. "Why Do Some Countries Produce So Much More Output Per Worker Than Others?", *Quarterly Journal of Economics*, 1999, 114: 83 – 116.

[81] Hsieh C. T. and P. J. Klenow. "Relative Prices and Relative Prosperity", *American Economic Review*, 2007, 97 (3): 562 –85.

[82] Hsieh Chang – Tai and Klenow J. Peter. "Misallocation and Manufacturing TFP in China and India", *The Quarterly Journal of Economics*, 2009, 74 (4): 1403 – 1448.

[83] Ivatury G. "Using Technology to Build Inclusive Financial Systems", *CGAP Focus Note*32, *Washington*, *DC*, 2006.

[84] Jensen M. C. and W. Meckling. "Theory of the Firm: Managerial Behavior, Agency Costs and Capital Structure", *Journal of Financial Economics*, 1976, 3: 305 - 360.

[85] Jeremy C. Stein. "Information Production and Capital Allocation: Decentralized Versus Hierarchical Firms", *The Journal of Finance*, 2002, 57 (5): 1891 - 1921.

[86] Jeremy Greenwood, Juan M. Sanchez and Cheng Wang. "Quantifying the Impact of Financial Development on Economic Development", *Review of Economic Dynamics*, 2013, 16 (1): 194 -215.

[87] Jose M. Liberti and Atif R. Mian. "Estimating the Effect of Hierarchies on Information Use", *Review of Financial Studies*, 2009, 22 (10): 4057 -4090.

[88] Jeong R. M. "Townsend. Sources of TFP Growth: Occupational Choice and Financial Deepening", *Economic Theory*, 2007, 32: 179 -221.

[89] Jaffee D. and T. Russell. "Imperfect Information, Uncertainty, and Credit Rationing", *Quarterly Journal of Economics*, 1976, 90 (4): 651 -666.

[90] Kempson E. and C. Whyley. "The Processes and Consequences of Financial Exclusion", *Working Paper* 2, *Bristol: Personal Finance Research Centre, University of Bristol*, 1999.

[91] Khurana I., Martin X. and R. Pereira. "Financial Development and the Cash Flow Sensitivity of Cash", *Journal of Financial and Quantitative Analysis*, 2006, 41 (4): 787 -807.

[92] King R. and R. Levine. "Finance and Growth: Schumpeter Might Be Right", *Quarterly Journal of Economics* , 1993, 108: 717 -738.

[93] Klenow P. J. and A. Rodriguez - Clare. "The Neoclassical Revival in Growth Economics: Has It Gone Too Far?", *NBER Macroeconomics Annual*, *B. Bernanke and J. Rotemberg*, *eds.* (Cambridge, MA: MIT Press), 1997.

[94] Keeton W. "Equilibrium Credit Rationing", *New York: Garland Pree*, 1979.

[95] Kempson E. and C. Whyley. "The Extent and Nature of Financial Exclusion", *Working Paper* 1, *Bristol: Personal Finance Research Centre, University of Bristol*, 1999.

[96] Leyshon A. and N. Thrift. "The Restructuring of the UK Financial Services

Industry in the 1990s: A Reversal of Fortune?", *Journal of Rural Studies*, 1993, 9 (3): 223 -41.

[97] Li HongBin and Li AnZhou. "Political Turnover And Economic Performance: The Incentive Role Of Personnel Control in China", *Journal of Public Economics*, 2005, 89: 1743 -1762.

[98] Liberti J. M. and A. R. Mian. "Estimating The Effect Of Hierarchies On Information Use", *review of financial studies*, 2009, 22 (10): 4057 -4090.

[99] Linton K. "Law, Access to Capital In China: Competitive Conditions For Foreign And Domestic Firms", *SSRN Working Paper Series*, 2007.

[100] Lloyd E. H. and Bernhardt Dan. "Enterprise, Inequality and Economic Development", *Review of Economic Studies*, 2000, 67 (1): 147 -168.

[101] Laffont J. "Collusion and Group Lending With Adverse Selection", *Journal of Development Economics*, 2003, 70: 329 -348.

[102] Love I. and M. S. Martinez - Peria. "How Bank Competition Affects Firms' Access to Finance", *The World Bank Policy Research Working Paper* 6163, 2012.

[103] Laura Alfaro, Sebnem Kalemli - Ozcan and Vadym Volosovych. "Why Doesn't Capital Flow From Rich to Poor Countries? An Empirical Investigation", *Review of Economics and Statistics*, 2008, 90 (2): 347 -368.

[104] Massenot B. and S. Straub. "Informal Sector And Economic Growth: The Supply Of Credit Channel", *IDEI Working Papers* 685, 2011.

[105] Matsuyama Kiminori. "Endogenous Inequality", *Review of Economic Studies*, 2000, (67): 743 -759.

[106] McKinnon I. Ronald. "Money and Capital in Economic Development", *The Brookings Institution*, 1973.

[107] Minjia Chen. "China's Regional Disparity and Its Policy Responses", *China&World Economy*, 2008, 16 (4): 16 -32.

[108] Mitchell A. Petersen and Raghuram G. Rajan. "The Effect Of Credit Market Competition On Lending Relationship", *Quarterly Journal of Economics*, 1995, 110: 407 -444.

[109] Mitchell A. Petersen. "Information: Hard and Soft", *Working Paper*, 2004.

[110] Modigliani F. and M. H. Miller. "Corporate Income Taxes And The Cost Of Capital: A correction", *American Economic Review*, 1963, 53: 433 -443.

[111] Modigliani F. and M. H. Miller. "The Cost Of Capital, Corporation Finance And The Theory Of Investment", *American Economic Review*, 1958, 48: 261 -297.

[112] Morduch J. "The Microfinance Promise", *Journal of Economic Literature*, 1999, XXXVII: 1569 -1614.

[113] Morduch. "The Microfinance Promise", *Journal of Economic Literatur*, 1999, 37: 1549 -1614.

[114] Mu - Jeung Yang. "Micro-level Misallocation and Selection: Estimation and Aggregate Implications", *Working paper*, 2012.

[115] Myers S. C. and N. S. Majluf. "Corporate Financing And Investment Decisions When Firms Have Information That Investors Do Not Have", *Journal of Financial Economics*, 1984, 13: 187 -221.

[116] Martin Brown, Tullio Jappelli and Marco Pagano. "Information Sharing And Credit: Firm - Level Evidence From Transition Countries", *Journal of Financial Intermediation*, 2009, 4: 151 -172.

[117] Martin Jayo, Eduardo H. Diniz, Felipe Zambaldi and Tania P. Christopoulos. "Groups of Services Delivered by Brazilian Branchless Banking And Respective Network Integration Models", *Electronic Commerce Research and Applications*, 2012, 11 (5): 504 -517.

[118] Mas I.. "The Economics Of Branchless Banking", *Innovations: Technology, Governance, Globalization*, 2009, 4 (2): 57 -75.

[119] Petersen M. A. and R. G. Rajan. "The Effect Of Credit Market Competition On Lending Relationships", *Quarterly Journal of Economy*, 1995, 110: 407 -443.

[120] Patrick H.. "Financial Development and Economic Growth in Underdeveloped Countries", *Economic Development Cultural Change*, 1966, 14: 174 -189.

[121] Peek J. and E. S. Rosengren. "Small Business Credit Availability: How Important Is Size Of Lender? The Case For Universal Banking", *Irwin Publishing, Burr Ridge*, 2001, IL: 628 -655.

[122] Petersen M. A. and R. G. Rajan. "The Benefits Of Lending Relationships: Evidence From Small Business Data", *Journal of Finance*, 1994, 49: 3 -37.

[123] Rajan R. G. and L. Zingales. "Financial Dependence And Growth", *American Economic Review*, 1998, 88: 559 -586.

[124] Restuccia Diego and Richard Rogerson. "Policy Distortions and Aggregate Productivity with Heterogeneous Plants", *Review of Economic Dynamics*, 2008, 11: 707 -720.

[125] Richard Nyangosi, Arora J. S. and Sumanjeet Singh. "The Evolution Of E - Banking: A Study Of Indian And Kenyan Technology Awareness", *Int. J. of Electronic Finance*, 2009, 3 (2): 149 -165.

[126] Robert Cull. "Institutions, Ownership, And Finance: The Determinants Of Profit Reinvestment Among Chinese Firms", *Journal of Financial Economics*, 2005, 77 (1): 117 -146.

[127] Robert M. Ryan, Conor M. O'Toole and Fergal McCann. "Does Bank Market Power Affect SME Financing Constraints?", *Journal of Banking and Finance*, 2014, 49: 495 -505.

[128] Ross Levine. "Handbook of Economic Growth", *Elsevier*, 2005, 865 - 934.

[129] Roubini N. and X. Sala-i-Martin. "A Growth Model Of Inflation, Tax Evasion, And Financial Repression", *J M Econ*, 1995, 35 (2): 275 -301.

[130] Rudra P. Pradhan, Mak B. Arvin and Neville R. Norman. "The Dynamics Of Information And Communications Technologies Infrastructure, Economic Growth, And Financial Development: Evidence From Asian Countries" . *Technology in Society*, 2015, 42: 135 -149.

[131] Rafael La Porta, Florencio Lopez - de - Silanes, Andrei Shleifer and Robert W. Vishny. "Law and Finance", *Journal of Political Economy*, 1998, 106 (6): 1113 -1155.

[132] Rajan R. "Siders and Outsiders: The Choice Between Relationship and Arm'S Length Debt", *Journal of Finance*, 1992, 47: 1367 -1400.

[133] Samuel Fosu. "Credit Information, Consolidation And Credit Market Performance: Bank - Level Evidence From Developing Countries", *International Review of Financial Analysis*, 2014, 32: 23 -36.

[134] Sandra Poncet, Walter Steingress and Hylke Vandenbussche. "Financial

Constraint In China: Firm – Level Evidence", *China Economic Review*, 2010, 21: 411 –422.

[135] Satya R. Chakravarty and Rupayan Pal. "Financial Inclusion In India: An Axiomatic Approach", *Journal of Policy Modeling*, 2013, 35 (5): 813 –837.

[136] Scott J. H.. "A Theory Of Optimal Capital Structure", *Bell Journal of Economics*, 1976, 7 (1): 33 –54.

[137] Seifallah Sassi and Mohamed Goaied. "Financial Development, ICT Diffusion And Economic Growth: Lessons From MENA Region", *Telecommunications Policy*, 2013, 37: 252 –261.

[138] Seo H. J., Lee Y. S. and J. K. Oh. "Does ICT Investment Widen The Growth Gap?", *Telecommunications Policy*, 2009, 33 (8), 422 –431.

[139] Shamim F. "The ICT Environment, Financial Sector and Economic Growth: Across – Countryanalysis", *Journal of Economic Studies*, 2007, 34 (4): 352 –370.

[140] Sharpe S. A. "Asymmetric Information, Bank Lending, And Implicit Contracts: A Stylized Model of Customer Relationships", *Journal of Finance*, 1990, 45: 1069 –1087.

[141] Shaw E. S.. "Financial Deeping In Economic Development", *Oxford University Press*, 1973.

[142] Simon Gilchrist, Jae W. Sim and Egon Zakrajšek. "Misallocation and Financial Market Frictions: Some Direct Evidence From The Dispersion In Borrowing Costs", *Review of Economic Dynamics*, 2013, 16: 159 –176.

[143] Stein J. C. "Information Production And Capital Allocation: Decentralized Versus Hierarchical Firms", *Journal of Finance*, 2002, 57: 1891 –1921.

[144] Stephen Bryana, Robert Nashb and Ajay Patel. "The Effect Of Cultural Distance On Contracting Decisions: The Case Of Executive Compensation", *Journal of Corporate Finance*, 2015, 33: 180 –195.

[145] Stiglitz J. E. and A. Weiss. "Credit Rationing In Markets With Imperfect Information", *American Economic Review*, 1981, 71 (3): 393 –410.

[146] Stiglitz J. "Peer Monitoring And Credit Markets", *World Bank Economic Review*, 1990, 4 (3): 351 –366.

[147] Stiglitz Weiss. "Credit Rationing in Markets with Imperfect Information",

American Economic Review, 1981, 71: 393 -410.

[148] Strahan Weston. "Small Business Lending And The Changing Structure Of The Banking Industry", *Journal of Banking & Finance*, 1998, 22 (6): 821 -845.

[149] Sumit Agarwal and Robert Hauswald. "Distance and Private Information in Lending", *Review of Financial Studies*, 2010, 23 (7): 2757 -2788.

[150] Stiglitz J. E. and A. Weiss. "Credit Rationing In Markets With Imperfect Information", *American Economic Review*, 1981, 71 (3): 393 -410.

[151] Thorsten Beck, Asli Demirgü - Kunt and Dorothe Singer. "Is Small Beautiful? Financial Structure, Size and Access to Finance", *The World Bank Policy research Working Paper* , 2011.

[152] Torre A. , Martinez M. Peria and S. Schmukler. "Bank Involvement With Smes: Beyond Relationship Lending", *Journal of Banking & Finance*, 2010, 34: 2280 -2293.

[153] Townsend R. M. and Kenichi Ueda. "Financial Deepening, Inequality and Growth: a Model-based Quantitative Evaluation", *Review of Economic Studies*, 2006, 73 (1): 251 -293.

[154] Tullio Jappelli and Marco Pagano. "Information Sharing in Credit Markets: the European Experience", *University of Salerno*, *Italy*, 2000.

[155] Uchida, Udell and Yamori. "SME Financing and The Choice of Lending Technology", *RIETI Discussion Paper Series*, 2006.

[156] Van E. Tassel. "Group Lending Under Asymmetric Information", *Journal of Development Economics*, 1999, 60: 3 -25.

[157] Varghese A. "Bank - Money Lender Linkages As An Alternative To Competition", *Oxford Economic Papers*, 2005, 57 (2): 315 -335.

[158] Virgiliu Midrigan and Daniel Yi Xu. "Finance and Misallocation: Evidence From Plant - Level Data", *American Economic Review*, 2014, 104 (2): 422 -458.

[159] Vu M. Khuong. "Information and Communication Technology (ICT) and Singapore's economic growth", *Information Economics and Policy*, 2013, 25 (4): 284 -300.

[160] Vu K. M. "ICT as a Source Of Economic Growth In The Information Age: Empirical Evidence from the 1996 -2005 period", *Telecommunications Policy*, 2011,

35 (4): 357 -372.

[161] Williamson O. E. "Markets and Hierarchies: Analysis and Antitrust Implications", *New York*: *Free Press*, 1975.

[162] World bank. "Finance for all?", *www. worldbank. org/INTFINFORALL/Resources/*, 2008.

[163] Yan Shen, Minggao Shen, Zhong Xu and Ying Bai. "Bank Size and SME Lending: Evidence from China", *World Development*, 2009, 37 (4): 800 -811.

[164] Yunlin Lua, Haifeng Guob, Erin H. Kaoc and Hung - Gay Fung. "Shadow Banking and Firm Financing in China", *International Review of Economics & Finance*, 2015, 36 (3): 40 -53.

[165] Zheng M. Song and Guiying Laura Wu. "A Structural Estimation on Capital Market Distortions in Chinese Manufacturing", *Discussion Paper*, 2013.

[166] 程恩江，刘西川. 小额信贷缓解农户正规信贷配给了吗？——来自三个非政府小额信贷项目区的经验证据 [J]. 金融研究，2010 (12): 190 -206.

[167] 崔百胜. 非正规金融与正规金融：互补还是替代？基于DSGE模型的相互作用机制研究 [J]. 财经研究，2012，38 (7): 121 -132.

[168] 戴静，张建华. 金融所有制歧视、所有制结构与创新产出 [J]. 金融研究，2013 (5): 86 -98.

[169] 杜朝运. 制度变迁背景下的农村非正规金融研究 [J]. 农业经济问题，2001 (3): 23 -27.

[170] 杜晓山，聂强，张军. 江苏小额贷款公司发展中的经验与问题 [J]. 农村金融研究，2010 (5): 31 -39.

[171] 杜颖洁，杜兴强. 银企关系、政治联系与银行借款——基于中国民营上市公司的经验证据 [J]. 当代财经，2013 (2): 108 -118.

[172] 弗雷克斯等著，刘锡良译. 微观银行学 [M]. 成都：西南财经大学出版社，2000: 135 -137.

[173] 郜进兴，林启云，吴溪. 会计信息质量检查：十年回顾 [J]. 会计研究，2009 (1): 27 -35.

[174] 格拉斯·C·诺思，杭行译. 制度、制度变迁与经济绩效 [M]. 上海：上海人民出版社，2008: 130 -131.

[175] 郭建斌. 国外小额信贷可持续发展的内在机理及经验借鉴 [J]. 农村

金融研究，2011（2）：59－63.

［176］郭娜．政府？市场？谁更有效——中小企业融资难解决机制有效性研究［J］．金融研究，2013（3）：194－206.

［177］郭庆旺，贾俊雪．中国全要素生产率的估算：1979～2004［J］．经济研究，2006（6）：51－60.

［178］郭兴平．基于电子化金融服务创新的普惠型农村金融体系重构研究［J］．财贸经济，2010（3）：13－20.

［179］何光辉，杨咸月．手机银行模式与监管：金融包容与中国的战略转移［J］．财贸经济，2011（4）：46－54.

［180］胡金焱，卢立香．中国非正规金融研究的理论综述［J］．教学与研究，2005（9）：78－81.

［181］胡金焱，李永平．正规金融与非正规金融：比较成本优势与制度互补［J］．东岳论丛，2006（2）：115－119.

［182］黄亚生．改革时期的外国直接投资［M］．北京：新星出版社，2005.

［183］简泽．市场扭曲、跨企业的资源配置与制造业部门的生产率［J］．中国工业经济，2011（1）：58－68.

［184］姜旭朝，丁昌锋．民间金融理论分析：范畴、比较与制度变迁［J］．金融研究，2004（8）：100－111.

［185］科斯等著，刘守英等译．财产权力与制度的变迁：产权学派与新制度学派译文集［M］．上海：上海三联书店，1995.

［186］黎海珊，单美姣．中国农村经济中的非正规金融效率及其区域差异分析［J］．求索，2014（11）：63－67.

［187］李西文．上市公司委托贷款的形成机理研究［J］．河北经贸大学学报，2015（1）：107－112.

［188］李香稳．小额贷款公司发展现状、问题与思考［J］．金融理论与实践，2014（6）：115－118.

［189］李永平，胡金焱．设立小额贷款公司的政策目的达到了吗？——以山东省为例的调查分析［J］．山东社会科学，2011（1）：82－87.

［190］李志赟．银行结构与中小企业融资［J］．经济研究，2002（6）：38－45.

［191］连玉君，苏治，丁志国．现金—现金流敏感性能检验融资约束假说

吗？[J]. 统计研究，2008，25（10）：92－99.

[192] 林毅夫，姜烨. 经济机构、银行业结构与经济发展 [J]. 金融研究，2006（1）：7－22.

[193] 林毅夫，李永军. 中小金融机构发展与中小企业融资 [J]. 经济研究，2001（1）：10－18.

[194] 林毅夫，孙希芳. 信息、非正规金融与中小企业融资 [J]. 经济研究，2005（7）：35－44.

[195] 林毅夫，孙希芳. 银行业结构与经济增长 [J]. 经济研究，2008（3）：31－45.

[196] 刘易斯 W. 阿瑟，梁小民译. 经济增长理论 [M]. 上海：上海三联出版社，1997（5）：340－344.

[197] 刘海二. 手机银行、技术推动与金融形态 [R]. 西南财经大学博士论文，2013.

[198] 刘荣茂，陈丹临. 江苏省农户贷款可获得性影响因素分析——基于正规金融与非正规金融对比分析的视角 [J]. 东南大学学报，2014（1）：61－67.

[199] 刘瑞明. 金融压抑、所有制歧视与增长拖累——国有企业效率损失再考察 [J]. 经济学季刊，2011（1）：603－618.

[200] 卢峰，姚洋. 金融压抑下的法制、金融发展和经济增长 [J]. 中国社会科学，2004（1）：42－55.

[201] 罗德明，李晔，史晋川. 要素市场扭曲、资源错置与生产率 [J]. 经济研究，2012（3）：4－14.

[202] 罗翔，卢新海，姜国麟，项歌德. 金融发展、技术进步与中国非正规经济——来自中国微观企业的经验证据 [J]. 科学学研究，2014（5）：687－697.

[203] 罗正英. 信誉链假说：中小企业融资能力的放大 [J]. 上海经济研究，2003（5）：33－39.

[204] 马军伟. 委托贷款资金来源及运用——基于对江苏省的情况调查 [J]. 中国金融，2013（23）：93－94.

[205] 麦金农 罗纳·T，陈昕、卢骢译. 经济发展中的货币与资本 [M]. 上海：上海人民出版社，1997（6）：79－99.

[206] 钱雪松，李晓阳. 委托贷款操作机理与金融风险防范：源自2004～2013年上市公司公告数据 [J]. 改革，2013（10）：125－134.

[207] 邱宝金．农民的金融权利实现 [J]．甘肃金融，2011 (5)：50-51.

[208] 冉光和，汤芳桦．我国非正规金融发展与城乡居民收入差距——基于省级动态面板数据模型的实证研究 [J]．经济问题探索，2012 (1)：185-190.

[209] 邵挺．金融错配、所有制结构与资本回报率：来自 1999~2007 我国工业企业的研究 [J]．金融研究，2010 (9)：51-68.

[210] 宋徐徐，许丁．软信息收集在中小企业贷款“信贷工厂”模式中的重要作用 [J]．经济体制改革，2012 (1)：149-152.

[211] 苏毅清，黄圣男，王志刚．非正规与正规金融相互关系的研究及启示——基于劳动分工与交易费用的框架 [J]．软科学，2015 (3)：135-139.

[212] 谈儒勇，吴兴奎．我国各地金融发展差异的司法解释 [J]．财贸经济，2005 (12)：14-17.

[213] 唐建新，陈冬．金融发展与融资约束——来自中小企业板的证据 [J]．财贸经济，2009 (5)：5-11.

[214] 田杰，刘勇，刘蓉．信息通信技术、金融包容与农村经济增长 [J]．中南财经政法大学学报，2014 (2)：112-118.

[215] 田杰，陶建平．社会经济特征、信息技术与农村金融排除 [J]．当代经济科学，2012 (1)：58-65.

[216] 王磊，吴辉凡，姚广宁．互补、替代与转化：非正规金融与正规金融的关系 [J]．经济经纬，2009 (5)：132-135.

[217] 王平．小额贷款公司的制度设计与成效评价 [J]．中国金融，2007 (2)：45-50.

[218] 王擎，田娇．非正规金融与中国经济增长效率——基于省级面板数据的实证研究 [J]．经济科学，2014 (3)：11-20.

[219] 王卫星，赵刚．“长三角”中小企业融资困境及其破解路径 [J]．管理世界，2012 (12)：175-176.

[220] 谢平，邹传伟．互联网金融模式研究 [J]．金融研究，2012 (12)：11-22.

[221] 邢乐成，王延江．中小企业融资难问题研究：基于普惠金融的视角 [J]．理论学刊，2013 (8)：48-51.

[222] 肖·爱德华·S，邵伏军等译．经济发展中的金融深化 [M]．上海：上海三联书店，1988 (10)：86-121.

[223] 徐龙炳，李科. 政治关系如何影响公司价值：融资约束与行业竞争的证据 [J]. 财经研究，2010 (10)：60-69.

[224] 徐忠，邹传伟. 硬信息和软信息框架下银行内部贷款审批权分配和激励机制设计——对中小企业融资问题的启示 [J]. 金融研究，2010 (8)：1-15.

[225] 许传华. 中小企业融资难的症结、成因与对策——湖北省个案分析 [J]. 财贸经济，2007 (2)：64-67.

[226] 杨虎锋，何广文. 商业性小额贷款公司能惠及三农和微小客户吗? [J]. 财贸研究，2012 (1)：35-42.

[227] 杨虎锋，何广文. 治理机制对小额贷款公司绩效的影响——基于169家小额贷款公司的实证分析 [J]. 中国农村经济，2014 (6)：74-82.

[228] 姚先国，武鑫. 中国的金融制度转型——基于经济危机中的观察 [J]. 经济学动态，2010 (11)：54-59.

[229] 姚耀军，董钢锋. 中小银行发展与中小企业融资约束——新结构经济学最优金融结构理论视角下的经验研究 [J]. 财经研究，2014，40 (1)：105-115.

[230] 于孟霞. 我国中小企业的发展现状分析 [J]. 管理观察，2013 (17)：33-34.

[231] 于蔚，汪淼军，金祥荣. 政治关联和融资约束：信息效应与资源效应 [J]. 经济研究，2012 (9)：125-139.

[232] 余明桂，潘红波. 政治关系、制度环境与民营企业银行贷款 [J]. 管理世界，2008 (8)：9-21.

[233] 袁志刚，邵挺. 重新审视国有企业的历史地位、功能及其进一步改革 [J]. 学术月刊，2010 (1)：55-66.

[234] 张建军，袁中红，林平. 从民间借贷到民营金融：产业组织与交易规则 [J]. 金融研究，2002 (10)：101-109.

[235] 张杰. 交易成本、法律传统与金融制度边界的决定 [J]. 财贸经济，2012 (2)：52-57.

[236] 张军，施少华. 中国经济全要素生产率变动：1952~1998年 [J]. 世界经济文汇，2003 (2)：17-24.

[237] 张宁，张兵. 农村非正规金融、农户内部收入差距与贫困 [J]. 经济科学，2015 (1)：53-65.

[238] 张宁. 试论非正式金融 [J]. 当代财经，2002 (11): 34-38.

[239] 张伟斌，刘可. 供应链金融发展能降低中小企业融资约束吗？——基于中小上市公司的实证分析 [J]. 经济科学，2012 (3): 108-118.

[240] 赵岳，谭之博. 电子商务、银行信贷与中小企业融资——一个基于信息经济学的理论模型 [J]. 经济研究，2012 (7): 99-112.

[241] 周峰. 中小企业融资难的原因分析 [J]. 南方金融，2007 (4): 59-60.

[242] 周雪平. 从紧货币政策下的中小企业融资困境 [J]. 河南金融管理干部学院学报，2008 (5): 64-66.

[243] 周月书. 县域中小企业融资结构变化剖析——基于江苏吴江和常熟的问卷调查 [J]. 现代经济探讨，2011 (11): 79-83.

[244] 朱玲. 中国扶贫理论和政策研究评述 [J]. 管理世界，1992 (4): 190-197.

[245] 朱玲. 中国乡村信贷扶贫制度研究（上） [J]. 金融研究，1994 (6): 1-5.

[246] 朱玲. 中国乡村信贷扶贫制度研究（下） [J]. 金融研究，1994 (7): 11-15.

[247] 杨东，林侃，臧俊恒. 中国金融科技安全教程 [M]. 北京：人民出版社，2020.

[248] 邢乐成. 金融错配与中小企业融资 [M]. 山东：山东人民出版社，2017.

[249] 焦瑾璞. 普惠金融导论 [M]. 北京：中国金融出版社，2019.

[250] 张杰. 金融学的范式革命 [J]. 金融博览，2020 (3): 12-16.

[251] 陆婷，徐奇渊. 中国企业杠杆：一个周期性问题 [J]. 金融研究，2021 (2): 1-19.

[252] 陈雨露. 工业革命、金融革命与系统性风险治理 [J]. 金融研究，2021 (1): 1-12.

[253] 方昕，张柏杨. 小微企业正规融资效果研究——基于匹配模型的估计 [J]. 金融研究，2020 (9): 97-116.

[254] 贝多广. 微弱经济与普惠金融——中国普惠金融发展报告 (2020) [M]. 北京：中国金融出版社，2020.

［255］曹廷求，张翠燕．资本回报、产权保护与区域资金集聚［J］．金融研究，2021（2）：75－93.

［256］李春涛等．金融科技与企业创新——新三板上市公司的证据［J］．中国工业经济，2020，37（1）：81－98.

［257］段军山，庄旭东．金融投资行为与企业技术创新——动机分析与经验证据［J］．中国工业经济，2021，38（1）：155－173.

［258］李建强等．政府债务何去何从：中国财政整顿的逻辑与出路［J］．管理世界，2020（7）：41－53.

［259］谢富胜，匡晓璐．制造业企业扩大金融活动能够提升利润率吗？［J］．管理世界，2020（12）：13－28.